기독교문서선교회 (Christian Literature Center: 약칭 CLC)는 1941년 영국 콜체스터에서 켄 아담스에 의해 시작되었으며 국제 본부는 미국 필라델피아에 있습니다.
국제 CLC는 59개 나라에서 180개의 본부를 두고, 약 650여 명의 선교사들이 이동도서차량 40대를 이용하여 문서 보급에 힘쓰고 있으며 이메일 주문을 통해 130여 국으로 책을 공급하고 있습니다. 한국 CLC는 청교도적 복음주의 신학과 신앙 서적을 출판하는 문서선교기관으로서, 한 영혼이라도 구원되길 소망하면서 주님이 오시는 그날까지 최선을 다할 것입니다.

추천사

이정숙 박사
햇불트리니티대학원대학교 총장

본서는 개척을 준비하는 목회자와 평신도, 현재 개척목회를 수행하고 있는 목회자와 평신도, 또한 이들을 이해하고 응원하고자 하는 모든 그리스도인들에게 있어서 필독서입니다. 매뉴얼이란 흔히 구체적인 방법에 초점을 맞추는데, 본서는 교회와 목회 사명에 대한 근본 원리와 소명의식을 짚어가는 것으로 시작하여, 교회개척의 유익과 그 현황, 그리고 실제적인 내용들을 유형별로 친절하게 다루고 있다는 점에서 단순한 매뉴얼이 아닙니다.

또한, 저자는 이 땅의 교회가 그 본질을 회복하고 사명을 온전히 수행하려면 모든 것을 새롭게 시작할 수 있는 개척교회가 '가장 유리하다'고 믿고 있습니다. 그러한 확신을 기반으로 연구하고, 써 내려간 본서는 개척교회의 외형과 규모, 경제적, 인적 어려움으로 자칫 주눅 들기 쉬운 개척교회 목회자들과 회중들이 심기일전하는 계기를 제공할 것입니다. 더 나아가 모든 목회자들과 교인들이 큰 그림 속에서 자신들의 교회를 이해하고, 건강한 성장을 이루어 나가는 데 큰 격려와 구체적 도움이 될 것임을 믿어 의심치 않습니다.

김명호 박사
일산대림교회 담임목사, 전, 사랑의 교회 국제제자훈련원 원장

이 시점에 교회개척에 관한 귀한 책이 출간되어 감사합니다. 많은 사람들이 지금은 교회개척 시대가 끝났다고 말합니다. 예전에는 깃발만 꽂으면 교회가 성장했는데 이제는 그런 시대가 지나갔다는 것입니다. 교회개척이 어렵다는 것을 그렇게 표현하는 것이라고 봅니다. 하지만, 우리는 지금도 교회개척은 중요하고 교회개척만이 교회가 생존하며 교회의 본질을 유지할 수 있는 길이라고 믿습니다. 그러므로 교회를 개척하는 많은 동역자들을 격려하며 구체적인 방법들을 함께 나누기 위해 이런 책을 출간하시는 최성훈 교수님의 노고에 박수를 보냅니다.

대형교회의 경우 수적 성장의 대부분은 수평이동을 통해 이루어지고 있습니다. 반면에 개척교회의 성장은 주로 회심성장을 통해 이루어지고 있습니다. 결국, 실제적인 교회성장은 교회개척을 통해서 이루어진다고 말할 수 있습니다. 이런 차원에서 교회개척이야말로 가서 제자 삼으라고 하신 지상명령에 순종할 수 있는 최선의 방법이라 해도 지나치지 않을 것입니다.

또한, 아무리 건강한 교회라 할지라도 그 교회가 힘있게 영향력을 끼칠 수 있는 기간이 길지 않습니다. 많은 분들이 그 기간을 30년 정도로 봅니다. 귀한 비전을 가지고 개척되고 훌륭하게 성장해서 많은 사람들에게 영향을 끼친 교회라 할지라도 그 이상 오랫동안 선한 영향력을 지속적으로 끼친 경우가 드문 것을 우리는 지금 현실적으로 경험하고 있습니다. 그러기에 하나님께서는 시대마다 그 시대를 담당할 수 있는 새로운 교회들을 개척하게 하십니다. 교회를 개척해야 할 이유가 여기에 있습니다.

문제는 교회개척을 맨땅에 헤딩하듯 해서는 안 된다는 것입니다. 우리의 모든 역량을 집결하고 최선을 다해 지혜를 모아 교회를 개척하고, 그런 교회들을 지원해야 한다고 믿습니다. 그런 의미에서 최성훈 교수님의 본서가 교회를 개척하기를 원하고 개척교회를 돕기 원하는 모든 동역자들에게 큰 도움이 되기를 바랍니다.

교회개척 매뉴얼

본서는 2018년도 한세대학교 교내학술연구비 지원에 의하여 출판되었음.

A Manual on Church Planting

Written by Seong-Hun Choi

All rights reserved.

Korean Edition Copyright ⓒ 2019 by Christian Literature Center, Seoul, Korea

교회개척 매뉴얼

2019년 8월 10일 초판 발행

지은이　｜　최성훈

편집　｜　정희연
디자인　｜　전지혜, 한우식
펴낸곳　｜　(사)기독교문서선교회
등록　｜　제16-25호(1980.1.18)
주소　｜　서울특별시 서초구 방배로 68
전화　｜　02-586-8761~3(본사) 031-942-8761(영업부)
팩스　｜　02-523-0131(본사) 031-942-8763(영업부)
이메일　｜　clckor@gmail.com
홈페이지　｜　www.clcbook.com
송금계좌　｜　기업은행 073-000308-04-020　(사)기독교문서선교회

ISBN 978-89-341-2002-5 (94230)
ISBN 978-89-341-1813-8 (세트)

이 도서의 국립중앙도서관 출판예정도서목록(CIP)은 서지정보유통지원시스템 홈페이지(http://seoji.nl.go.kr)와 국가자료공동목록시스템(http://www.nl.go.kr/kolisnet)에서 이용하실 수 있습니다. (CIP제어번호: CIP2019023215)

이 책의 저작권은 저자와 (사)기독교문서선교회가 소유합니다. 신저작권법에 의하여 한국 내에서 보호받는 저작물이므로 무단 전재와 무단 복제를 금합니다.

최성훈 교수 교회 시리즈 **1**

교회 개척 매뉴얼

최성훈 지음

CLC

목차

추천사   1
이정숙 박사 _ 횃불트리니티대학원대학교 총장
김명호 박사 _ 일산대림교회 담임목사, 전, 사랑의 교회 국제제자훈련원 원장

저자 서문   9
프롤로그   13

제1부   교회개척의 이론적 토대   28

제1장   교회론의 이해   30
1. 교회의 성경적 정의   31
2. 교회의 속성과 사명   33
3. 교단별 교회개척 지원 현황   37

제2장   교회개척의 성경적 근거와 의의   48
1. 교회개척의 성경적 근거   49
2. 교회개척의 일반적 의의   53
3. 개척목회의 소명   57

제3장   교회개척의 모델 분석: 개척의 주체를 통한 구분   64
1. 개인에 의한 개척   67
2. 기성교회의 지원을 통한 개척   69
3. 적합한 모델 선정의 기준   76

제4장   지역사회에 대한 연구   78
1. 자료의 수집   79
2. 인구통계학적 분석   83
3. 영적 토양 및 필요 분석   87

제2부   교회개혁의 실제_____ 92

제5장   교회의 명칭과 정관(목회철학)   94
  1. 교회의 이름 결정   95
  2. 목회철학과 비전, 사명선언문의 채택   98
  3. 교회의 정관작성   101

제6장   교회 구성원의 확충과 조직구성(인사관리)   106
  1. 후원팀의 구성   107
  2. 개척멤버의 확보   110
  3. 교회의 조직구성   112

제7장   교회의 재정확보 및 운영(재정관리)   129
  1. 개척자금의 확보   130
  2. 헌금과 헌물의 관리   135
  3. 재정의 투명한 운영   140

제8장   건물과 비품, 홈페이지의 구비(자산관리)   147
  1. 교회 위치의 결정   149
  2. 성물과 비품의 구비   154
  3. 인터넷과 모바일 홈페이지의 구성   157

제3부   교회설립과 운영방안 _____ 162

제9장   교단가입과 설립예배   165
  1. 지방회의 승인과 교단 가입   166
  2. 설립예배의 날짜 결정 및 홍보   166
  3. 설립예배 당일의 점검사항   169

제10장   설교와 예배의 구성   174
  1. 목회철학과 예전   175
  2. 설교의 기본형식   178
  3. 예배의 기획과 구성   181

제11장   교회 내부사역 프로그램의 기획 및 운영   185
  1. 새가족 프로그램   186
  2. 양육 및 교제 프로그램   188
  3. 교회학교의 운영   197

제12장   외부사역의 기획 및 운영(지역사회 및 정부, 민간단체)   210
  1. 복음전도 프로그램   211
  2. 지역사회 관련 프로그램   221
  3. 선교사역 프로그램   224

에필로그   231

부록 1   가나안교회 정관   242
부록 2   기하성(여의도순복음) 교단 재단법인 순복음선교회 교회
          개척국 체크리스트   276

참고문헌   287

저자 서문

최성훈 박사
한세대학교 신학부 및 신학대학원 교수

비선실세를 통한 국정농단이 국가의 수장인 대통령마저 탄핵하여 자리에서 끌어내리는 것을 가능케 하였다. 국내 양대 항공사의 회장들과 그 일가가 보인 제왕적 권위주의는 해당 회사의 직원들은 물론 국민들의 분노를 유발함으로써 결국 경영난에 봉착하게 되는 직접적인 원인이 되었다.

이는 사회의 패러다임이 변화하였다는 표식인 것이다. ICT(Information and Communications Technology) 등, 과학기술의 발전과 민주주의 이념의 확산은 더 이상 기득권층 일부가 정보와 권력을 독점하지 못하게 하였고, 개인의 인권 존중과 평등에 대한 우리 사회의 열망은 한편으로는 상호감시 체제로, 그리고 다른 한편으로는 안전망으로 작용하고 있다.

교회 역시 이러한 사회변화의 흐름에 대한 통찰력을 가져야 한다. 목회는 독재라는 주장이 서슴없이 펼쳐졌던 과거와 달리 더 이상 목회자는 '주의 종님'이 아니라 자신을 비워 십자가에 달리시기 위해 말구유에서 나셨던 '그리스도의 종'이 되어야 한다.

당회의 회기 중이 아닌 데에도 '당회장님'으로 불리는 권위주의적 호칭은 사라져야 하며, 자신의 학벌을 과시하기 위하여 박사 학위 가운을 입고 설교단 위에 서는 모습도 없어져야 할 것이다. 더욱이 출석도 제대로 하지 않고 돈을 주고받은 박사 학위 가운에 대하여는 오히려 부끄러움을 가져야 하며, 초교파 또는 교단 내 집회에서 대회장, 부회장, 총재와 부총재, 고문 등의 직책에 수십 명씩 이름을 올려서 명예 다툼을 벌이는 일도 더 이상 반복되어서는 안 된다.

기성교회의 왜곡된 교회 이해에 대한 개선과 더불어 장기적인 관점에서 교회를 정화하기 위한 현실적 대안은 건강한 교회론에 기반한 교회의 개척이다. 조선 세종 때에 권제, 정인지, 안지 등이 지은 시인 '용비어천가'(龍飛御天歌)에서 가장 잘 알려진 내용은 제2장의 '뿌리 깊은 나무는 바람에 흔들리지 않아 꽃이 좋고 열매가 많이 열리며, 샘이 깊은 물은 가뭄에도 끊이지 않아 시내를 이루어 바다로 간다' 라는 대목이다.

목회는 이 땅에서 하나님의 뜻을 따라 그리스도를 머리로 하여 수많은 영혼을 구원하는 교회를 근간으로 한다. 따라서 그 뿌리가 하나님과의 관계 및 건전한 신학, 특히 올바른 교회론에 있어야 한다. 건전한 신학과 바른 신앙 및 개척에 대한 뚜렷한 소명의식에 기반한 민주적이고 투명한 운영은 개척교회의 강점이 되어, 새로운 시대를 여는 기반이 될 것이다.

목회 자체가 하나님의 뜻을 이 세상에서 펼치는 것과 관계가 있지만, 특히 개척목회는 항상 그리스도의 복음을 필요로 하는 사람들을 전제로 한다. 따라서 개척교회를 포함한 모든 교회는 하나님과 사람 사이에서 가교가 되어야 하고, 복음(the Text)의 메시지를 독특한 삶의 상황(the Context) 속에서 전해야 한다.

양자 모두를 아울러야 하지만 우선순위는 항상 하나님이요, 복음이어야 한다. 하나님과 사람 사이에서 갈등이 발생할 때 항상 하나님 앞에 먼저 서 있어야 하고, 복음과 상황 사이에 문제가 생길 때 언제나 복음을 먼저 붙들어야 한다. 그렇지 않으면 목회의 본질을 잃게 될 수 있기 때문이다. 그러므로 사도 바울의 다음과 같은 고백이 모든 개척목회자의 고백이 되어야 할 것이다.

> 이제 내가 사람들에게 좋게 하랴 하나님께 좋게 하랴 사람들에게 기쁨을 구하랴 내가 지금까지 사람의 기쁨을 구하는 것이었더면 그리스도의 종이 아니니라(갈 1:10).

텅 빈 예배당에서 말씀을 전하는 개척교회 목회자에게 한 영혼의 소중함이 일깨워지는 것은 좋은 것이다. 하지만, 그렇기에 개척 이후 부흥을 경험하는 과정에서 그 한 사람이 천하보다 귀한 한 영혼이 아니라, 자리를 채우고 교회의 재정에 공헌하는 사람으로 여겨진다면 이는 목회의 본질이 왜곡된 것이다. 또한, 그러한 분위기는 사람의 부담을 가중시키고, 목회자를 바라보는 시선을 변질시킨다.

따라서 개척교회 목회자는 하나님 앞에서 왜 자신이 개척교회 목회자가 되었는지를 상기하며 자신의 소명의식을 날마다 돌아보아야 한다. 그래야 교인들이 헌금을 내는 사람들로 보이지 않고, 하나님께서 보내주셔서 복음의 은혜와 삶을 함께 나누는 귀한 동역자로 보일 것이다.

하나님을 바라보면 복음의 메시지에도 힘이 실린다. 교인들이 목회자의 삶을 책임지는 사람들이 아니라, 목회자가 하나님의 말씀을 통해 그들의 영을 살린다는 사실을 직시한다면 소위 힘있는(?) 사람들에게 아무 때나 머리 숙이지 않고 담대히 복음의 진리를 선포할 수 있다.

사람들이 처한 삶의 정황과 다양한 지역사회의 특색을 고려하여 설교 및 예배의 형식과 사역 프로그램을 구비해야 하는 것도 옳지만, 무엇보다도 하나님의 뜻과 복음을 앞세워야 한다. 그렇지 않고 상황과 타협하면 오히려 복음의 메시지가 상황에 압도되어 흐릿하게 사라지고 만다.

따라서 하나님이 사람보다 우선이요, 복음이 상황에 우선해야 한다.

그렇게 신학과 신앙의 우선순위가 바르게 정립되면 오히려 사람의 마음을 얻을 수 있다. 바른 신학과 건전한 목회철학은 교인들이 교회를 긍정적인 시선으로 바라보게 하는 계기가 된다. 이는 또한 목회자와 교인들의 온전치 못한 모습에 상처를 받고 교회를 떠나는 교인들을 노리는 이단들로부터 보호하는 길이기도 하다.

교회개척은 사전계획과 준비단계에서 시작하여 설립예배를 통해 교회를 실제로 세우는 것은 물론, 개척 이후를 대비하는 세 단계의 과정을 통해 이루어진다.

따라서, 본서의 제1부에서는 교회개척의 이론적 토대를 교회론의 이해(제1장), 교회개척의 성경적 근거 및 의의 점검(제2장), 교회개척의 모델을 조명하여 자신의 상황에 적합한 모델을 찾고(제3장), 지역사회에 대한 연구를 위한 요소들을 점검한다(제4장).

교회개척의 실제를 다루는 제2부는 목회철학의 정립을 토대로 교회의 명칭과 정관을 작성하는 방법을 살피고(제5장), 후원팀과 개척멤버 등, 교회 구성원을 확보하고 조직을 정비하는 인사관리를 조명하며(제6장), 교회의 재정확보 및 향후 운영을 포함한 재정관리(제7장), 그리고 8장에서는 건물과 인테리어, 성물과 비품은 물론 홈페이지를 구성하는 자산관리의 측면을 조명한다.

제3부는 교회의 실제적인 창립과 이후의 운영방안을 다루는데, 교단 가입과 설립예배(제9장), 설교와 예전의 구성(제10장), 그리고 교회 내부(제11장) 및 외부(제12장)의 사역 프로그램을 기획하고 운영하는 방안을 살필 것이다.

프롤로그

　매일의 삶을 바쁘게 살아가는 현대인들은 작은 일탈을 꿈꾸곤 한다. 때로는 거창한 휴양지보다는 일상에서 즐기는 짤막한 휴식이 효과적일 때가 있다. 잘 차려진 음식을 통해 힐링을 경험하는 맛집 방문이나 디저트 카페에서 달콤한 케이크 한 조각과 함께 하는 진한 커피 한 잔이 스트레스를 날려버릴 때가 종종 있기 때문이다.

　그런가 하면 최근에는 하루, 이틀, 또는 며칠간의 여행으로는 부족한 피로 회복을 원하고, 도시의 일상을 벗어나 느리게 살기가 가능한 '한 달 살기' 여행도 새로운 트렌드로 자리 잡았다. 낯선 곳으로 가서 현지인처럼 한 달간 여유롭게 생활하며 재충전하는 것이다. 바쁘게 여행지를 돌아보기보다는 한 곳에 머물러 현지인의 삶을 들여다보는 방법으로 관점을 바꾸는 것은 새로운 시각을 통해 삶의 여유를 되찾는 비결이다.

　교회개척도 마찬가지이다. 차분히 교회의 본질을 점검하며 개척을 준비하는 것은, 촘촘하게 짜여진 틀 안에서 사역을 되풀이하는 타성에서 벗어나 밑바닥부터 기초를 든든히 하는 방법이기도 하고, 한국교회의 문제를 안고 아파하는 이들이 그러한 문제 해결을 모색하는 새로운 방편이기도 하다. 물론, 기성교회들을 한꺼번에 비난하거나 폄하하며 자신의 교회를 중심에 두는 이기적인 모습을 지양한다는 전제하에서 말이다. 하지만, 교회를 개척하는 것이 쉽지만은 않다. 바닥부터 시작한다는 것은 그만큼의 수고와 노력을 요구하기 때문이다. 또한, 때로는 홀로 그 모든 무게를 감당하는 것처럼 느낄 때도 있고, 오랫동안 헌신한 결실이 눈앞에 나타나지 않은 경우가 훨씬 많다. 그럼에도 불구하고 교회개척이라는 화두 앞에 가슴이 뛰는 것은 사명에 대한 열정이 남아있고, 소명의식이 흐려지지 않았기 때문일 것이다. 갈멜산의 영적 전쟁 이후에 완전히 소진되었던 엘리야도 그러한 사람이었다.

과로와 낙심

엘리야는 최소한 '한 달 살기' 분량의 휴식이 필요한 사람이었다. 그는 갈멜산에서 바알 선지자 450명과 아세라 선지자 400명, 도합 850명과 영적 대결을 벌여 승리하고 그들을 죽인 장본인이다. 그는 온종일 그들이 바알과 아세라에게 부르짖는 장면을 보며 기다린 후, 저녁 소제 드릴 시간이 되어서야 이스라엘 열두 지파의 수대로 12개의 돌들을 취해서 제단을 수축하고, 제단 주위에 도랑을 만들게 하여 물로 세 번이나 가득 채우게 했다. 이후 그가 기도할 때에 하늘에서 하나님의 불이 내려와서 제단을 태웠고, 그 후에 엘리야는 바알과 아세라 선지자들을 잡아 기손 시내에서 죽이게 하였다.

거기에서 멈추지 않고 갈멜산 꼭대기에서 기도하던 엘리야는 사환에게 바다를 바라보게 하여 무엇이 보이느냐고 물었고, 일곱 번이나 그를 보낸 끝에 손 만한 작은 구름이 일어나는 모습을 보고서야 일어섰다. 조금 후에 구름과 바람이 일어나서 하늘이 캄캄해지고 큰 비가 내리며 3년 6개월의 가뭄이 끝나는 장면을 본 엘리야에게 하나님의 능력이 임하였다. 그 덕분에 엘리야는 마차를 탄 이스라엘 아합 왕보다 더 빨리 그 마차 앞에서 달려갈 수 있었다(왕상 18:46). 매 순간, 영적 전쟁을 치르고 하나님께 전심으로 기도하느라 에너지 소모가 많았던 그에게는 그 날이 매우 길고 힘든 하루였을 것이다.

그런데 아합 왕의 부인 이세벨 왕비가 자신의 이방신을 섬기는 선지자들이 엘리야로부터 죽임을 당했다는 소식을 듣자 엘리야를 죽이라고 명령하였다. 따라서 엘리야는 목숨을 건지기 위하여 북왕국 이스라엘을 떠나 남왕국 유다의 최남단인 브엘세바로 도망했다.

자신의 사환을 머물게 하고 자기 자신은 네게브 사막이 있는 광야로 들어간 엘리야는 로뎀 나무 아래에 앉아서 하나님께 죽기를 구했다. 아마도 엘리야는 갈멜산의 영적 전쟁에서 승리하고, 850명이나 되는 이방 선지자들을 죽인 후에 아합 왕은 물론, 왕후 이세벨도 하나님께 굴복하고, 모든 이스라엘 백성들이 하나님 앞에 머리를 숙일 것으로 생각했을 것이다.

그런데 열왕기상 19장 1절에서 아합은 이세벨에게 하나님이 아니라 엘리야가(그가) 어떻게 모든 선지자를 칼로 죽였는지를 이세벨에게 말했을 뿐이었다. 아합은 여전히 갈멜산 대결을 둘러싼 영적 실체에 대하여 파악하지 못했다. 이세벨 역시 하나님의 능력에는 관심이 없고, 자신의 입지가 손상된 것에만 분노하였다. 그러한 반응에다가 극심한 피로까지 더하여, 엘리야는 자신이 하나님의 능력을 힘입어 행한 모든 일이 헛되다는 생각으로 낙심하였다.

결국, 엘리야는 갈멜산에서 벌어진 모든 일들을 순식간에 까맣게 잊어버렸다. 부정적인 일에 초점을 맞추고 두려워하기 시작하니 이제 하나님께서 그동안 자신을 보살펴 주신 모든 일과 영적 전쟁의 승리, 그리고 하나님의 능력이 임했던 모든 것이 다 그의 기억 속에서 사라져 버린 것이다. 따라서 그의 의식 속에서는 그를 죽이려고 위협해 오는 이세벨이 점점 더

크게 보이고, 하나님은 점점 작게 보이기 시작했다. 이제 엘리야는 더 이상 하나님의 능력 있는 종이 아니었다.

휴식과 육체적 회복

그때에 하나님은 천사를 보내셔서 엘리야의 머리맡에 숯불에 구운 떡과 한 병 물을 주셨다. 그가 먹고 마시고 또 누워 자는데 다시 천사를 보내셔서 음식을 주시고 모세가 십계명을 받았던, 남왕국 유다의 용어로는 시내산, 북왕국 이스라엘의 용어로는 호렙산인 하나님의 산으로 가도록 하셨다. 하나님께서 보내신 음식은 엘리야가 가뭄 중에 사르밧에 가서 과부로부터 봉양 받은 음식이다.

하나님은 먼저 엘리야에게 음식을 보내셔서 그가 원기를 회복하게 하셨고, 다음에 그에게 보여주셨던 하나님의 전능하심과 신실하심을 상기시켜 주셨다. 어느 정도 기력을 회복한 엘리야는 약 400km 떨어진, 약 두 주면 도착할 거리에 있는 호렙산에 40일 만에 도착했다. 하나님은 엘리야가 충분한 시간을 가지고 호렙산으로 가는 것을 허락하시며 그를 육체적으로 회복시킨 것이다.

호렙산에 이르러 굴에 들어간 엘리야에게 하나님이 물으셨다.

엘리야야 네가 어찌하여 여기 있느냐(왕상 19:9).

그때 엘리야는 자신이 하나님께 열심이 유별하였지만, 이스라엘 자손이 하나님의 선지자들을 다 죽이고 자신만 남았다며, 이제 그들이 자신의 생명을 찾아 빼앗으려 한다고 대답하였다(왕상 19:10). 40일간의 여행도 그의 낙심한 마음을 돌이키기에는 부족했다. 엘리야는 갈멜산 사건을 전혀 언급하지 않은 채, 자신만 남았다고 대답하며 여전히 비통함에 빠져있었다.

하지만, 일찍이 아합의 왕궁 맡은 자 오바댜가 이세벨이 여호와의 선지자들을 죽일 때에 자기가 100명을 숨겨주고 지원했다고 말한 바가 있다(왕상 18:4, 13). 그리고 아합과 이세벨이 자신을 죽이려 했던 3년 반 동안에 하나님께서 그를 지켜 주신 사실 역시 엘리야는 까맣게 잊고 있었다. 오히려 그의 마음속에는 하나님을 향한 원망과 불평이 가득하였다. 낙심에 빠진 엘리야의 마음은 왜 하나님께서 자신을 그렇게 힘들게 하느냐며 항의하는, 자신의 안위만을 염려하는 이기적인 생각으로 가득 차 있었다.

사명과 영적 회복

하나님은 불평하는 엘리야와 논쟁하시지 않았고, 엘리야에게 굴 밖으로 나가서 여호와 앞에서 산에 서라고 말씀하셨다. 그때 크고 강한 바람이 산을 가르고 바위를 부수었지만, 하나님은 나타나지 않았다. 바람 후에도 지진이 있었지만, 여전히 하나님은 나타나지 않았고, 지진 후에 불이 났지만, 하나님은 그 가운데에도 계시지 않았다. 잠시 후에 세미한 소리가 있어서 엘리야는 겉옷으로 얼굴을 가리고 굴 어귀에 섰다. 그때 다시 하나님의 소리가 임하였는데, 이는 열왕기상 19장 9절과 똑같은 말씀이다.

엘리야야 네가 어찌하여 여기 있느냐(왕상 19:13).

다시 엘리야는 자신이 만군의 하나님 여호와께 열심히 유별했지만 다른 하나님의 선지자들은 모두 죽임을 당하고 오직 자신만 남았다고 대답하였다. 철저하게 자신의 안위를 바라보는 시각에 사로잡혀 있었던 엘리야는 하나님의 임재 앞에서도 여전히 깊은 어둠 속에 갇혀서 헤매고 있었다.

하나님은 그를 위로하시거나 그의 불평에 응답하시지 않았다. 그리고는 새로운 사명을 주시는 것으로 그를 회복시키시기 시작했다. 그것은 길을 돌이켜 다메섹으로 가서 하사엘에게 기름을 부어 아람의 왕이 되게 하고, 북왕국 이스라엘에 가서는 예후에게 기름을 부어 이스라엘의 왕이 되게 하며, 아벨므홀라에 가서 엘리사에게 기름을 부어 엘리야를 대신하게 하라는 명령이었다. 그리고 다음과 같이 말씀하시며 아합과 이세벨을 향한 심판을 선포하셨다.

> 하사엘의 칼을 피하는 자를 예후가 죽일 것이요 예후의 칼을 피하는 자는 엘리사가 죽이리라(왕상 19:17).

하사엘과 예후는 왕족이 아니기 때문에 하나님의 명령은 역성혁명을 일으키라는 위험한 명령이다.

하나님은 엘리야의 두려움이나 낙심을 감싸주시며 엘리야를 나약하게 주저앉히시지 않으셨다. 오히려 그에게 새로운 사명을 주시며 그를 일으켜 세우셨다. 마치 두려움에 빠진 기드온을 이스라엘의 사사로 세우실 때에 '큰 용사여'(삿 6:12)라고 부르시며 그에게 사명을 맡기신 장면과 유사하다. 우리가 낙심을 벗어나는 하나의 비결은 새로운 사명에 집중하는 것이다. 그래야 우리는 그 사명을 맡겨주신 하나님을 다시 바라볼 수 있기 때문이다.

마지막으로 하나님은 엘리야에게 놀라운 소식을 전해 주셨다.

내가 이스라엘 가운데에 칠천 명을 남기리니 다 바알에게 무릎을 꿇지 아니하고 다 바알에게 입 맞추지 아니한 자니라(왕상 19:18).

엘리야의 낙심은 그의 눈을 가리워 자신만을 바라보는 이기적인 관점에 사로잡혀 주저앉게 했지만 7천 명을 남겨두신 하나님은 여전히 이스라엘의 회복을 위하여 신실하게 움직이고 계셨다. 따라서 우리가 고난과 근심 가운데 빠져 있을 때 놓치지 말아야 할 것은 그 고난 너머에서 움직이시는 하나님의 신실하심에 대한 신뢰이다. 그것이 무너지면 신앙의 모든 것이 다 무너지는 것이다. 엘리야는 고난의 순간에, 이전에 놀랍게 역사하셨던 하나님, 엘리야에게 까마귀와 천사를 보내서 먹이시고, 갈멜산에서 승리케 하셨던 하나님을 기억해야 했다.

우리는 모두 하나님 나라에 들어가기까지 이러한 싸움을 해야 한다. 그것은 내 자아의 판단과 생각을 바라보는 관점과 하나님을 바라보는 관점 사이의 싸움이며, 하나님의 인도하심 속에서만 감당할 수 있는 성격의 싸움이기도 하다. 다른 말로 하면, 그것은 사명을 통한 영적 회복이다. 하나님은 우리에게 세상 속에서 사명을 감당하며 어려움을 이기게 하시고, 승리할 수 있는 능력도 부여하시기 때문이다.

하나님을 향한 시선의 회복

사도 바울은 이렇게 말했다.

사람이 감당할 시험 밖에는 너희가 당한 것이 없나니 오직 하나님은 미쁘사 너희가 감당하지 못할 시험 당함을 허락하지 아니하시고 시험 당할 즈음에 또한 피할 길을 내사 너희로 능히 감당하게 하시느니라(고전 10:13).

바울이 말하는 시험이란 고난만을 의미하는 것이 아니다. 때로는 잘 되어서 승승장구하는 것도 하나님을 바라보고 의지하는 나의 눈을 어둡게 하는 시험이 될 수 있다. 그러므로 우리는 항상 우리의 시선을 하나님을 향하여 고정해야 하고, 하나님의 음성에 귀를 기울여야 한다. 신실하신 하나님은 우리가 시험에 빠질 때마다 우리를 먼저 찾아주시기 때문이다.

"엘리야야 네가 어찌하여 여기 있느냐"(왕상 19:9, 13)라고 말씀하시며 엘리야를 찾아주신 하나님은 에덴동산에서 선악과를 따 먹고 하나님을 등진 아담에게 "네가 어디 있느냐"(창 3:9)고 물으시며 그를 찾으신 바로 그 하나님이다. 우리가 낙심과 두려움으로 패배의식에 사로잡혀 있을 때에, 또는 교만한 마음으로 자만심에 빠져있을 때에 하나님의 음성만이 우리를 회복시키신다.

교회를 개척하는 목회자, 또는 교인들이 왜 어려워할까?

예수님께서 비유로 들어주신 달란트에 관한 이야기가 실마리를 제공한다. 우리는 각각 '그 재능대로'(마 25:15) 다섯 달란트, 두 달란트, 그리고 한 달란트를 받는 것이다. 따라서 몇 달란트를 받았는지가 중요한 것이 아니라, 그 받은 달란트를 가지고 무엇을 했느냐가 더 중요하다. 우선 다섯 달란트 받은 자는 '바로 가서'(마 25:16), 그것으로 장사하여 다섯 달란트를 남겼다. 중요한 구문은 '바로 가서'라는 대목이다. 그는 즉시로 받은 것을 가지고 맡은 바 청지기로서의 소임을 다했다. 두 번째 사람 역시 '그같이 하여'(마 25:17), 즉 곧바로 순종하여 자신에게 맡겨진 것을 성실하게 관리하고 두 달란트를 남겼다.

두 사람은 장사를 해서 수익을 남겼지만, 그들은 장사를 하든, 다른 어떤 일을 하든, 자신들이 잘못하면 주인이 맡겨준 소유를 잃을지도 모른다는 사실을 알았을 것이다. 하지만, 그들은 그것을 성심껏 관리하여 이윤을 남겼다. '오랜 후에'(25:19) 주인이 돌아왔기 때문에 그들에게 주어진 시간은 노력하고 관리하기에 충분히 오랜 기간이었다. 막대한 재물을 맡길 정도로 부유한 주인은 돌아와서 그들과 결산하며 두 사람 모두에게 다음과 같이 말하며 그들의 성실한 태도를 칭찬하였다.

> 잘하였도다 착하고 충성된 종아 네가 적은 일에 충성하였으매 내가 많은 것을 네게 맡기리니 네 주인의 즐거움에 참여할지어다(마 25:21, 23).

종들이 최선을 다해 다섯 달란트, 두 달란트를 사용하여 갑절의 이윤을 남겼지만, 오히려 손실을 보았더라도 주인은 그들의 신실한 모습을 변함없이 칭찬했을 것이다.

이와는 대조적으로 세 번째 종은 땅을 파고 주인의 돈을 감추어 두었다가 그것을 도로 가지고 와서 주인 앞에 내밀었다. 그런데 그 말하는 것이 가관이다. 그는 '주인이여 당신은 굳은 사람이라'는 대답으로 말문을 열었다. 그것은 주인은 마음이 굳은, 강퍅한 사람이라고 생각해 온 그의 평소 마음을 드러내는 말이다. 그리고는 이렇게 말했다.

> 심지 않은데서 거두고 헤치지 않은 데서 모으는 줄을 내가 알았으므로 두려워하여 나가서 당신의 달란트를 땅에 감추어 두었나이다 보소서 당신의 것을 가지셨나이다(마 25:24-25).

비슷한 열 므나의 비유를 담은 누가복음 19장 21절에서 종은 이렇게 말했다.

이는 당신이 엄한 사람인 것을 내가 무서워함이라 당신은 두지 않은 것을 취하고 심지 않은 것을 거두나이다(눅 19:21).

이는 종이 주인을 잘 이해하지 못하고 있음을 드러낸다.

교회개척을 준비하는 이들이 이해하는 하나님의 모습에 따라 교회의 모습이 달라진다. 어떤 이들은 하나님이 엄하고 두려운 분, 우리가 무엇을 가지고 그분 앞에 나가야지만 응답하시는 분, 새벽예배를 드리고 헌금을 많이 갖다 바쳐야만 우리의 기도를 들어주시는 분으로 착각한다. 한국교회의 기복신앙이 그러한 폐해를 낳았다.

예수님 당시 바리새인들이 그러한 생각을 가졌다. 그들은 일주일에 두 번씩 금식을 하고, 성전에서 제물 바치는 데에 온통 정신을 쏟았다. 하나님을 오해하여, 당신의 아들을 십자가에 매달아 인류의 죄를 값없이 용서하시는 하나님의 사랑과 은혜를 알지 못했기 때문이다. 그러나 그들은 율법을 지키고, 신앙의 예전을 지키는 데에 초점을 맞추며 하나님과의 교제와 동행의 기회를 놓쳐버렸다.

그러한 바리새인처럼 하나님을 오해한 세 번째 종에게 주인은 이렇게 말했다.

> 악하고 게으른 종아 나는 심지 않은 데서 거두고 헤치지 않은 데서 모으는 줄로 네가 알았느냐 그러면 네가 마땅히 내 돈을 취리하는 자들에게나 맡겼다가 내가 돌아와서 내 원금과 이자를 받게 하였을 것이니라 (마 25:26-27).

'악하고 게으른 종'이라는 표현은 그 종의 게으름이 능력이나 기회가 부족함에 기인하지 않았다는 사실을 드러낸다. 한 달란트는 6,000 데나리

온의 가치를 가지고 있고, 한 데나리온은 하루 품삯에 해당하므로 하루 일당이 10만 원이라면 그가 받은 한 달란트는 오늘날의 화폐 단위로 하면 약 6억 원에 해당한다. 그는 충분히 많은 재물을 위탁받았던 것입니다. 또한, 주인이 '오랜 후에'(마 25:19) 돌아왔기 때문에 그가 그 돈을 금융기관에 맡겼다면 이자만도 꽤 큰 금액이 되었을 것이다.

그러나 그 종의 마음은 전혀 주인을 생각하지 않고, 자신의 안위만을 생각하는 이기적인 중심으로 가득했기 때문에 아무런 열매를 맺지 못했다. 마치 시험에 빠진 엘리야의 모습과도 같다. 세 번째 종이 지금껏 주인을 오해한 이유도 주인의 입장보다는 자신만을 생각했기 때문일 것이다.

달란트 비유는 단순히 양 극단의 신앙을 보여준다. 처음 두 사람의 종은 주인을 기쁘시게 하려는 충성스러운 마음이 동기가 되었지만, 세 번째 종은 주인을 기분 나쁘게 하지 않으려는 두려운 마음이 동기가 되었다. 이 비유에서는 위대한 충성과 완전한 실패가 대조되고 있다. 독생자 예수 그리스도를 보내신 하나님을 바라보는 신앙은 우리가 십자가 복음의 은혜에 빚진 자가 되어 예수 그리스도를 따르는 삶을 통해 달란트를 발휘하도록 한다. 반대로 율법적인 폭군으로 하나님을 오해하는 신앙은, 율법의 노예가 되어, 달란트를 땅에 묻어 썩히는 최소한의 율법적 생활을 하는 악하고 게으른 종으로 전락하게 한다.

왜 마음에 여유가 없고, 그렇게 인색하고, 쉽게 성을 낼까?

하나님이 여유가 없는 무정한 분이라고 생각하기 때문이다. 내가 하나님 앞에서 무엇을 해야 하나님께서 응답해 주실 것이라는 오해 때문이다. 주인과 같은 마음을 가진 사람이 주인의 즐거움에 참여할 수 있다. 아버지와 같은 마음을 가진 아들이 아버지의 기업을 물려받는다. 탕자의 비유에서 둘째 아들은 아버지에게 돌아와 자신을 종으로 여겨 달라고 말하지만 오랫동안 기다린 아버지는 이 아들에게 가락지를 끼우고 좋은 옷을 입히고 잔치를 베풀었다. 우리는 예수님을 주님으로 믿음으로 말미암아 하나님의 자녀가 되었다(요 1:12). 그러므로 우리는 하나님 아버지께서 기뻐하시는 교회개척의 사역을 위하여 무엇이든 구할 수 있고, 그때에 독생자를 아낌없이 주신 그 하나님께서는 우리가 구하는 모든 것을 주실 것이다.

또한, 우리가 달란트를 잃어도, 때로는 탕자처럼 방황하며 그것을 다 써 버려도 우리의 아버지되신 하나님은 다시 우리를 받아주실 것이다. 지금은 잠시 넘어져도 우리가 다시 달란트를 사용할 수 있도록 우리를 다시 일으켜 세우시고, 달려갈 힘을 주시는 분이 바로 하나님이다.

그러므로 우리는 그 하나님을 믿고 오늘도 새롭게 개척의 힘찬 한 걸음을 내딛을 수 있다. 그러면 언젠가 하나님 앞에 설 때에 하나님께서는 다음과 같이 우리를 칭찬하시며 우리를 끌어안아 주실 것이다.

> 잘하였도다 착하고 충성된 종아 네가 적은 일에 충성하였으매 내가 많은 것을 네게 맡기리니 네 주인의 즐거움에 참여할지어다(마 25:21, 23).

결국, 교회의 개척은 개척을 준비하는 이들의 하나님을 향한 시선에 달려있다.

제1부
교회개척의 이론적 토대

제1장 교회론의 이해
제2장 교회개척의 성경적 근거와 의의
제3장 교회개척의 모델 분석: 개척의 주체를 통한 구분
제4장 지역사회에 대한 연구

제1부

교회개척의 이론적 토대

현대적인 의미에서 교회개척론은 미국 풀러신학교(Fuller Theological Seminary)의 세계선교대학원 소속 교회성장학 교수인 도날드 맥가브란(Donald A. McGavran)에 의해 시작되었다.

그는 1970년, 『교회성장의 이해』(*Understanding Church Growth*)라는 저서를 출간하며 교회성장운동을 일으켰고, 또한 교회개척론의 지평을 열었다. 뒤를 이어 맥가브란의 제자인 피터 와그너(Peter C. Wagner)는 1979년 출간한 저서 『우리같은 사람들: 아메리카 교회성장의 윤리적 차원』(*Our Kind of People: The Ethical Dimensions of Church Growth in America*)을 통하여 미국 내 민족적 배경을 중심으로 교회성장을 다룬 후에, 1990년 저서 『더 풍성한 추수를 위한 교회성장: 종합가이드』(*Church Planting for a Greater Harvest: A Comprehensive Guide*)를 통하여 교회개척의 전반에 관한 지침을 제공함으로써 교회개척론의 발전이 시작되었다.

그러나 맥가브란이 주장한 교회성장운동은 신학적 토대가 일천함과 영적측면을 간과함이 지적되었고(Hiebert, 2016, 79-80), 같은 교회성장론자인 앨런 티펫(Alan R. Tippet) 조차도 맥가브란과 와그너의 교회개척론이 양적인 성장에 지나치게 초점을 맞춤으로 인하여 교회 자체의 유기적 성장을 도외시하였다고 비판하였다(Tippet, 1970).

국내의 교회개척 관련 연구는 이광희(1995)의 도시, 신도시, 신도시 주변, 농어촌, 특수지 등, 교회의 양태별 조사 및 노치준(1996)의 개척교회의 교파별 분포, 연도별 개척현황, 건물의 소유형태, 교역자의 연령과 사례비를 다룬 연구가 선구적이다. 이를 발판으로 국내 개신교 각 교단들은 개척교회 활성화를 위한 캠페인을 전개하였다.

2000년대에 들어서 여의도순복음교회 교회성장연구소는 전통적인 문헌연구를 비롯하여 설문조사와 심층면접을 활용한, 양적 연구와 질적 연구를 혼합한 형태의 연구를 수행하여 우리나라 개척교회의 현황 및 특성, 그리고 성장요인을 점검하였다. 이후의 연구는 개척교회의 체험 및 사례를 중심으로 전개되었는데, 국내 사례는 분당우리교회의 이찬수(2003), 미국 이민교회는 가정교회운동을 일으킨 휴스턴침례교회의 최영기(2015)의 연구가 대표적이다.

제1부는 교회개척에 관한 연구를 점검함으로써 교회의 성경적 정의를 살펴보고, 교회의 속성에 근거한 사명과 개척목회의 소명을 확인한다. 그리고 교회개척의 성경적 근거와 의의 및 교회개척의 모델들을 소개하여 개척목회자의 상황에 가장 적합한 개척의 방법을 결정할 수 있도록 도움을 제공하는 것을 목적으로 한다.

지역사회에 대한 연구는 원래 실제적인 교회개척의 단계에서 수행해야 하는 과업으로서 개척교회의 소명에 따라 여러 지역에 대한 연구를 진행해야 할 수도 있으며, 결국 교회의 위치를 결정하는 결정적 요인이다. 그러나 인구통계학적인 측면과 영적 측면에서 지역사회의 필요를 이해하기 위해서 어떤 요소들을 어떻게 살펴보아야 하는지에 대하여 개괄적인 사항들을 소개하므로 교회개척의 이론적 토대를 점검하는 제1부에 이를 포함하였다.

제1장

교회론의 이해

　신학은 거창한 것이 아니라 성경의 가르침을 논리적으로 정리하여 합리적으로 설명하는 것이다. 교회의 성경적 의미를 정의하고 그 역할에 대하여 신학적으로 논하는 교회론도 마찬가지이다. 오늘날 교회에 대한 목회자들의 본질적 이해에 문제가 많기 때문에 수많은 폐해들이 발생하고 있다. 그러한 점에서 개척교회는 바른 교회론과 목회철학을 정립하여 새로운 시도를 선도할 수 있는 무한한 가능성을 가지고 있다. 관건은 얼마나 건전한 신학의 기초 위에 교회를 건강하게 세우느냐 하는 것이다.

　교회의 규모로서 목회의 성공 여부를 가늠하는 자본주의 논리는 이제 한계에 봉착하였다. 이는 일제 강점과 한국전쟁을 경험하며 어려움을 겪었던 과거에 번영신학을 앞세워 성장한 한국교회의 이면이기도 하다. 이제는 예수 그리스도의 십자가가 어떤 의미를 지니는지를 밝히는 복음의 본질을 중심으로 교회의 정체성을 회복해야 한다. 교회 내적으로 갱신이 필요하고, 외적으로는 하나 되는 일치가 필수적인 현 상황을 맞이하여 개척교회는 올바른 교회론에 입각하여 건강한 교회를 든든히 세워야 할 것이고, 지역사회를 섬기기 위하여 힘을 합쳐서 연대하는 것이 요구된다.

1. 교회의 성경적 정의[1]

한국교회의 위기를 극복하기 위해서는 교회에 대한 정의와 이해를 성경을 통해 재조명함으로써 교회의 본질을 회복하고, 현대사회와 소통하기 위하여 교회론 패러다임을 새롭게 전환시켜야 한다. 일례로 성전 개념을 강조하며 교회 건물을 소유하는 것에 대한 집착에서 벗어나, 하나님 앞에서 함께 모이기 위한 예배 공동체를 우선시해야 한다.

가장 중요한 것은 세상이 교회를 어떻게 보느냐에 신경을 쓰기보다 하나님 앞에 교회가 어떻게 서느냐 하는 것이다. 하나님과 한마음을 품고, 독생자 그리스도를 머리로 하는 한마음으로 교회를 세우고, 교인들과 이웃들, 지역사회를 섬기는 그것이 교회의 온전한 모습일 것이다.

무엇보다도 이 땅에 머리 되신 그리스도를 보내셔서 교회를 세우시고 성장하도록 이끄시는 이는 하나님이심을 잊어서는 안 된다. 다음과 같은 사도 바울의 고백이 개척교회는 물론, 이 땅에 뿌리내린 모든 교회를 섬기는 이들의 고백이 되어야 할 것이다.

> 나는 심었고 아볼로는 물을 주었으되 오직 하나님께서 자라게 하셨나니 그런즉 심는 이나 물주는 이는 아무것도 아니로되 오직 자라게 하시는 이는 하나님뿐이니라(고전 3:6-7).

교회는 하나님께서 세우시는 것이며, 목사와 교인들은 그 몸을 이루는 일에 참여하는 영광을 누리는 것뿐이기 때문이다.

---

[1] 교회론에 대한 내용은 최성훈, 『성경으로 본 이단이야기』 (서울: CLC, 2018), 55-57을 참조하였다.

구약성경에서 교회를 지칭하는 의미로 사용된 히브리어 단어는 '카할'(קהל)인데 이는 '회중'(느 5:13; 시 107:32; 렘 26:17; 44:15; 욜 2:16) 혹은 '총회'(신 9:10; 10:4; 18:16)라는 뜻으로서 '불러 모으다'라는 의미의 동사 '카할'(קהל)에서 유래하였다. 또한, '에다'(עדה)라는 용어도 사용되었는데 이 역시 모임을 강조하는 표현으로서 동일하게 '회중'(출 12:3; 민 16:2; 왕상 8:5; 시 111:1; 호 7:12), '만민'(시 7:8), '모임'(시 1:5; 82:1), '무리'(민 26:10; 27:3; 욥 15:4; 잠 5:14) 등으로 번역된다.

신약에서 교회를 지칭하는 의미의 단어는 '슈나고게'(συναγωγή)인데 이는 '함께'라는 뜻의 전치사 '슌'(σύν)과 '인도하다'라는 뜻의 동사 '아고'(ἄγω)가 합하여 '함께 인도하다,' '함께 오다'라는 뜻을 갖게 된 동사 '슈나고'(συνάγω)에서 유래하였다. 이는 '회당'으로 번역되었다. 신약에서 교회를 지칭하는 또 다른 대표적인 단어로 '에클레시아'(ἐκκλησία)가 있는데 이는 '-로, -로부터'라는 의미의 전치사 '에크'(ἐκκ)와 '불러내다'는 의미의 '칼레오'(καλέω)라는 동사가 합성된 단어로서 죄악 된 세상에서 구별하여 '밖으로 불러낸 구별된 공동체'라는 의미에서 '부르심을 받은 회중'의 의미로 사용된다.[2] 그러므로 교회란 그 규모나 형태가 아니라 예수님을 주님(그리스도)으로 고백하는 이들의 모임을 뜻하는 것이다.

구약성경은 교회를 정의함에 있어서 모임의 행위에 강조점을 둔 반면, 신약성경은 모임을 구성하는 구성원들에게 초점을 맞추었다. 그러므로 신약성경적 의미에서 교회의 머리는 그리스도이며, 그의 몸인 교회는 만물 안에서 만물을 충만하게 하시는 이의 충만(엡 1:22-23)이다. 교회는 모든 지

---

2   스텐리 그렌츠(Stanley Grenz, 2001, 465)는 초기 그리스도인들이 기독교 공동체를 지칭하는 말로 에클레시아를 선택한 것은 그들이 교회를 건물이나 조직으로 보지 않고, 예수 그리스도를 믿음으로써 하나님의 언약에 속한 한 백성으로 보았다는 것을 의미한다고 지적하였다.

역의 그리스도 안에 있는 모든 신자를 뜻하며, 따라서 교회란 '하나님의 백성'(벧전 2:9), '그리스도의 몸'(엡 1:23), '성령의 전'(고전 3:16; 엡 2:21-22)이다. 또한, 그리스도의 몸 된 공동체의 충만이라는 기능적 의미에서 교회는 '하나님의 집,' '하나님의 교회,' '진리의 기둥과 터'(딤전 3:15)로서 예수 그리스도의 진리 말씀에 기반한 공동체이다. 하나님께서 아브라함에게 주신 언약이 구약 시대에는 이스라엘의 가나안 정착과 번성을 통해 실현되었고, 이는 또한 영적 이스라엘인 신약 교회의 성장을 통해 이루어질 것이다.

2. 교회의 속성과 사명

교회의 성경적 정의가 하나님을 예배하고, 이 땅에서 예수 그리스도를 머리로 하는 공동체를 이루어 복음을 전파하는 모임을 의미하므로, 이제 교회는 건물과 시설에 대한 투자보다 하나님의 사람들을 세우는 데에 더 힘을 쏟아야 한다. 그것이 복음 안에서 교회다움을 회복하는 첫걸음이다. 이는 목회자가 사역에 집중할 수 있도록 최소한의 삶을 보장하는 것에서 시작하여, 다음 세대를 비롯하여 교인들을 양육하고 세우는 것을 포함한다.

물론 전도와 선교, 구제가 교회의 기본적인 사명이지만 교회 구성원들이 먼저 구비되어야 그러한 사명 수행이 의미 있고, 따라서 아름다운 열매로 연결되기 때문이다. 하지만, 사명을 수행하는 사람을 강조하는 과정에서 자칫하면 하나님의 이름으로 하나님을 배제한 인간적인 만족을 위한 사역으로 변질될 수 있음을 또한 경계해야 할 것이다.

1) 교회의 속성

　교회의 본질을 드러내는 대표적인 네 속성은 단일성, 거룩성, 보편성, 그리고 사도성이다. 단일성은 교회의 내적, 영적 성격으로서 성령 안에서 그리스도를 통하여 활동하시는 하나님 한 분을 중심에 모시는 단일성을 의미하고, 거룩성이란 한편으로는 인간의 공동체로서 죄로 가득 차 있지만 다른 한편으로는 거룩한 그리스도의 몸이요, 거룩한 하나님의 백성이요, 거룩한 성령이 임재 하시는 공동체라는 의미이다.

　따라서 교회는 머리되신 예수 그리스도를 통하여 하나님께 예배하는 공동체요, 이 땅에서의 사명을 수행함을 통해 하나님 나라의 확장을 이루는 공동체이다. 그 사명을 이루기 위하여 교회는 그리스도의 보혈로 깨끗하게 함을 받아 내주하시는 성령을 통해 거룩하게 구별되어야 한다.

　보편성은 교회가 어떤 경계 안에 속한 것이 아니라 예수를 그리스도로 믿는 모든 이에게 속하며, 또한 그러한 모든 그리스도인을 통합하는 의미에서의 보편성을 뜻한다. 따라서 개교회 위주의 이기적인 의식을 버리고, 모든 교회가 연합하여 이 땅에서 하나님 나라를 이루는 사명에 헌신해야 한다.

　마지막으로 사도성이란 교회가 예수님과 성령의 가르침을 따라 십자가에 달리시고 부활하신 예수님이 온 세상을 구원하시는 분이라는 복음을 선포하기 위해 보내심을 받은 공동체임을 의미한다. 이 같은 교회의 속성에 근거하여 사명을 수행하기 위해서는 교회의 본질을 회복하는 것이 요청된다. 한국교회가 점차 잃어가고 있는 것이 바로 그러한 교회의 속성이기 때문이다.

2) 교회의 사명

교회는 그리스도를 머리로 하여 지체된 성도들로 이루어지는데, 지체되었다는 말은 공동체를 이루는 구성원들 간의 상호의존성과 상호책임성을 나타낸다. 몸 전체는 성령이라는 공통의 생명에 의해 활기를 얻고 있으므로 교회는 성령공동체이며(엡 4:4), 그리스도의 몸으로서 하나님 나라를 세상에 보여주는 곳이어야 한다. 또한, 교회는 전도, 교화, 예배, 사회적 관심과 책임수행이라는 기능을 담당해야 하는데(Erickson, 1992), 마리아 해리스(Maris Harris, 1989)는 초대교회의 공동체 안에 나타난 다섯 가지 모습이 교육목회적 커리큘럼으로 기능함을 지적하며 교회의 사명을 구체화하였다.

① 코이노니아(κοινωνία)
② 레이투르기아(λειτουργία)
③ 디다케(διδαχή)
④ 케리그마(κήρυγμα)
⑤ 디아코니아(διακονία)

성령의 전(殿)이 된 교회는 하나님의 영인 성령이 거하는 곳이며, 하나님이 거하시는 곳으로서 예배의 중심이 된다(레이투르기아). 성령에 의하여 생명을 보존하고 그 숨결을 유지하며, 성령 안에서 하나님과, 그리고 성도 간에 교제하고 봉사함으로써(디아코니아) 이 세상에서 빛과 소금의 역할을 감당하는 삶을 통해 복음을 전파해야 한다.

다시 말하면, 교회의 사명을 수행하는 데 있어서 복음전파(전도)에는 케리그마, 디다케, 코이노니아, 건덕과 교화에 대하여는 케리그마와 디다케, 예배와 의식에 있어서는 레이투르기아와 코이노니아, 그리고 사회적 관심을 가지고 책임을 수행하는 데에는 디아코니아와 코이노니아가 중심적 역할을 담당한다. 그러므로 하나님께서 불러 모으신 공동체인 교회는 예배와 교제, 복음증거 및 선교와 봉사의 사명을 가지고 있다.

포스트모더니즘의 주관성과 다원성으로 인하여 오늘을 사는 현대인들의 개인주의가 강화되었고, 민주화 의식 역시 뚜렷해졌다. 또한, 개인의 체험을 강조하는 포스트모더니즘의 사조는 교인들로 하여금 하나님에 관한 이야기를 듣는 데에 만족할 수 없고, 직접 하나님의 말씀을 경험하기를 원하며, 교회의 운영에도 참여하도록 독려한다. 더 이상 소수의 리더 그룹이 독단적으로 교회를 운영할 수는 없게 된 것이다.

과거에 일제치하와 한국전쟁을 겪은 이후 종교계뿐만 아니라 사회 전반에 아무런 자원이 없을 때에, 우리나라는 국가적 기반을 확충하고 성장을 도모하기 위해서 한 방향으로 모든 역량을 집중하였다. 그 과정에서 일부의 희생을 감수하는 것을 미덕으로 여겼다.

그러나 이제는 사회 전체가 성숙해졌고, 급히 서두르는 것보다 제대로 방향을 정립하는 것이 더 중요한 시대가 되었다. ICT(Information and Communications Technology) 기술의 발달로 정보가 실시간으로 공유되고, 교육수준의 향상으로 누구나 나름대로의 관점을 가지고 의사결정에 참여하는 구조로 사회가 변화되었기 때문이다.

교회의 본질을 회복하고 이 같은 사명을 온전히 수행함에 있어서 모든 것을 새롭게 시작할 수 있는 개척교회는 가장 유리하다. 하지만, 건전한 신학과 교회론에 입각하여 복음을 가지고 시대와 소통하려는 자세가 먼저 구비되어야 할 것이다. 세상이 변화하고 있는데, 과거에 한국교회가 부흥했던 방식을 붙들며 성장과 부흥을 기대하고 있다면 그것은 헛된 망상에 빠진 것이다. 개척교회는 시대의 흐름 속에서 하나님께서 의도하시는 바가 무엇인지를 복음의 본질과 상황에 대한 고찰을 통해서 동시에 조명해야 한다. 예를 들자면, 다음 세대를 세우고 소외된 계층을 돌아보는 것은 물론 시대적 소명으로서 지역사회를 섬기고 북한을 품는 것이 마땅할 것이다. 교회의 진입장벽을 낮추어서 소외된 이들이 쉽게 교회를 찾아와 하나님의 말씀을 접하고, 그 은혜로 인하여 회복되고 온전케 되는 과정에서 교회는 더욱 건강하게 자리 잡을 것이다.

3. 교단별 교회개척 지원 현황

우리나라 개신교 각 교단은 사회적인 인식 저하와 그로 인한 성장의 정체에 대비하기 위하여 교회 및 교인의 수를 목표로 제시하며 성장에 총력을 기울이고 있다. 그러나 그 목표를 이루려는 의도가 단순히 교단의 배타적인 성장과 기득권 유지를 위한 것이어서는 안 된다. 뼈를 깎는 자정의 노력과 정화작업이 병행되어야 무너진 교회의 신뢰가 회복될 것이고, 그러면 한국교회는 하나님의 말씀을 따라 그리스도를 머리로 하는, 하나의 보편적 교회를 이루며 다시 도약할 수 있을 것이다.

1) 기하성(여의도순복음)

기독교대한하나님의성회(여의도순복음, http://fgtv.com)는 지난 1999년 12월, 여의도순복음교회 내에 '재단법인 순복음선교회 교회개척국'을 설치하고 교육과 기도원담당자와 더불어 수석부목사 세 명 중에 한 사람을 교무 및 교회개척담당자로 배치하며 교회개척을 적극적으로 지원하였다. 이후 여의도순복음교회는 2019년 현재 교무와 개척을 총괄하는 교무개척담당 부목사와 목회와 신학을 전담하는 목회신학담당 부목사로 이분하여 사역을 집중하고 있다. 교회개척국은 2019년 3월 현재 23기 교회개척학교를 운영하였으며, 2019년 1월부로 504번째 교회를 개척하였다. 교회개척국은 홈페이지(http://cp.fgtv.com)를 통하여 전략적 비전, 계획, 개척팀 개발, 복음전도, 소그룹 사역, 사역의 기초, 설립예배 등에 대한 지침과 점검사항들을 제공하므로 참고할만하다.

교회개척학교 커리큘럼은 교회개척 준비 10강, 개척현장의 이해 17강, 목회개발 17강, 행정실무 7강, 개척성공 사례발표 8강 등, 총 59강 및 부흥성장 교회탐방 3회로 구성된다. 교회개척 준비과정에서는 교회개척의 원리와 전략, 개척자의 자세, 지역사회 분석, 개척교회의 성장 동력, 교단헌법, 개척비전 세우기(조별토론), 탐방 희망 교회 선정을 다루며, 개척현장의 이해는 지방회와 개척목회자, 교회개척 해결방안, 새가족 정착전략, 개척과 소그룹, 이단 상담훈련의 필요성과 이단 대처법, 특수목회, 개척교회 교회음향 설치, 전도훈련학교 등으로 구성된다.

목회개발 강의는 개척교회의 경영과 리더십, 목회자의 구약 및 신약성경 연구, 설교개발, 인문학, 목회자의 재정, 재무관리, 개척목회와 상담, 목회자의 언어, 스피치, 개척교회와 시니어사역 등의 과목을 포함하고, 개척의 행정 실무는 교회 홈페이지 운영, 교회건축, 부동산 실무, 개척행정 실무 등을 다룬다.

교회개척의 순서는 우선 개척지의 토지와 건물 선정이 완료되면 교회개척 신청서, (교회개척국 담당자) 현지답사 신청서, 자필이력서, 교회개척 준비계획서, 교회개척 동의서, 지적도, 공시지가 확인원, 토지이용 계획확인원, 토지대장, 건축물대장, 등기부등본(토지, 건물), 해당 개척지 사진, 차용증(교회개척국 지원금에 대한) 등의 구비서류를 제출한다. 제출된 서류는 매주 열리는 개척분과위원회에서 심의하며, 이를 통과할 경우에는, 교역자 1명, 장로 1명 이상이 참가하는 답사 일정을 결정한다. 개척분과위원회의 담당자들은 개척자, 부동산 임대인, 중개인 등과 함께 현장을 답사하여 설정과 시설물 등, 개척과 관련한 문제들에 대하여 협의하고 문제가 없을 시에 계약을 결정한다. 본 계약을 체결할 때에 지정 법무사를 통하여 지원금에 대하여 설정하고, 지방회와 협의하여 설립일정 및 진행사항을 확정한다.

2) 대한예수교장로회 (통합)

대한예수교장로회 통합총회(http://new.pck.or.kr)는 국내선교부에서 '총회교회개척훈련'을 운영한다. 이는 3차에 걸친 훈련과정으로 구성된 것으로, 목회자 부부가 모두 참석하는 것을 전제로 하며, 참가자는 50가정으로 한정된다.

본 과정에 등록하려면, 먼저 A4 용지 10매 분량의 개척교회에 대한 구체적인 목회 구상과 지역에 대한 사전 조사 내용을 첨부하여 제출해야 하며, 채택된 교회를 대상으로 제1차 훈련과정에서는 사전에 제출된 개척 계획서를 토대로 하는 개척 플랜 컨설팅이 진행된다. 1년에 2회, 봄, 가을에 진행되는 1차 훈련과정은 목회자 부부 모두가 참석하는 과정으로서 2박 3일간 진행된다. 교회개척 목회자 심리검사, 은사 개발프로그램, 부부 사랑 만들기 등의 프로그램들로 구성된다.

연 2회, 봄과 가을에 운영되는 제2차 훈련과정은 목회자가 참석하는 과정으로 3박 4일 동안 개척선교 교육프로그램에 따른 교육훈련과 교회개척 목회자 부부 전도훈련, 가정사역 및 치유 회복프로그램, 지역사회에 대한 연구조사 등, 개척의 실제와 현장에 대한 교육이 주를 이룬다. 개척교회 설립관련 법률, 교회의 비전과 핵심가치 세우기, 티칭 스타일 확정 등, 개척과 관련한 준비에서부터, 기도팀 운영과 개척팀 조직, 리더십 구조 결정, 사역 계획안 만들기, 전도 및 홍보방법 정하기 등, 개척의 실제들이 이 과정에서 다루어진다.

　　제3차 훈련과정은 교회탐방과정으로서 교회개척 이후 안정적으로 운영되는 교회 네 곳을 방문하는데, 참가자 모두가 방문하는 교회 한 곳, 지역과 권역별로 나누어 방문하는 교회 두 곳, 마지막으로 참가자 각자가 교회개척의 모범으로 삼고 싶은 교회 한 곳을 방문하여 탐방 보고서를 작성 후 제출한다.

　　개인이 개별적으로 탐방을 희망하는 교회는 예장 통합 측에 소속된 교회로서 개척 10년 미만의 교회를 우선적으로 선정해야 한다. 각 훈련과정이 마무리됨에 맞추어 교회개척 목회계획서를 수정하여 훈련과정이 마무리될 때에는 최종계획서를 완성하여 교회개척의 기반으로 삼는다.

　　또한, 교회개척훈련 기수별로 동기회를 조직해 인터넷 카페를 운영하고, 지역 및 권역별 모임을 통해 지속적인 협력과 나눔을 이어가는 후속 모임도 마련된다. 총회교회개척훈련은 2019년 4월부로 목회자 가정 71명이 참석하여 제22기가 진행되었다. 한편, 2018년 7월에 발표된 통합 측 교회와 교인의 수는 2017년말 현재 9,096개, 271만 4,314명으로 전년 대비 교회 수는 112개 증가하였고, 교인 수는 1만 6,053명이 감소하였다.

3) 대한예수교장로회(합동)

　　대한예수교장로회 합동 측(http://www.gapck.org)은 2000년 11월, '1만교회운동본부'[3]를 출범했다가 2005년 예장 개혁측과의 통합을 통해 1만 교

3　일만교회운동은 사실 1974년 59회 총회가 시작한 것이다. 당시 3,000여 개의 교회는 이후 교단 분열 등으로 활동이 중단되어 일만교회운동본부가 20여 년 동안 유명무실한 기관이 되었다. 그러나 1998년 84회 총회가 이를 재가동키로 결의하고 조직을 정비하고 회칙 등을 제정함에 따라 일만교회운동본부는 2001년을 일만교회운동 원년으로 선포하고, 전국을 영남, 호남 중부, 서울 서부 등, 3개 처로 분할하고, 2개 교회씩 총 6개 교회

회를 달성한 이후, 2005년 8월부터는 '2만교회운동본부'로 명칭을 바꾸고 조직을 정비하였다. 합동 측은 전도법인국(http://www.gapck.org/mission)을 설립하여 전도에 관한 제반 사항을 기획하고 정책을 개발하며, 전도부, 2만교회운동본부, 군목부, 군선교회, 군선교사회, 경목부와 경찰선교회, 농어촌부, 구제부, 교정선교위원회의 사업을 지원하고 업무를 조정, 관리하고 있다.

전도법인국은 2019년 4월 현재, 제103회기 교회개척 전도성장 세미나를 운영하였다. 2018년 103차 총회에서 발표한 합동 측 교인의 수는 2017년말 현재 276만 4,482명으로 전년 대비 7만 5천 명가량(-2.7%)이 감소하였고, 교회 수도 2016년 11,937개에서 11,922개로 0.1% 줄어들었다.

4) 대한예수교장로회(고신)

대한예수교장로회 고신 측(http://www.kosin.org)은 2002년 9월, 교단설립 50주년[4]을 맞이하여 개척 사업을 전개하며 1호 교회로서 천안시 백석동에 604평 대지에 5억 원을 후원하여 하나교회를 설립하였다. 이후 2007년 9월에 개회된 제57회 고신총회는 '3,000교회 100만 성도운동'(이하 3,000교회운동)을 시작하기로 결의하였다.

이를 위하여 세례교인 500명 이상 되는 교회와 교회재정이 5억 원 이상인 교회는 의무적으로 1교회 이상 개척할 것을 독려, 홍보하고, 교단 산하 38개 노회 역시 각 1개 교회 이상 개척하기로 하며, 세례교인은 1,000

를 총회 차원에서 개척하고, 향후 신도시 및 교단 취약 지역을 중심으로 교회를 개척하기로 결정하였다.

4 이는 1952년 9월 11일 진주 성남교회당에서 열린 제57회 경남법통노회에서 대한예수교장로회 총로회를 조직하기로 가결한 때를 기점으로 삼은 것이다.

원 씩 헌금하되 이를 상회비와 함께 납부하도록 하는 것을 결정하였다.

  3,000교회운동은 총회 국내전도위원회가 주관하며, 1단계 5개년 계획으로 2,000교회를 목표로 하고, 2단계 5개년 계획으로 3,000교회를 달성하는 것을 목표로 한다. 3,000교회운동이 교단의 중심 비전이 되기 위해서 총회장급 교단 지도자를 본부장으로 하는 조직과 개척교회를 위한 예산 모금 운동을 벌이고 있다.

  일례로 총회 국내전도위원회는 개척교회를 활성화하기 위하여 2008년부터 개척교회 지원금 제도를 신설했는데, 이에 따라 소속 노회의 개척교회설립을 승인받고, 국내전도위원회에 서류를 제출하는 교회에 대하여 설립예배 시 무상으로 1,000만 원을 지급한다.

  또한, 국내전도위원회는 2005년부터 개척교회훈련원을 시행하여 교단 소속 목회자 중에서 개척교회를 준비하는 자들에게 개척교회를 준비하는 자세와 현실적인 문제를 다루고, 목회자를 구하는 개척교회와 연결하는 사역을 진행한다. 2019년 2월에 2박 3일 일정의 제19회 교회개척훈련원이 종료되었는데, 훈련과정을 2회 수료하면 개척 지원금 신청자격을 얻는다.

  고신 측은 교단 내 개척교회들의 사역을 지원하기 위하여 2012년 3월 고려신학대학원에 교회개척지원연구소(http://cpsrc.kts.ac.kr)를 설치하여 운영하고 있다. 교회개척지원연구소는 연구와 지원의 두 가지 역할에 초점을 맞추고 있는데, 연구에 있어서는 교회개척과 관련된 지역 기초조사, 교회개척과 관련된 학술지 '교회개척과 현장' 발간 및 연구논문 발표, 교회개척 매뉴얼 작성, 데이터베이스 구축 등을 담당한다.

  지원에 있어서는 개척지원 전도사 파견, 교회개척 컨설팅, 전도팀 지원 및 교회개척사역자 훈련과정 신설, 3,000교회운동 현황평가 및 자료제공 등을 시행 및 계획하고 있다. 제68회 총회 발표 자료에 의하면 고신 측의 교회 수는 2018년 2월 현재 2,067개이며, 교인 수는 452,932명이다.

5) 한국기독교장로회총회(기장)

한국기독교장로회총회 기장 측(http://www.prok.org)은 1988년부터 2004년까지 17년간 '하나님의 선교를 위한 3,000교회운동'을 진행하였다. 3,000교회운동은 개척선교의 목적을 하나님의 선교에 두며, 그러한 기대와 희망을 3,000이라는 숫자에 담아 진행한, 교단의 건강한 성장을 위한 운동이었다. 기장 측은 이를 위하여 교단 내 농어촌, 미자립교회, 개척교회를 대상으로 전도집회 및 기성교회 성도들을 대상으로 한 순회강연을 진행하였고, 그 결과 약 500여 교회, 50,000여 명의 교인이 증가하는 성과를 거두었다.

기장 측은 2007년 제91회 총회에서 1907년 평양대부흥운동 100주년을 맞아 '기장비전 2015운동'을 결의하였는데, 이에 따라 1인 1만 원 헌금을 작정하여 국내외에 100개의 교회를 세우고 34만 교인의 수를 50만까지 늘린다는 목표를 세웠다. 기장 측은 제100회 총회가 열리는 2015년까지 꾸준한 교회개척을 통해 건강한 교회성장을 도모하되, 교회가 꼭 필요한 지역임에도 아직 기장 교단의 교회가 없는 곳을 우선하여 선교전략적으로 교회를 세워 나가는 것을 목표로 하였다.

그러나 기장 소속 교인의 수는 고령화와 경제 양극화로 인한 목회자들의 기본생활에 대한 불안감 등으로 2015년 100회 총회 당시 26만 4,990명에서 2017년 102회 총회 때에는 24만 109명으로 줄어들어서 9.3% 감소하였다. 2018년 9월 103회 총회에서 발표한 2017년말 통계에 의하면 교회 수는 1,631개, 교인 수는 23만 5,077명으로 전년 대비 2.1% 감소되어 '기장 비전 2015운동' 목표의 절반에 불과하였다.

6) 기독교대한감리회 (기감)

기독교대한감리회(https://kmc.or.kr)는 2017년 3월, 전명구 감독회장의 공약에 따라 우리나라에 복음을 전했던 미국 북감리교회의 교육, 남감리교회의 영혼구원, 조지 오글 선교사(George E. Ogle)[5]의 사회참여 정신을 통합한 감리교 DNA를 기반으로 '100만 전도운동'을 벌이기 시작하며 교회개척과 성장을 도모하였다. 기감 측은 2018년 1월, 선교국을 통하여 미자립교회성장을 위한 정책 자료집을 발간하여 교회와 목회자에 대한 지원에 대한 사례 및 현황을 점검하였다.

2017년 6월에는 '100만 전도운동'을 홍보하는 자료집을 제작하여 배포하였는데, 이에 따르면 2000년에서 2016년까지 교회의 수는 4,861개에서 6,657개로, 목회자의 수는 6,208명에서 9,993명으로 늘었지만 교인의 수는 2010년 158만 7천여 명에서 2016년 139만 7천여 명으로 줄어들었다.[6] 기감 측은 한국교회의 위기가 감리교회의 위기로 다가오는 현실을 조

---

[5] 오글 선교사(한국명 오명걸)는 한국전쟁 직후인 1964년 연합감리교회 선교사로 우리나라에 들어와 20년간 한국 도시산업선교회를 이끌며 노동자의 권리와 노동법에 기반한 교육프로그램을 시작하였다. 서울대학교 교수로 재직 당시, 인혁당 사건으로 인하여 사형선고를 받은 이들을 위해 활동하다가 1974년 12월 14일에 추방당했다. 그는 미국으로 추방된 뒤에도 인혁당 사건의 진실을 알리고 한국 사회의 민주화를 앞당기기 위해 노력하였는데, 일례로 미 의회 청문회에서 인혁당 사건의 진상에 관하여 증언하였고, 미국 전역을 돌며 한국 인권의 실태를 알렸다. 오글 선교사는 2002년 민주화운동 기념사업회의 해외민주인사 초청을 통해 한국을 방문하여 인권문제연구소가 수여하는 제5회 대한민국 인권상을 수상하였다.

[6] 그러나 기감 측이 홈페이지에 게시한 2017년 통계자료에 의하면 교회의 수는 6,710개로 증가하였고, 원로목사를 제외한 교역자의 수는 9,888명으로 현상유지를 하였으나 교인들의 수는 133만 4천여 명으로 약 16%, 253,207명이 줄어들어서 문제의 심각성이 증대되었다. 또한, 2018년 자료에 따르면 기감의 교회 수는 6,402개로 감소하였고, 교인 수는 131만 3,930명으로 감소함으로써 계획에 차질을 빚고 있다. 이는 비단 기감의 문제만이 아니라 한국교회 전체의 문제로서 교회개척을 지원하는 대부분의 교단들이 오히려 교세의 감소를 경험하고 있기 때문에 새로운 시대에 부합되는 새로운 혜안을 필요로 한다.

명하며, 그래도 교회가 희망이라는 결론을 내리고 '100만 전도운동'을 전개하기 시작하였다. 기감 측은 2017년 전도의 씨앗을 뿌리고, 2018년 뿌리는 내리며, 2019년에 성장, 2020년에는 전도의 열매를 맺을 것을 기대하고 있다.

7) 기독교대한성결교회 총회(기성)

1907년 5월 30일 '조선야소교 동양선교회 복음전도관'으로 시작된 기독교대한성결교회 기성 측(http://www.kehc.org)은 2007년 교단설립 100주년을 맞이하여 사중복음의 확산과 '3천 교회, 1백만 성결인운동,' '2027년 1천 선교사 파송' 등을 골자로 하는 비전선언문을 발표하였다. 이와 관련하여 2004년 교회개척훈련원을 개원하고, 2009년 기독교대한성결교회 교회진흥원(http://sim.kehc.org)을 설립한 후, 2013년 5월부로 교회개척의 사역을 교회진흥원으로 이관하여 통합하였다. 이후 교회진흥원 산하 교회개척훈련원 운영위원회가 교회개척의 업무를 담당하고 있다.

교회개척훈련세미나는 2019년 4월 22일부터 5월 3일까지 제14기가 전반기 과정으로 진행되었으며, 같은 해 10월에 후반기 훈련으로 종료된다. 지난 13회기 동안 3백 여 명의 수료 목회자를 배출하였다. 2018년 8월에 발표된 기성의 교세는 국내외 교회 수 3,132개, 세례교인의 수는 47만 8천 여 명이다. 기성 측은 교회진흥원을 통하여 5년 무이자로 1천만 원을 대여하며, 미자립교회를 지원하고 있다.

8) 예수교대한성결교회 총회 (예성)

예수교대한성결교회 예성측(http://www.sungkyul.org)은 타 교단에 비하여 다소 늦은 2010년에 2020년까지 3천 교회(국내 2천 교회, 해외 1천 교회), 1백만 성도를 목표로 삼는 '예성비전 2020운동'을 전개할 것을 결의하였다. 이에 맞추어 국내선교회를 통하여 매년 예성 교단 내의 1개 교회를 개척하는 '신개척 1억 프로젝트'를 진행하기 시작하였다.

2012년 11월에 제1기 교회개척학교를 개최하였는데, 14명의 목회자가 참가한 교회개척학교는 교회개척의 중요성, 교회개척의 비전과 목회철학, 개척과정과 성장비결, 개척교회의 예배와 전도전략 등에 대해 강의를 진행하였다. 매년 하반기에 개최되어 10여 명의 목회자가 참석하는 교회개척학교는 2018년 11월에 7기를 맞이하였으며, 수료자에게는 신 개척 1억 프로젝트 지원 시 우선권을 부여하며, 국내 교회탐방과 1년간 도서비(개척연구비)를 지원한다. 교회개척학교는 과정 운영 이후, 2018년말 현재 21개 교회의 개척을 도왔다.

9) 대한기독교나사렛성결회 (나성)

대한기독교나사렛성결회(http://www.na.or.kr)는 지난 2008년 11월에 한국선교 60주년을 맞이하여 '60개 기념교회개척의 정책'을 수립하였다. 2015년 3월 17일 제60차 총회에서는 개척교회와 미자립교회에 대한 지원방안을 통과시켜서, 총회 국내 선교비와 후원금 재원으로 개척교회의 경우 교회설립 후 만 3년 이내는 개척 1단계, 만 5년 이내는 개척 2단계, 만 10년 이내는 개척 3단계로 정하여 각각 월 20만 원, 15만 원, 10만 원씩 지원키로 결의하였다. 또한, 교회자립위원회를 신설해 개척 후 5년이 지났지만 미자립 상태로 있는 교회의 목회자 생활비도 지원한다. 교회개척학교는 교과 운영 이후, 2018년말 현재 21개 교회의 개척을 도왔다.

10) 기독교한국침례회(기침)

기독교한국침례회(http://www.koreabaptist.or.kr)는 국내선교회(http://www.kmb.or.kr)를 통하여 교회개척 및 국내 선교활동을 지원하고 있다. 국내선교회는 대학생들을 대상으로 사역을 전개하는 침례교학생선교부(BSU: Baptist Student Union), 기침농선회, 다문화사역자연합, 북한선교연합 및 개교회에 선교비를 지원하고 있다.

또한, 2001년부터 미국 남침례교 북미선교부(The North American Mission Board)와 연계하여 개척학교를 통해 목회자들을 대상으로 교회개척훈련을 시행하며 다양한 전도세미나를 통해 전도훈련을 진행하는 한편, 매년 한미전도대회를 개최하여 전국의 교회들과 미국에서 온 전도팀들이 협력하여 전도의 열매를 맺도록 한다.

개척학교는 2012년 12기 운영 이후 중지되었다가, 2018년 재개되었는데, 2018년 9월 현재 13기를 배출하였다. 이는 국내외 400여 명의 목회자들을 포함한다. 커리큘럼은 교회개척과 기본훈련을 위한 내용을 토대로 하는데, 교회개척과 기초(Overview), 교회개척과 기도(Prayer), 교회개척과 비전(Vision), 교회개척과 핵심가치(Core Values), 교회개척과 집중그룹(Focus Group), 교회개척과 사명선언(Mission Statement), 교회개척과 관계(Relationshop), 교회개척과 전도(Evangelism), 교회개척과 핵심그룹(Core Group), 교회개척과 예배(Worship), 교회개척과 소그룹(Small Group), 교회개척과 마스터 플랜(Master Plan), 교회개척과 이정표(Mile posts) 등, 13개 과로 구성되어 있다.

제2장

교회개척의 성경적 근거와 의의

　　교회개척은 하나님의 말씀인 성경의 가르침에 근거하여 교회의 본질을 온전히 세우기 위한 것이어야 한다. 단순히 목회자 개인의 성장 욕구를 충족시키거나, 교단 차원에서 성장을 위한 일환으로 교회개척을 강조하는 인본주의적 접근은 매우 잘못된 것이다. 반대로 하나님과 동행하며 하나님의 뜻을 따라 교회를 개척하는 목회자에게는 잠언16:9 말씀이 귀한 열매를 맺게 할 것이다.

　　　사람이 마음으로 자기의 길을 계획할지라도 그의 걸음을 인도하시는 이는 여호와시니라(잠 16:9).

예수님께서도 이렇게 말씀하셨다.

　　　너희가 내 안에 거하고 내 말이 너희 안에 거하면 무엇이든지 원하는 대로 구하라 그리하면 이루리라(요 15:7).

이것은 우리가 품는 마음이 하나님의 말씀을 통해 하나님의 뜻 가운데에 있을 때에 이루어진다고 약속하신 것이다. 따라서 교회개척은 반드시 성경의 가르침과 신학적 토대 위에서 이루어져야 하며, 그럴 때에 교회의 이름으로 하나 된 공동체는 머리되신 예수 그리스도의 복음을 전파하는 사명을 온전히 수행할 수 있을 것이다.

1. 교회개척의 성경적 근거

하나님께서 성경을 통해 강조하신 세 가지를 창조명령, 대명령, 대위임령으로 구분할 수 있는데(Harro van Brummeln, 2002; 최성훈, 2016a, 32-40), 교회개척은 이를 근거로 조명할 수 있다. 새로이 설립된 교회는 예수 그리스도의 복음을 통해 잃어버린 하나님의 형상을 회복하여 창조명령을 수행하고, 사랑의 대계명을 실천하며, 복음전파의 대위임령 수행을 통해 지역사회의 영적 필요를 채운다. 교회개척에 대한 성경적 근거의 조명은 지역사회의 요구와 필요를 구분하여 신앙공동체가 초점을 맞추어야 할 사역을 밝히 드러낸다.

1) 하나님의 뜻

첫째, 창세기 1장 27-28절의 창조명령은 하나님의 형상으로 창조된 인간이, 하나님을 대신해서 창조된 이 세상을 다스리라는 전권의 위임이다. 첫 사람 아담은 창세기 2장 19절에서 각 생물에게 이름을 붙이는 첫 창조사역을 수행하는 특권을 발휘함으로써 창조명령을 수행하기 시작하였다. 그러나 아담과 하와의 타락 이후, 인류에 내재된 하나님의 형상은 훼손되었고, 이를 회복하기 위해서 독생자 그리스도가 성육신하셔서 십자가에 달려 돌아가심으로 인류의 죄를 대속하셨다. 따라서 누구든지 예수님의 이름을 믿는 자에게는 값없이 구원이 임하고(롬 10:10-13), 하나님의 형상이 회복되는 길이 열렸다.

교회개척은 우선 그리스도인들이 하나님의 창조명령을 수행하는 구심이 된다. 아담과 하와의 타락 이후 인간은 죄성에 시달리는 존재로서 하나님의 형상을 잃어버렸지만, 하나님은 인류를 사랑하셔서 독생자를 이 땅에 보내시고 십자가 대속을 통해 구원의 길을 제시하셨다. 또한, 하나님은 예수 그리스도를 교회의 머리로 삼으시고(엡 1:22), 그리스도의 몸 된 교회 공동체를 통해 하나님 나라가 이 땅 위에 뿌리를 내리고 사람들을 구원하는 구원의 방주가 되길 바라셨다.

그러므로 교회는 하나님의 형상을 따라 창조된 인간이 자신의 정체성을 발휘하며 온전히 기능하도록 하는 기반 공동체로서 기능하며, 그리스도를 통하여 하나님 앞에 나아가 하나님께 예배하며 하나님과 사랑의 관계를 맺고, 그 사랑이 자신의 삶과 이웃과의 관계를 통하여 흘러넘치도록 한다.

2) 사랑의 공동체 형성

둘째, '대명령'이란 것으로서 예수님께서 마태복음 22장 37-40 절을 통해 율법의 내용을 정리해 주신 가장 큰 지침이 되는 명령이다. 하나님께서 이스라엘 공동체에게 주신 613가지의 계명이 모세를 통하여 십계명으로 요약되었는데, 예수님은 그 십계명을 다시 하나님 사랑과 이웃 사랑, 두 가지로 요약해 주셨다. 그러므로 교회의 개척은 그리스도의 몸 된 교회를 이루어 믿음 안에서 사랑을 나눌 뿐만 아니라 사회 속에서도 빛과 소금의 역할을 수행하며 기독교의 사랑을 전하는 가교가 된다.

지역사회에서 사랑의 공동체를 형성하며 사랑의 사명을 감당해야 할 기성교회들이 변질됨에 따라, 참된 사랑을 나누어야 하는 교회 공동체의 신앙적 역동성이 변질되어 제도화된 종교 행위로 대체되고 있다면 교회개척은 정당성을 부여받을 것이다(Colson, 1992, 72). 그러한 경우에 새로운 교회의 개척은 신앙 공동체가 그리스도의 사랑의 계명을 실천하는 수단이 되어 보다 성경적인 사역을 수행할 수 있게 한다.

교회는 교인들을 모으는 곳이 아니라 그리스도를 따라 사랑을 실천하는 제자를 길러내는 곳이다. 그러므로 그 모델은 인류 구원을 위해 십자가에 달리신, 교회의 머리되신 그리스도이며, 예수 그리스도와의 관계를 통해 그리스도를 닮아 사랑을 실천하는 제자를 삼는 사역이 사랑의 공동체를 형성하는 토대이다.

3) 지상명령의 수행

> 하늘과 땅의 모든 권세를 내게 주셨으니 그러므로 너희는 가서 모든 민족을 제자로 삼아 아버지와 아들과 성령의 이름으로 세례를 베풀고 내가 너희에게 분부한 모든 것을 가르쳐 지키게 하라 볼지어다 내가 세상 끝날까지 너희와 항상 함께 있으리라(마 28:18-20).

예수님께서 남기신 마태복음 28장 18-20절의 대위임령은 이 세상에서 그리스도인이 수행해야 할 지극히 높은, 즉 가장 상위의 명령이라는 의미에서 '지상명령'(至上命令)이라고도 한다. 이는 예수님께서 십자가 사건 후에 부활, 승천하실 때에 제자들에게 부탁하신 복음전파의 명령인데, 이 명령은 오늘날 예수님을 그리스도로 믿는 모든 그리스도인들에게 동일하게 주어진 명령이기도 하다. 따라서 예수님은 이를 통하여 복음전파의 사명에 대한 당신의 권위를 우리에게 위임해 주셨다.

대위임령을 수행하는 것, 즉 복음전파에 대하여는 불신자에게 복음을 전하는 것만을 강조하는 입장과 실질적인 그리스도인을 만드는 작업을 포함해야 한다는 입장으로 양분된다(Barrett, 1987, 51-55). 대위임령 본문에서 사용된 헬라어의 본동사는 '제자를 삼으라'는 명령이며, 가서, 세례를 주고, 가르치라는 것은 조동사로서 분사형이다(김국호, 2018, 17).

그러므로 이는 복음을 전파하여 제자를 삼는, 온전한 그리스도인이 되도록 육성하는 일을 포함하는 명령이다. 물론 복음을 전하고 그 결과를 하나님께 맡기는 것도 필요하겠지만, 가능하면 실제적으로 구원의 역사가 일어나고, 복음을 받아들인 사람이 온전히 성장하여 봉사의 일을 하고, 그리스도의 몸을 세우게(엡 4:12) 하는 것이 바람직하다.

양육 프로그램을 통하여 교인들이 성장하고 성숙하게 성화되도록 하는 이유도 성경 말씀을 따라 "우리가 다 하나님의 아들을 믿는 것과 아는 일에 하나가 되어 온전한 사람을 이루어 그리스도의 장성한 분량이 충만한 데까지"(엡 4:13) 이르도록 하기 위함이기 때문이다.

모든 족속으로 제자를 삼으라는 명령은 모든 족속들이 있는 어디에서나 그리스도를 머리로 하는 교회 공동체를 세우라는 의미이다. 따라서 교회는 그리스도의 지상명령을 수행하는 기초 단위가 된다. 이는 "너희는 온 천하에 다니며 만민에게 복음을 전파하라"(막 16:15)는 그리스도의 당부와도 일맥상통하는 내용으로서 온 천하에 다니며 모든 이들에게 복음을 전파하는 수단이 교회이다.

그러나 교회가 든든히 뿌리를 내리고 예수 그리스도를 머리로 온전히 기능하는 공동체를 이루기 위해서는 성령의 도우심을 필요로 한다. 일례로 초대교회의 성장은 사도행전 2장의 오순절 성령사건으로부터 시작되었다. 이는 예수님께서 또 다른 보혜사, 즉 진리의 영인 성령을 보내서서 영원히 그리스도인들과 함께 계시게 하시겠다는 약속(요 14:16-17)을 이루시는 사건이었다. 예수님은 승천하시기 직전에도 다음과 같이 말씀하시며 이를 재확인하셨다.

> 오직 성령이 너희에게 임하시면 너희가 권능을 받고 예루살렘과 온 유대와 사마리아와 땅 끝까지 이르러 내 증인이 되리라(행 1:8).

따라서 그리스도를 머리로 하고 성령의 도우심을 받은 교회는 "온 유대와 갈릴리와 사마리아 교회가 평안하여 든든히 서 가고 주를 경외함과 성령의 위로로 진행하여 수가 더 많아지니라"(행 9:31)는 부흥과 성장의 기록을 남겼다. 이렇듯 교회개척은 본질적으로 인류 구원이라는 하나님의 뜻에 근거하여 그리스도를 머리로 하고, 그리스도의 이름의 권세와 능력에 기초하며, 성령의 도우심과 인도하심을 따르는 삼위일체적 사역이다. 그러므로 교회개척을 꿈꾸는 목회자는 그러한 근거에 자신의 소명이 부합되는지를 살피는 작업을 반드시 필요로 한다.

2. 교회개척의 일반적 의의

1) 복음전도의 강력한 수단

하나님의 말씀에 근거한 개척교회는 단순히 선교 프로그램을 보유하기 보다는 직접 선교의 사명을 중심에 품고, 이를 수행함으로써 복음전도의 강력한 수단으로 기능한다. 이는 개척교회 특유의 역동성과 자립과 성장을 위한 활발한 전도사역에 기인하는 것이다. 막 개척된 교회는 복음에 대한 열정이 남다르며, 따라서 더 많은 사람들을 만나 복음을 전하고, 새로운 지도력을 발휘하기 마련이다(김종환, 산체스, 스미스, 2006, 16).

또한, 개척교회는 기성교회에 비하여 덜 구조화되어 있어서 융통성이 있고, 따라서 지역사회에 보다 용이하게 적응하고, 지역사회의 영적 필요에 더욱 효과적으로 대응할 수 있다. 이는 교인들을 육성하고, 그들의 은사를 개발하는 데에도 중점을 둘 뿐만 아니라 지역사회의 다양한 계층들에 대한 접근성을 제고한다.

2) 다양한 계층에 대한 접근

오늘날 한국사회는 고령화와 저출생이라는 국내의 인구통계학적 도전은 물론 다문화 사회 진입이라는 외부적인 변화의 물결을 맞이하고 있다. 또한, 포스트모더니즘의 주관성으로 인한 개인주의와 1인 가구의 증가 등, 핵가족화와 더불어 4차 산업혁명이라는 새로운 사조에 직면하였다. 현대사회의 다원주의는 성별, 연령, 계층, 지역, 인종 등, 다양한 요소에 의하여 세분되고 있으며, 따라서 다양한 현대인들의 영적 필요에 부응하고 이를 충족시키기 위하여 각 지역에 특화된 교회사역이 요청된다.

지역사회의 특성을 고려한 목회사역은 우선 지역 거주민들의 필요를 충족시킬 뿐만 아니라 기성교회에 만족하지 못하고 방황하는 소위 '가나안' 교인들을 흡수할 수 있다. 그러나 단순히 그들을 흡수하는 데에 집중할 것이 아니라, 가나안 교인들이 기성교회에서 이탈한 결정적인 이유가 교회 지도자의 윤리적 문제와 불투명한 교회 운영에 대한 실망이었다는 사실을 반면교사로 삼아 온전한 목회사역을 수행해야 함을 결코 간과해서는 안 된다.

폭발적인 교회성장을 경험한 1970년대 후반부터 그러한 성장 이면에 있는 부작용을 보고 실망하여, 기독교 신앙은 가졌지만 교회에 출석하지는 않는, '안나가'라는 말을 거꾸로 한 '가나안' 성도들이 생겼고, 2000년대 이후에는 그러한 가나안 성도들이 부쩍 많아졌다. 가나안 성도들은 단순히 신앙의 기반이 약한 명목적인 교인들로만 볼 수는 없는 것이, 그들 대부분은 한, 두 교회에 10년 이상 출석하며 신앙생활을 했고, 절반 이상이 구원의 확신을 가진 교인들이라는 사실이다(정재영, 2015, 18).

'한국기독교목회자협의회'(한목협)의 2013년 조사 결과에 의하면 기독교인들의 10.5%가 교회에 출석하지 않으며, 지난 2015년 통계청(http://kostat.go.kr)의 인구주택총조사 결과에 의하면 개신교인의 숫자는 967만 6천 명이므로 가나안 성도들은 약 101만 6천 명에 달한다고 추정할 수 있다. 100만 명 이상의 가나인 성도들이 교회를 떠난 이유는 30%가량이 자유로운 신앙생활을 원했기 때문이고, 24%는 목회자들에 대한 불만족 때문이었으며, 19%는 다른 교인들에 대한 불만 때문이었다(한목협, 2013). 최소한 43%의 가나안 성도들이 목회자와 교인 등, 기성교회에 대한 불만이 있었다고 답한 것인데, 따라서 기성교회가 회복되는 일이 급선무이겠지만, 기성교회와 차별화된 개척교회들 역시 이들의 다양한 필요를 흡수하기 위해 노력해야 한다.

일반적으로 교회 규모가 크면 그만큼 다양한 사역 프로그램을 구비할 수 있어서 교인들의 필요들을 고루 채울 수 있는 가능성이 있는 반면에 교인 개개인을 돌볼 수 있는 관계적 측면에서 약점을 드러내기도 한다. 그러므로 일정 규모 이상의 기성교회 가운데 일부는 다양한 프로그램과 체계를 구비하고 있음에도 불구하고 정작 친밀한 관계를 맺지 못하여 교인들의 소속감이 약화되고 신앙심마저 희석될 우려가 있다. 따라서 개척교회는 가족과 같은 관계적 측면에 초점을 맞추되, 교인들에게 너무 부담을 주지 않는 지혜로운 방법으로 사역을 전개한다면 교회를 떠난 가나안 성도들을 흡수하여 뿌리를 내리게 할 수 있다.

3) 기독교와 교단의 성장

　교회의 개척은 거시적으로 글로벌 차원에서 기독교의 비중을 증대시키고, 한국교회의 성장에도 공헌한다. 또한, 각 교회가 속한 교단의 성장을 통하여 선교의 사명은 물론, 사회 내에서 빛과 소금의 직분을 수행하는 기반을 형성한다.

　물론 우선순위는 철저히 정리되어야 한다. 모든 교회가 하나의 연합된 그리스도의 몸으로서 수행하는, 복음전파를 통한 하나님 나라의 확장이 궁극적인 목적이지만 이를 실현하기 위한 사역의 종류는 규모에 따라 다르다. 그러므로 교단이 수행할 성격의 사역이 따로 있고, 개교회가 맡을 수 있는 사역이 따로 구분된다.

　교회들 역시 규모에 따라 사역의 규모와 성격이 달라진다. 한국교회를 대표할 만한 대형교회는 통일, 다문화, 선교 등의 거시적인 차원에서 대규모의 사역을 감당해야 하고, 지역사회에서 섬세하게 섬기는 사역은 소규모 교회가 더욱 강점을 갖는 측면이 있다. 다양한 사역들을 빠짐없이 수행하려면 개교회는 물론, 교단과 한국교회 전체가 성장해야 하는데, 교회의 개척은 그러한 사역 수행의 기초 단위가 된다.

　따라서 개척교회가 건강하게 뿌리를 내려서 자립하는 것은 개척교회가 속한 교단은 물론, 한국교회 전체의 성장을 도모함으로써 세계 선교 등을 통한 기독교 성장의 자양분이 되는 것이다. 그러므로 교단 간, 그리고 교회 간에 협의를 통하여 지역사회에 자리잡은 기성교회와 개척교회의 위치를 구분 및 조정함으로써 불필요하고 소모적인 경쟁을 지양하고 하나님 나라의 확장이라는 거시적인 목적에 초점을 맞추는 편이 바람직할 것이다.

3. 개척목회의 소명

교회개척을 준비하는 목회자가 점검해야 할 가장 기본적인 사항은 개척목회자로 부르심에 대한 확신인데, 이는 자신의 은사와 사역경험, 그리고 환경적 상황 등을 통해 점검할 수 있다. 건전한 신학적 배경에 기인한 교회론에 대한 확고한 이해, 그리고 교회개척에 대한 특별한 소명의식을 가져야 그리스도의 몸 된 교회를 온전히 이룰 수 있다. 그러한 소명의식은 하나님과의 관계에서 시작해야 하며, 따라서 담대한 믿음도 중요하지만 그 믿음의 근원이 하나님의 말씀에 굳건히 뿌리를 내리고 있어야 함이 더욱 중요하다. 또한, 교회개척의 후보지역에 대한 객관적인 자료를 조사하여 소명과 개척목회의 연관성을 지속적으로 점검할 필요가 있다.

1) 소명의식의 균형

소명이란 하나님의 결정적 부르심에 대한 전인적인 응답이며(Guinness, 2006), "내가 너를 지명하여 불렀나니"라는 이사야 43장 1절의 말씀처럼 소명에는 부르신 분과 그 부르심의 목적이 있기 때문에 이는 본질상 관계적이다(최성훈, 2016a, 112). 소명은 그리스도를 따라 사는, 모든 그리스도인이 갖는 기본적 소명인 1차적 소명과 특별한 직무를 수행하기 위하여 은사와 재능을 부여받고 부르심을 받은 2차적 소명으로 분류할 수 있다(옥한흠, 2003).

그러므로 목회자와 평신도, 담임목사와 부교역자, 교구를 담당하는 전임사역자와 교회학교를 담당하는 파트사역자를 구분하는 것은 2차적 소명에서 위계를 구분하는 오류에 기인한 것이다. 모든 그리스도인들이 직분과 관계없이 예수님을 그리스도, 주님으로 믿고 따르는 1차적 소명이 가장 기본적이고 중요한 소명임을 전제로 할 때에 역할과 책임의 구분이 뒤따르는 2차적 소명을 균형 있는 시각으로 온전히 받아들일 수 있다.

교회가 사회에서 빛과 소금의 역할을 수행하는 본질을 잃고 담임목회자의 제왕적 권위와 리더들의 분쟁 등으로 인하여 손가락질을 받는 오늘날, 예수님은 믿지만 교회에 출석하지 않는 소위 '가나안' 성도들이 신앙의 구심을 잃고 헤매고 있다. 하지만, 그렇게 상처를 입고 방황하는 이들을 바라보며 예수 그리스도의 마음을 품은 목회자는 새로운 비전을 발견할 수 있을 것이다.

오늘날 한국교회의 교인들은 개인의 가치를 중시하고 다원적인 의견을 존중하는 포스트모더니즘의 물결이 민주화의 흐름과 더불어 더욱 가속화된 시대를 살고 있다. 더 이상 공권력이 언론을 통제하지 못하고, 실시간으로 지구촌에서 벌어지는 일들이 보도되는 정보화 시대를 맞이하여 대통령조차도 국민들의 손에 의하여 탄핵이 되는 마당에 교회 권력이 구시대를 답습하며 교인들 위에 군림하고자 한다면 더 이상 그리스도를 머리로 하는 몸 된 교회로서의 역할을 수행하지 못할 것이다.

따라서 시대의 변화상을 반영하여 교회의 치리구조를 민주적인 방식으로 새로이 수립하고, 현대인들의 귀에 들리는 복음을 전달하되, 하나님의 말씀에 뿌리내린 확고한 복음의 원리를 기반으로 한다면 교회의 갱신은 물론 새로운 도약이 가능할 것이다. 목회자의 개인적 욕심이 아닌, 하나님 나라의 확장을 위한 인격적이고 상식적인 목회사역을 전개한다면 개척교회라고 해서 마냥 어렵기만 하지 않을 것이다. 결국, 물고기들이 먹이를 찾아 모이듯, 영적으로 갈급한 하나님 나라의 백성들이 모여들 것이고, 그 모임은 세상을 향해 나아가며 온전한 복음을 선포하는 구원의 방주 역할을 수행할 것이기 때문이다.

다원화되고 급변하는 세태 속에서 오히려 현대인들은 마음 둘 곳을 찾지 못하고 방황하고 있다. 일부 교회는 그렇게 방황하는 이들 위에 군림하여 압제를 가함으로써 그들에게 씻을 수 없는 상처를 주고, 결국 그들을 바깥으로 내몰았다. 이는 잘못된 주인의식이 교회를 지배하고 있기 때문이다. 즉, 교회의 머리는 그리스도요, 모든 구성원들은 직분과 관계없이 교회를 구성하는 몸의 지체임을 잊었기 때문인 것이다. 이는 목회자나 리더들이 자신들은 그리스도의 종임을 상기하고, 예수님의 말씀대로 "자기를 부인하고 자기 십자가를 지고"(마 16:24) 그리스도를 따른다면 자연스럽게 해결될 일들이다.

2) 개척목회자의 소명

개척목회자는 먼저 목회자로서 부르심을 받은 것에 대한 투철한 소명의식이 있어야 하며, 다음으로는 특별히 교회를 개척하는 목회자로서의 뚜렷한 소명을 지녀야 한다. 목회자로서의 소명은 설교와 치리, 심방 등, 특별한 직무를 수행한다는 점에서 2차적 소명에 해당하지만 개척목회자로서의 소명은 이와는 또 다른 소명에 해당한다.

기성교회의 부교역자 또는 기관사역자로서 어느 정도 안정된 목회와 삶을 영위할 수 있음에도 불구하고 철저히 하나님과의 관계를 통한 부르심의 확신을 가지고 개척을 결정하는 것은 두렵고 떨리는 일이기 때문이다. 그런 면에서 개척목회는 3차적 소명이라고도 부를 수 있을 것이다.

2차적 소명을 뛰어넘는 3차적 소명으로서 개척목회는 그리스도를 따르는 이로서 부르심을 받은 1차적 소명에 기반을 두고 있다. 예수님을 주님으로 믿고 따르는 1차적 소명에 이어 이 땅에서 특별한 직무를 수행하는 2차적 소명을 구분하는 것인데, 2차적 소명이 목회자로서의 소명이라면, 목회자로서 2차적 소명을 따르는 중에 3차적 소명으로서 개척목회를 결정하므로 2, 3차적 소명 모두는 1차적 소명에 기인한다. 그리스도의 명령을 따라 교회를 섬기고 삶을 통해 복음을 전하는 것은 모든 그리스도인의 소명이며, 목회자로서 2차적 소명을 이루는 사역을 수행하는 중에 특별히 새로운 교회를 세워서 자신과 지역 공동체가 이루어야 할 새로운 소명을 발견할 때에야 교회개척이라는 3차적 소명으로 나아갈 수 있기 때문이다.

따라서 교회개척을 꿈꾸는 목회자는 자신의 삶이 하나님의 계획 안에 있다는 확고한 확신을 가져야 한다. 더욱이 확고한 개척목회에 대한 소명의식이 없다면 기성교회에 비하여 열악한 환경적 어려움을 극복하지 못할 가능성이 높다. 개척을 꿈꾸는 목회자는 소명의식을 바탕으로 동기부여가 충분히 되어 있어야 어려움을 극복하고 어떤 반대에도 효과적으로 반응할 수 있다. 가장 먼저 스스로를 제대로 납득시킬 수 있어야 다른 동역자들에게도 동기를 부여할 수 있다. 따라서 하나님 앞에서 자신의 개척교회 목회자로서의 확실한 소명과 정체성을 확인하고, 투철한 목회철학을 구비함으로써 난관을 극복하고 그리스도의 몸 된 교회를 우뚝 세움으로서 자신에게 맡겨진 특별한 사명을 감당할 준비를 해야 한다.

또한, 개척목회의 소명은 목회자 자신만 가져서는 안 되고, 배우자를 포함하여 가족 모두가 공감할 수 있어야 비로소 개척 작업의 첫 삽을 뗄 수 있다. 우리나라 개척교회 대부분은 목회자가 스스로 개척한 경우이므로 과연 목회자 자신과 가족들이 이를 감당할 수 있는지를 먼저 가늠해야 한다. 가장 중요한 것은 하나님과 목회자와의 관계를 통한 개척목회의 확신이지만, 그 다음은 목회자와 배우자 사이의 충분한 나눔을 통해 공감과 동의를 얻는 절차를 거쳐야 한다.

혹시 가족들이 완전히 준비되지 않았다면 조금 더 기도하며 때를 기다리는 편이 좋다. 가장 가까이에 있는 가족들로부터 개척목회에 대한 은사와 비전에 대한 동의를 얻지 못한다면 아직 때가 이르지 않은 것이기 때문이다. 준비되지 않은 상태의 개척은 마치 출산 준비가 되지 않은 산모가 조산하는 것과도 같다는 사실을 유념해야 할 것이다.

자신의 인생에 있어서 반드시 이룰 비전은 하나님의 교회를 세우는 것이지만, 언제 어떠한 방식으로 교회를 세우는 것인지에 대하여는 하나님의 뜻을 따르겠다고 고백한 이찬수 목사의 결심은 개척목회자들에게 귀감이 된다(이찬수, 2003, 20). 그는 하나님께서 주신 비전에는 두 가지 통과의례가 있다고 하였다.

첫째, 자신의 개인적인 욕심을 채우기 위하여 무리수를 두는 것을 억제하는 것이다.

둘째, 기다림의 테스트라고 지적하였다(이찬수, 2003, 58).

결국, 하나님의 뜻을 따라 그리스도를 머리로 하는 그리스도의 몸 된 교회를 세우려 한다면 목회자 개인의 인간적인 욕심을 앞세우지 않도록 시시때때로 자신을 점검하는 겸손함과, 그러한 마음가짐을 전제로 하나님의 때를 인내하며 기다리는 순종의 자세가 필요하다.

3) 교회개척의 믿음

다원화된 사회에서 사람들은 독특한 필요를 지니고 있다. 기성교회들이 그러한 필요들을 다 충족시키지 못하는 한, 그러한 필요를 채울 수 있는 개척교회는 뚜렷한 존재이유를 지닌다. 그러나 개척교회가 지향하는 방향에 대한 신념과 이에 대한 아무런 준비 없이 그저 믿음만 내세우며 교회개척의 근거로 삼는 것은 사실은 영적 게으름이요, 불신앙을 드러내는 것이다. 상당수의 신학생들이 '주여, 믿습니다. 불로, 불로!'만 부르짖으면 하나님께서 신비한 방법으로 역사하실 것이라고 착각한다. 또한, 아무것도 염려하지 말라는 말씀(빌 4:6-7)을 아무런 생각을 하지 않고 준비 없이 개척해도 무방하다는 의미로 곡해하여 받아들이기도 한다.

하지만, 교회개척은 철저한 준비와 인내를 바탕으로 한다. 하나님의 말씀을 붙들고 오랜 시간 동안 기도의 기반을 쌓고 확고한 소명의식과 비전을 확인하면 흔들리지 않는 믿음이 생기고, 이를 실행하기 위한 철저한 준비로 자연스럽게 연결되는 것이다. 그러므로 말씀 묵상과 하나님과의 관계를 통해 개척목회의 비전과 믿음이 확고히 내면에 자리 잡아야 한다. 하나님께서도 아무런 믿음이 없는 곳에서는 역사하실 수 없기 때문이다. 교회를 개척하는 목회자가 개척에 필요한 모든 자질을 소유하지는 않으며, 그럴 수도 없다. 부족함과 연약함이 있더라도 온전한 믿음 안에서 확고한 소명의식을 가질 때에 성령의 도우심이 그 부족함과 연약함을 통해 임하게 될 것이다.

사무엘이 훤칠한 용모의 큰 형 엘리압을 포함하여 일곱 명의 형들을 제쳐두고 막내 다윗에게 기름을 부은 것은 그의 마음 중심이 하나님께 합했기 때문이다(삼상 17:8). 바울은 그 가운데 임한 하나님의 마음을 "내가 이새의 아들 다윗을 만나니 내 마음에 맞는 사람이라 내 뜻을 다 이루리라"(행 13:22)고 기록했다. 사르밧 과부는 그녀가 믿음으로 마지막 남은 가루 한 움큼과 약간의 기름으로 엘리야를 대접한 후, 엘리야의 말을 듣고 믿음으로 병들을 모아 왔을 때에 통의 가루와 병의 기름이 떨어지지 않는 기적을 체험하였다(왕상 17:8-16). 뿐만 아니라 병들어 죽은 아들이 살아나는 은혜도 입었다(왕상 17:17-24).

예수님께 칭찬받은 사람들은 대부분 그들의 믿음으로 인하여 칭찬을 받았고, 그 믿음대로 소원을 이루어주셨다(마 8:13; 9:29; 14:31; 막 5:34; 36; 눅 17:19). 반대로 가장 가까이에서 예수님을 대하고, 예수님께서 행하신 무수한 기적들을 목도하였던 제자들은 종종 믿음이 부족하거나 없다는 책망을 들었다(마 8:26; 막 4:40). 안드레가 한 아이가 가져온 보리떡 다섯 개와 물고기 두 마리를 연약한 믿음으로 예수님 앞에 내밀었을 때에, 예수님께서는 성인 남성의 숫자만도 5천 명이었던 큰 무리가 배불리 먹고도 열 두 광주리가 남는 기적을 행하셨다(요 6:1-15).

오순절 성령 체험을 통해 예수 그리스도의 사역을 수행할 권능을 부여받은 베드로와 요한이 성전 미문 앞에서 나면서부터 못 걷게 되어 구걸하는 사람을 만났을 때에 그들은 자신들이 가진 믿음으로 치유의 이적을 행하였다. 베드로는 다음과 같이 말하고 그를 일으켜 세웠을 때에 구걸하던 그 사람은 발과 발목에 힘을 얻고 걷고 뛰며 하나님을 찬송하였다.

> 은과 금은 내게 없거니와 내게 있는 이것을 네게 주노니 나사렛 예수 그리스도의 이름으로 일어나 걸으라(행 3:6).

결국, 믿음이 기적의 원동력이다. 믿음은 개척목회자를 바로 세우고, 온전하게 함으로써 목회를 통하여 하나님의 뜻을 이루는 기반이다. 또한, 믿음은 지속적인 헌신을 가능케 하며, 목회의 소명과 열정을 일깨운다. 목회자의 소명의식과 비전이 하나님과의 친밀한 관계를 통한 믿음에 근거한다면 개척목회는 복음을 선포하며 세상을 치유하는 하나님의 큰 능력이 나타나는 장이 될 것이다.

그러므로 개척목회의 소망을 품은 목회자는 지속적인 기도의 과정을 통해 소명을 실현하되, 동시에 인력과 재정을 확보하여 실제적인 개척으로 연결될 수 있도록 철저히 준비하여야 한다. 또한, 개척 이후에 교회를 운영하는 방안에 대하여도 미리 대비함으로써 교회개척의 의의를 실현하여야 한다. 이의 기초를 이루는 확고한 소명의식과 믿음은 개척 초기의 어려움들을 극복하게 하는 영적 기반이 되며, 한정된 개척교회의 시간과 자원을 효율적으로 활용할 수 있는 지혜의 원동력이다.

제3장

교회개척의 모델 분석: 개척의 주체를 통한 구분

교회개척에 있어서 가장 중요한 기반은 목회자의 소명의식과 하나님과의 관계에 근거한 목회철학이지만, 실제적인 개척준비 작업에 있어서 첫 걸음은 개척모델을 결정하는 것이다. 교회개척의 모델은 선구자모델, 양육모델, 동역모델, 증가모델, 종족그룹모델 등, 선교적 측면에서 나누기도 하고(김종환, 산체스, 스미스, 2006),[1] 기존모델, 분립모델, 기념모델, 입양모델,

---

1 이는 선교적 측면의 구분으로서, 그 자세한 내용은 다음과 같다. 우선 선구자모델은 목회자 또는 선교사인 교회개척자 개인이 교회개척팀의 구비, 핵심그룹의 양성, 재정 등, 처음부터 모든 것을 도맡아 준비하는 형태로서 전통적인 접근법이 아닌 참신한 접근이 가능하고, 새로운 지역의 교인들은 자연스럽게 토착화되며, 재생산(전도)의 유전인자(문화, 풍토) 개발이 가능하다. 이는 뛰어난 교회개척의 역량을 보유한 목회자에 적합한 형태로서 교회를 개척한 목회자는 개척교회를 유지하거나 타 목회자에게 이양한 후에 다시 교회를 개척하는 사역을 수행한다.

양육모델은 모교회가 개척교회의 모든 것을 책임지는 형태로서 모교회-지교회모델이 대표적이다. 모교회가 개척을 위한 핵심그룹을 파송하는 이주모델은 핵심인력과 재정 보유로 성장동력을 용이하게 확보할 수 있지만, 자칫하면 개척교회가 모교회의 복사판이 되어 개척지의 지역사회 필요를 충족하는 데에 실패하거나, 핵심인력들 간의 친밀한 관계로 인하여 복음전도보다 현상유지로 기울어질 우려가 있다. 또한, 핵심인력들이 새로이 개척교회를 담임하는 목회자와 마음을 맞추지 못할 경우에도 효과적이지 못한 개척이 된다. 기동부대모델은 이주모델의 그러한 단점을 보완하기 위해 개발된 모델로서, 교회를 개척한 핵심인력이 개척교회의 자립 이후 모교회로 복귀하는 것이다. 양육모델의 또 다른 형태인 모교회-위성교회모델에서 위성교회는 모교회의 브랜드와 이미지를

협력모델, 설립모델² 등으로 한국교회의 개척 유형을 단순화하여 분류하기

이용하여 지역사회에서 교회를 효과적으로 홍보할 수 있고, 모교회 역시 교인과 재정의 통계에 있어서 위상을 제고할 수 있는 반면, 모교회가 개척교회의 독립을 원하지 않을 수 있다. 후원교회모델은 기성교회가 인력, 재정, 프로그램 등에 있어서 미자립교회 또는 해체교회를 후원하는 형태이다.

동역모델은 후원그룹들이 힘을 합쳐 교회의 개척을 지원하는 것인데, 대표적인 형태인 다중후원모델은 다수의 후원그룹들이 교회개척을 위한 자원을 제공하는 것이다. 이 경우 체계를 명확히 해야 역할 분담과 책임 소재 파악이 가능하여 개척 작업은 물론 이후의 작업 진행이 원활하며, 자칫하면 후원그룹들이 발언권을 행사함으로써 개척교회가 운영의 어려움을 겪을 수 있다. 또한, 더 많은 교회의 개척을 지원할만한 역량이 있는 후원그룹이 현상에 안주하는 폐해도 발생할 수 있다.

다중교회모델은 임대료가 비싸서 진입하기에 부담이 되는 도시지역의 교회를 다수의 교회들이 연합하여 이를 부담하는 것이다. 그러나 교인 수가 많거나 재정적 기여도가 높은 보다 우세한 교회가 기득권을 주장하면 갈등이 발생할 우려가 있다. 성경적 연합과 외현적인 단순한 연합이라는 개념을 혼동할 가능성 역시 경계해야 한다. 입양모델은 어려움에 처한 타 교단 미자립교회를 입양하는 형태로 개척하는 것인데, 교단과 교파의 차이로 인한 불협화음 및 입양 주체의 일방적 요구로 인한 갈등 우려가 있으므로 주의해야 한다.

증가모델은 훈련과 교단 또는 교회의 지원을 통하여 교회를 개척하는 모델이다. 지도자 훈련을 통한 증가모델은 위에서 아래로 내려가는 '탑다운 방식'(Top-down approach)의 개척으로서 신학교육과 지속적 전도그룹을 활용하는 것이다. 이는 모든 그리스도인들을 잠재적 개척자로 간주하여 훈련을 통해 세우는 것을 목표로 한다. 교회개척운동을 통한 증가모델은 주로 교단 차원에서 시행하는 것으로서 특별한 인종이나 문화적 배경을 보유한 지역을 대상으로 개척할 때에 효과적이다. 그러나 이는 대상지역에 대한 지식과 경험이 풍부한 전략적 지도자의 존재와 기능을 필수적으로 요구한다.

종족그룹모델은 소수 민족 그룹들의 필요를 충족하기 위한 개척 형태인데, 그 가운데 다중문화모델은 교회 구성원이 다양한 사회 문화적 배경을 가진 개인들로 구성되는 형태이고, 교회조합모델은 둘 이상의 문화를 가진 그룹이 상이한 시간대에 동일한 교회 건물과 자원들을 공유하는 것이다. 미국의 한인교회가 지역사회의 미국교회 건물을 빌려 예배를 드리는 경우가 교회조합모델의 예에 해당한다. 또한, 특정한 민족 배경을 가진 교회가 독립할 때까지 일시적으로 다문화교회에 머무르도록 하는 후원모델, 다문화교회와 민족교회가 공동으로 소수민족교회를 후원하여 개척하는 연합후원모델, 그리고 소수 민족교회가 동일한 문화의 소수민족교회의 개척을 후원하는 형태인 동족후원모델이 종족그룹모델에 속한다.

2 대한기독교나사렛성결회의 오정세 목사는 한국교회의 개척 형태를 여섯 가지의 기본 유형으로 구분하였다. 그에 의하면,

첫째, 기존모델은 기성교회가 영적, 인적, 재정적 자원을 지원하여 교회를 개척하는 형태로서, 개척 이후 지원을 제공한 교회는 더 이상 개척교회의 운영에 간섭하지 않는다.

둘째, 분립모델은 분봉모델이라고도 하는데, 이는 가장 흔한 지교회개척의 모델로서 개

도 한다(오창세, 2014). 본서에서는 개척 주체를 기준으로 목회자가 스스로 개척을 결정하고 교회를 설립하는 한국교회의 특성을 고려하여 목회자 개인에 의한 개척과 기성교회의 지원을 통한 형태의 개척으로 간략하게 나누어 소개한다.

제7장에서 다시 살펴보겠지만 교회개척의 평균 소요자금은 1억원을 상회한다. 어떤 형태의 개척모델을 선택하느냐에 따라서 개척멤버 및 핵심멤버의 구성과 필요한 재정 예산의 범위가 달라질 수 있다. 또한 개척의 모델과 교회가 소재할 지역 및 세부적인 위치는 상호 영향을 주고받는다.

일례로 대도시의 중심가에 개척하는 경우 목회자 개인이 독자적으로 개척하기는 어려울 것이다. 반대로 목회자가 개인적으로 개척할 때에는 지역을 선택할 때에 일반적으로 예산의 제약 때문에 외곽으로 눈을 돌리는 경우가 많다. 그러나 이는 결국 하나님의 뜻과 인도하심을 따라 결정해야 하는 사항이므로 개척목회의 소명을 받은 목회자가 자신이 처한 여건과 주변 상황을 고려하여 기도하며 적합한 모델을 선택하여야 한다.

척을 후원하는 교회가 핵심교인들을 파송하여 개척하는 것이다. 이는 자칫하면 포화상태에 있는 지역사회의 기존교회들에 대한 피해는 물론, 파송교회의 개척비용의 부담 및 교제 체제가 붕괴할 우려를 유발한다. 그러나, 하나님 나라의 시각에서 대승적으로 고려할만하다. 이는 선교적 측면의 이주모델과 유사하다.
셋째, 기념모델은 교단이나 교회 차원에서 중요한 일을 기념하고 축하하기 위해 교회를 설립하는 형태이다.
넷째, 입양모델은 한 교회, 혹은 여러 교회가 미자립 개척교회를 입양하는 것인데, 이는 엄밀한 의미에서 개척이라기보다는 이미 설립된 개척교회에 대한 지원인 셈이다. 이는 선교적 측면으로 분류한 동역모델의 입양모델과 유사하다.
다섯째, 협력모델은 몇 교회가 협력하여 교회를 개척하는 형태로서 선교적 측면의 동역모델에 속하는 다중후원모델과 유사하다.
여섯째, 설립모델은 선교적 측면 선구자모델과 유사한 것으로서 개척목회자 스스로의 힘으로 교회개척하는 형태이다.

1. 개인에 의한 개척

개인에 의한 개척이란 목회자 또는 특정 개인이 개척의 모든 과정을 주도하는 것을 의미하며, 이는 개척과정의 주도성을 기준으로 분류한 개념이다. 따라서 목회자 개인이 개척을 결정하더라도 평신도 지도자가 후견인이 되어 후원하는 경우도 이에 포함되며, 반대로 목회자가 아닌 개인이 주도권을 가지고 개척하여 담임목회자를 청빙하는 경우도 이에 해당한다.

그러므로 선교적 측면의 선구자모델과 한국교회의 개척유형을 단순 분류한 설립모델과 달리 목회자가 가족과 친지, 교인들에 의해 인적, 재정적 지원을 일부 받아 개척하는 것까지도 포함하는 개념이다. 그러나 대부분의 경우에 목회자 개인이 가장 많은 부담을 가지고 모든 개척의 과정에 있어서 일차적 책임을 지는 것은 다른 두 측면의 모델들과 유사할 것이다.

우리나라에서 교회개척의 모델은 다양하지 않다. 최근 건전한 신학을 가진 담임목회자를 중심으로 교회분립운동이 시도되고 있고, 지교회를 세우는 추세도 늘어나고 있지만 가장 많은 교회개척의 방법은 여전히 목회자 개인에 의한 개척이다. 이는 개척목회자가 스스로 교회의 설립멤버들을 확보하여 교회를 설립하는 것인데, 때로는 교단이나 교회의 파송으로 개척을 하기도 하지만 목회자 개인이 모든 개척의 과정에 대한 책임을 진다는 면에는 차이가 없다. 과거 교회개척 방식의 80% 이상은 개인이 단독으로 교회를 개척하는 형태였다(명성훈, 1997, 148). 오늘날에도 그 비율은 크게 달라지지 않고 있는데, 이는 기성교회가 개척사역을 적극적으로 전개하거나 지원하지 않기 때문이다(안진섭, 2008, 65).

기성교회를 통한 지원이나 공식적인 청빙과정이 변질되며, 온전한 목회윤리를 가진 목회자들에게 개인의 개척은 건강한 목회를 수행하는 소중한 대안적 기회가 된다. 기성교회의 지원을 통한 개척의 경우에는 좀 더 영향력있는 지위를 얻으려는 목회자 간의 암투가 벌어지기도 하고, 특히 모교회를 통한 분립 개척이나 지교회개척의 경우 의사결정에 있어서 절대적인 영향력을 행사하는 담임목회자 앞에서 줄을 잘 서려는 충성맹세의 경쟁이 벌어지기도 한다. 또한, 일정 규모 이상의 교회로 청빙을 받기 위해서는 현 담임목회자에게 여러 가지 방법으로 인사(?)를 해야 하는 경우가 비일비재하기 때문이다.

목회자 개인이 개척을 준비하는 경우 자신의 목회철학대로 교회를 개척할 수 있는 반면, 홀로 모든 것을 책임져야 하는 부담, 특히 재정적 부담이 발생한다. 이는 임대료가 저렴한 곳을 찾는 개척교회의 위치상 불리함은 물론, 성물 등의 비품 및 설비를 제대로 구비하지 못할 가능성을 높여 개척교회가 안정적으로 자리 잡는 데에 방해요인으로 작용한다. 또한, 교회가 위치할 지역의 선정 및 관련 정보가 부재하여 완전히 밑바닥부터 새롭게 시작해야 하는 경우도 많다.

그러나 개인에 의한 교회개척은 교단의 간섭 없이 목회자의 소명의식과 목회철학을 구현할 수 있는 가장 효과적인 개척 방식이기도 하다. 따라서 하나님과의 관계를 통하여 소명의식을 확고히 하고 장기적인 관점에서 뿌리를 든든히 내릴 수 있도록 철저히 준비한다면 새로운 목회의 패러다임을 제시하는 모범이 될 수 있을 것이다.

최근에는 수도권에 새로이 형성된 신도시에 한국교회의 폐해들, 특히 대형교회 담임목회자의 비윤리적 행태와 목회 세습, 방만하고 불투명한 재정 운영 등으로 인하여 교회를 떠난 평신도들이 모여 목회자 없이 예배를 드리며 교회를 이루는 형태가 대두하고 있다. 이는 기존교회와 목회자들에게 실망하거나 상처를 입은 교인들이 건전하고 올바른 교회의 본질을 회복하기 위해 몸부림치는 고육지책의 결과이다.

그러나 그렇게 평신도들로만 구성된 교회는 전문적인 신학 및 목회의 훈련과정을 거친 목회자의 부재로 인하여 장기적인 관점에서 건강한 교회를 이루는 데에 필연적인 약점을 드러낸다. 자칫하면 발언권이 강한 일부 구성원들의 자의적인 신학적 해석에 따라 목회와 사역의 방향성을 잃고 혼란 가운데 표류할 수도 있고, 무엇보다도 심방과 양육 등, 목양적 차원에서 풀타임사역자를 대체하기는 어렵다.

따라서 건전한 신학의 배경과 목회철학을 가지고 있는 목회자를 청빙하여 그리스도를 머리로 하는 공동체를 이룰 수 있도록 절차를 진행하는 것이 바람직하며, 청빙과정에서 처음에 공동체를 이룬 구성원들이 기득권을 내려놓고 겸손히 섬김과 헌신으로 이를 뒷받침하여야 건강한 교회 공동체로 안착할 수 있을 것이다.

2. 기성교회의 지원을 통한 개척

1) 분립모델

분립모델은 현재 존립 중인 기성교회가 새로운 교회를 개척하는 모델로서 선교적 측면에서 구분한 양육모델과 달리 개척을 지원하는 교회가 핵심인력을 영구적으로 분리하여 파송할 수도 있고, 다시 교회로 복귀할 수도 있다. 그러나 개척 이후에는 설립된 교회의 운영에 대하여 일체 간섭하지 않는 형태이다.[3] 이는 기성교회가 개척목회자를 선발하여 세우고, 교회 건물 및 시설, 재정과 인적 자원을 지원하는 모델로서 영적, 인적, 재정적

---

3   이는 한국교회의 분립개척의 실제적인 사례를 통하여 분류한 것이 아니라 필자가 성경적인 원리에 기반하여 모델로 제시한 구분이다.

지원을 받기 때문에 개척된 교회가 빠른 시일 내에 자리를 잡을 수 있고, 성장 가능성 또한 높다.

또한, 교회개척을 지원받고, 교회설립 이후에 의사 결정의 간섭을 받지 않고 독립적으로 운영할 수 있기 때문에 바람직하다. 분립모델을 통해 개척된 교회는 설립 초기부터 사역을 이끌 지도자들을 보유하므로 보다 용이하게 기반을 다질 수 있다. 개척멤버들의 친밀한 관계와 모교회에서 검증된 건전한 신학의 교리적 토대를 확보할 수도 있을 것이다.

그러나 개척멤버들 간의 지나친 유대관계는 새로운 교인들의 정착에 걸림돌이 될 수도 있고, 개척멤버들이 교회의 성장 후에 초기의 헌신을 지적하며 운영에 있어서 기득권을 요구하는 경우에는 분란이 발생할 수 있음을 경계해야 한다.

이와 관련하여 사도행전에 나타난 초대교회인 예루살렘교회와 안디옥교회는 분립의 대표적인 성경적 모델이 된다. 예루살렘교회의 탄생과 안디옥교회의 설립을 통해 얻을 수 있는 교훈은 다음과 같다.

첫째, 교회를 낳은 주체는 성령이셨고,

둘째, 사도들과 교인들은 그리스도께서 명령하신 것을 가르치는 것, 즉 건전한 교리의 기초를 세우는 일에 힘썼으며,

셋째, 예루살렘교회가 안디옥교회를 세우는 일을 지원했지만 예루살렘교회가 어려움에 처했을 때에 이를 안디옥교회가 재정적으로 후원함으로써 양 교회의 관계가 더욱 돈독해졌다는 점이다(김종환, 산체스, 스미스, 2006, 41).

분립된 교회가 오히려 더욱 성장하여 모교회를 돕는 아름다운 모습은 모든 교회는 보편적 교회로서 그리스도의 몸을 이룬다는 교회의 기본적 정체성을 일깨운다.

1985년 서울영동교회의 위임목사가 되어 담임목회 중에 1990년 한영

교회의 분립 개척, 1993년 개포제일교회와 연합하여 일원동교회 분립 개척, 1994년 서울남교회 분립 개척 이후, 1998년 10월에 자신을 직접 분립 개척교회의 담임목사로 파송한 박은조 목사가 담임한 분당샘물교회는 대표적인 분립 개척의 예가 된다.

4 200명의 교인과 함께 분당샘물교회를 세운 그는 샘빛교회, 판교샘물교회, 다우리교회, 좋은나무교회의 개척을 지원한데 이어 2010년에는 자신이 다시 한 번 분립교회의 담임을 맡아 교인 170여 명과 함께 용인에 은혜샘물교회를 개척하였다. 그는 2019년 들어 건강 문제로 사의를 밝히며, 부목사 중 한 사람이 자신의 후임이 되었으면 좋겠다는 바램을 전하였고, 교회 당회는 이를 수용하였다.

따라서 2019년 3월 선교담당 부목사인 윤만선 목사가 제2대 담임목사로 확정되어 은혜샘물교회를 섬기게 되었다. 공식 절차를 통한 공개 청빙에도 장점이 있지만, 교회 사정에 밝은 부교역자 중에서 후임 담임목사를 세우는 것은 교회의 안정성 면에서 유리하며, 부교역자들로 하여금 주인의식을 가지고 헌신적으로 사역을 전개하도록 하는 동기 부여의 요인이 된다.

박은조 목사는 교인의 규모가 2-3천 명 규모일 때 분립을 시도하는 것이 바람직하다고 주장하였는데, 2001년 3천 명 규모의 동안교회를 사임하고 높은뜻숭의교회를 개척했다가 2008년말 5천 명 규모의 교회를 네 개

---

4   교회설립 시, 자신의 담임목사 임기를 14년으로 못 박았던 박은조 목사는 후임 목사의 청빙 방식을 공모제가 아닌 추천제를 선택하여 교단과 교계의 원로들의 추천을 통해 청빙 후보자를 결정하였다. 그는 청빙과정에 일절 관여하지 않고, 교인들이 적극적으로 참여하여 새로운 담임목사로서 당시 군목 출신으로서 육군 대령 및 국방부 군종실장으로 재직 중이던 최문식 목사를 청빙하였다. 청빙에 있어서 특별한 형태가 중요한 것이 아니라 담임목사가 기득권을 내려 놓고, 전체 교인들의 힘을 합쳐 새로운 후임 목사를 청빙하는 절차가 중요함을 간과해서는 안 될 것이다.

의 교회로 분립한 김동호 목사 역시 수천 명 이상의 규모는 건강한 목회의 걸림돌이 될 수 있다고 보았다. 이와는 대조적으로 2013년 7월에 교회를 분립한 부천 예인교회는 2011년부로 등록교인이 250명을 넘어서자 분립을 결정하였고, 2년 후 81명의 교인을 파송하여 더작은교회를 분립, 개척하였다. 따라서 분립의 시기는 목회자의 목회철학과 교회 공동체가 공유하는 비전에 따라 결정될 수 있는 것이며, 건강한 교회를 이루어 건전한 목회를 지속하려는 고민 가운데 이루어져야 한다는 원칙이 더욱 중요할 것이다.

2) 지교회모델

지교회모델은 기성교회가 지교회를 세우는 방법으로서, 규모가 커진 모교회가 특정 지역에 지교회를 설립하고 해당 지역에 거주하는 교인들을 이동시켜서 새로운 지교회의 설립멤버가 되도록 하는 것이다. 분립모델과 지교회모델은 모두 기성교회가 새로운 교회의 설립을 결정하고 이를 지원하는 형태이다.

다만 분립모델이 교회의 개척과정과 설립을 지원한 후 개척된 교회의 독립적인 운영을 보장하는 데 비하여, 지교회모델은 교회가 개척된 이후에도 모교회와 관계를 유지하며 지속적인 지원과 통제를 가하는 차이가 있다. 또한, 모교회가 지교회를 위성교회로서 간주하여 지교회의 출석과 헌금을 모교회의 통계에 통합한다면, 이는 지교회모델의 가장 큰 단점이 될 것이다(김종환, 산체스, 스미스, 2006, 96).

자칫하면 모교회가 지교회 운영을 장악하고 지교회 헌금의 일부를 모교회로 보내도록 하며, 대부분의 예배시간을 위성방송 시스템을 통하여 모교회 담임목사의 설교를 방송하도록 하는 경우에는 지교회의 목회자가 교인들과 설교를 통해 만날 기회가 부족하며, 제대로 기반을 확립하기가 어렵다. 따라서 모교회와 지교회와의 관계에 있어서 모교회가 지교회에 대한 지원과 독립적 운영에 초점을 맞추는 것이 바람직하다.

또한, 지교회모델은 해당 지역에 자리 잡은 소규모 기성교회의 존립에 위해를 가하고, 개척비용이 많이 소요되며, 모교회에서 지교회의 개척을 위해 교인들을 분립하는 것은 그동안 쌓아온 성도들의 교제를 깨뜨리는 것이라는 점을 지적하며 반대하는 의견도 있다(Wagner, 1979).

하지만, 하나님 나라의 확장이라는 거시적인 차원에서 지교회의 개척을 긍정적으로 검토할 필요가 있으며, 그 실행방법 및 시점에 있어서는 교회 내에서 교인들의 의견을 수렴하고, 지교회설립 예정 지역의 교회 현황을 살핀 후에 결정해야 할 것이다. 해당 지역에 타 교단의 기존교회가 있다면 지교회개척보다는 대승적인 차원에서 기존교회를 지원하는 것이 오히려 더 바람직할 수 있기 때문이다.

3) 협력모델

협력모델은 여러 교회가 힘을 합쳐서 교회를 개척하는 방식으로서 다중후원모델이라고도 한다. 이는 개척교회의 담임 목회자가 여러 협력교회의 후원을 받는 것으로서, 후원하는 교회의 입장에서는 무리 없이 지원할 수 있고, 개척교회의 입장에서도 적절한 지원을 통해 안정적으로 자립 여건을 조성하는 한편, 특정 교회에 의존하지 않아 독립적으로 교회를 운영할 수 있다.

후원 그룹들이 새로운 교회가 필요로 하는 인력, 재정, 홍보 등과 관련한 자원들을 분담하여 제공함으로써 새로운 교회의 설립이 어려운 지역에서도 개척교회가 효과적으로 뿌리를 내릴 수 있도록 하는 후원모델을 통한 교회개척은 교회의 연합 차원에서도 의미가 있다.

이는 교단 차원에서 이루어지는 경우가 많은데, 예를 들어, 고신교단의 남서울, 등촌, 서울시민, 잠실중앙, 향상 등, 5개 교회는 2003년 11월 6일부로 연합하여 '교회개척협의회'를 발족하여 개척을 도모하였다(박준형, 2008, 86). 5개 교회는 순서를 정하여 순번대로 개척을 주관하기로 하였고, 각각 1억 원씩을 헌금하여 5억 원을 모으고, 여기에 개척목회자의 사택 비용 등, 기타비용을 추가하여 지원하였으며, 개척교회 담임목회자의 3년간 사례비를 책임졌다. 또한, 각 교회별로 매월 20만 원씩의 전도헌금, 도합 월 100만 원의 헌금을 조성하여 지원함으로써 개척교회가 재정적인 안정을 바탕으로 자리를 잡을 수 있도록 지원하였다.

그렇게 힘을 합친 첫 열매는 2004년 남서울교회가 개척을 주관한 강서남서울교회, 두 번째는 2005년 서울시민교회가 주관한 용인시 소재, 주님의교회, 2007년 등촌교회가 주관하여 개척한 김포 하사랑교회이다. 2009년에는 잠실중앙교회 주관으로 남양주시에 온생명교회를 개척하였고, 2011년에는 향상교회가 용인시에 홍덕향상교회의 개척을 주관하여 설립함으로써 1차 계획을 마무리했다.

그러나 협력모델을 통한 교회개척에 있어서 각 후원교회들이 개척교회의 운영에 대하여 입김을 불어넣으려 한다면 오히려 교회의 운영에 해가 되기도 하고, 충분히 협의하지 않으면 개척교회에 대한 지원이 중복될 우려가 있다. 또한, 충분히 새로운 교회를 개척시킬 수 있는 역량과 자원을 갖춘 교회가 자신의 자원을 덜 요구하는 협력모델에 안주할 가능성도 있다. 이는 후원교회들 중에서 하나의 교회가 후원의 주가 되어 지원행정을 정리하고, 후원교회의 대표자들로 구성된 중재위원회를 통하여 지속적인 협의를 거쳐 개척이 이루어지도록 하는 대안을 통해 해결될 수 있다(김종환, 산체스, 스미스, 2006, 102).

또한, 각 후원교회는 새로운 교회가 개척된 이후에는 일절 교회의 운영에 관여하지 않고 지원이 필요한 부분에 대하여만 필요를 점검하는 것이 바람직하다.

4) 입양모델

입양모델은 특정 교단의 한 교회, 혹은 여러 교회가 운영이 어려워진 기성교회를 입양하여 지원하는 것이다. 일례로 미국 캘리포니아 주 파노라마 시에 소재한 그레이스커뮤니티교회는 캘리포니아에 있는 텅 빈 교회들을 입양하여 후원함으로써 이들이 지역사회에서 활력을 되찾도록 지원하였다(Wagner, 1979).

입양모델은 교회의 개척 초기에 지원하는 것이 아니라, 설립된 개척교회가 어려움을 겪을 때에 기성교회가 개척교회를 입양하여 지원하는 형태이다. 그러나 개척교회가 입양을 결정하고 후원하는 교회에 너무 의존하여 타성에 젖은 목회를 하지 않도록 지원과 운영에 있어서 양자 간 합의를 통해 지혜를 모아야 할 것이다.

또한, 입양된 교회와 후원교회의 교단이 다를 경우 교리와 교회 문화와 관련하여 불협화음이 생길 수 있고, 입양된 교회가 지원에만 관심을 가질 우려가 있다. 따라서 입양을 하는 교회는 입양 대상인 피양교회의 역사와 현황에 대하여 잘 살핀 후에 입양을 결정해야 하고, 입양되는 교회 역시 입양교회 또는 입양교단에 대하여 알아본 후에 상호 협의를 통하여 입양 여부를 결정해야 한다.

5) 특수한 형태의 개척

앞서 소개한 개척 형태에 포함되지 않는 특별한 형태의 대표적인 개척에는 기념모델이 있다. 기념모델은 어떤 이슈나 의미 있는 날짜를 기념하여 개척하는 것을 의미하는데, 주로 교단이나 교회 연합체가 힘을 합쳐 교회를 설립하는 경우가 대부분이므로 기성교회의 지원을 통한 개척에 포함된다. 예를 들어, 우리나라 기독교 선교 100주년을 맞이하여 지난 2005년 7월 10일, 서울 마포구 양화진에 세워진 '한국기독교선교100주년기념교회'가 대표적이다. 이는 교회의 개척을 지원하는 교단이나 교회에서 개척자금을 준비하고, 목회자의 생활비를 지원하여 개척하는 형태이다.

기하성(여의도순복음) 교단의 일산 소재 순복음영산교회는 지난 2009년 9월, 조용기 목사의 성역 50년을 기념하여 조 목사의 호인 '영산'(靈山)이라는 이름을 붙여 여의도순복음교회로부터 독립, 개척되었다. 본서 제1장에서 소개했던 예장 고신 교단이 지난 2002년 교단설립 50주년을 맞이하여 천안에 설립한 하나교회 역시 기념모델에 의한 개척에 속한다.

3. 적합한 모델 선정의 기준

교회개척의 적합한 모델을 선정하기 위하여 개척교회 목회자를 비롯하여 개척을 지원하는 조직의 지도자들은 교회개척자의 은사, 비전, 개성, 지도력, 열정 등을 점검해야 하며, 교회가 소재한 지역의 역사와 상황, 주민들의 세계관, 종교와 문화적 배경, 경제 및 교육의 수준 등을 고려해야 한다. 또한, 활용가능한 자원의 유무와 정도, 선교적 차원에서의 목회의 목표 실현가능성 등을 복합적으로 감안해야 할 것이다. 새로이 설립되는 교회는 개척목회자의 개성과 은사를 반영하며, 이는 지역사회의 특성에도 부합되어야 한다.

적합한 모델의 형태는 개척준비의 과정이 탄탄하게 구성될수록 뚜렷하게 드러나기 마련이다. 기본적으로 개척을 준비하는 목회자가 이를 품고 기도하는 과정에서 하나님께서 주신 소명과 은사를 재확인해야 하며, 성경적인 목회철학과 비전을 수립하는 것 역시 중요한 기반이다.

다음 단계에서 개척을 준비하는 기도 모임을 통해 목회철학과 교회의 사명에 대하여 같은 마음을 품은 설립멤버들이 모인 후에 보다 구체적인 개척모델이 결정될 수 있다. 모이는 인원의 수와 준비된 재정이 교회의 목회철학과 사역방향과 어우러질 때에 비로소 개척모델의 형태를 결정하고 함께 기도하며 이를 확정하면 무리가 없을 것이다.

제4장

지역사회에 대한 연구

　　신학대학원 학생들 중에는 개척을 준비하며 기도만 열심히 하면 하나님께서 다 해결해 주실 것이라고 힘주어 말하는 학생들이 종종 있다. 얼핏 들으면 믿음이 좋은 것 같지만, 다른 한편으로는 가장 기본적인 준비조차 되지 않은 것 같아 씁쓸하다. 예수님께서 제자들을 세상으로 보내실 때에 마치 양을 이리 가운데로 보냄과 같다며, 다음과 같이 말씀하셨다.

　　뱀같이 지혜롭고 비둘기같이 순결하라(마 16:10).

　　악한 세상에서 무모하게 사역하지 말고 악에 대항하여 지혜롭게 승리를 거두라는 뜻이다.

　　또한, 예수님은 망대를 세울 때에 그 비용을 먼저 계산해야 하며, 어떤 임금이 다른 임금과 싸우러 갈 때에도 먼저 앉아 오는 자를 대적할 수 있을지를 가늠한 후에 이길 가능성이 있는 전쟁만 해야 하고, 그렇지 못하다면 상대방이 아직 멀리 있을 때에 사신을 보내어 화친을 해야 한다고 말씀하셨다(눅 14:28-32). 따라서 교회를 개척하려는 후보 지역에 대한 연구와 이를 놓고 하나님의 뜻을 구하는 기도의 과정이 없이 순간적인 감정으로

덜컥 계약을 맺는 것은 영적 게으름과 직무유기의 소산이다.

교회가 자리 잡은 지역사회에 대한 연구는 지역사회의 영적 필요를 충족하여 복음을 효과적으로 전할 수 있는 기반이 된다. 복음의 메시지를 현대인들이 알아들을 수 있는 언어로 바꾸어 선포하는 것이 오늘날 복음을 전하는 이의 사명이므로, 복음을 지역사회의 특성에 맞추어 전달하는 것 역시 지역교회 목회자의 사명에 해당한다. 따라서 지역사회에 대한 정보와 이를 분석하여 얻은 영적 통찰이 교회개척사역의 중요한 기반이 된다.

1. 자료의 수집

교회개척에 있어서 기본적인 질문은 어떤 교회를 어디에 개척해야 하느냐는 것이다. 전자의 질문에 대하여는 이미 제1-3장에서 살펴보았고, 제5장에서 목회철학을 중심으로 다시 조명할 것이다. 후자의 질문은 교회가 자리 잡을 지역사회에 대한 것이며, 이는 전자의 질문과 필연적으로 연결된 것이다. 누구나 자신이 거주하는 지역에 대하여 잘 안다. 따라서 특정 지역에 자리 잡고 뿌리를 내린 교회는 해당 지역의 사정을 아는 만큼 교회의 사명을 더욱 원활히 수행할 수 있다.

그러므로 교회는 지향하는 목적과 정체성을 확고히 하고 난 이후, 교회가 뿌리내릴 지역사회에 대한 이해를 바탕으로 해당 지역을 품고 사랑하는 커뮤니티 교회로서의 책임을 수행해야 한다. 예수님께서 다음과 같이 말씀하신 것은 자신의 힘으로 자신을 드러내기 위한 것이 아닌, 믿음 안에서 온전한 사랑을 하라는 뜻이다.

새 계명을 너희에게 주노니 서로 사랑하라 내가 너희를 사랑한 것 같이 너희도 서로 사랑하라 너희가 서로 사랑하면 이로써 모든 사람이 너희가 내 제자인 줄 알리라(요 13:35).

그러므로 특정 지역을 사랑하고 섬기는 것은 해당 지역에 자리 잡은 교회의 기본적인 사명이다.

1) 국가 통계자료 및 정보

교회를 개척할 위치, 즉 지역사회를 결정하는 것에 선행되어야 하는 것은 뚜렷한 개척의 소명과 확고한 목회철학이다. 이에 따라 교회를 세울 후보지역을 몇 군데 선정해 놓고 기도하며 범위를 좁혀 나가야 하는 것이다. 이는 탑-다운 방식(top-down approach)에 해당하는 것으로서 도시와 농촌, 일반목회와 특수목회 등, 거시적인 관점에서의 분류를 마친 후의 과업에 해당한다. 도시에 개척하기로 결정하였다면 서울 또는 서울 근교, 부산과 근교 등으로 조금 더 구체적인 장소로 후보지역을 줄여야 한다.

지역사회에 대한 연구를 위한 첫 번째 작업은 정확하고 유용한, 즉 적절한 정보를 획득하는 것이다. 지역사회에 대한 정보는 개척목회자 개인이 가가호호 방문을 통해서 얻기는 매우 어려우며, 비효율적이다. 그러나 국가기관 및 시, 도 홈페이지를 방문하면 지역사회에 대한 기본적인 안내 자료를 얻을 수 있고, 방송과 신문 등, 미디어에 보도된 내용들을 참조하면 유용하다.

가장 큰 단위의 정보는 국가기관을 통해 얻을 수 있는데, 일례로 통계청의 다양한 자료 및 10년 단위로 조사를 시행하는 인구주택총조사 결과는 거시적인 관점에서 지역사회를 조명하는 기본적인 자료가 된다. 행정안전부의 국가정보자원관리원(http://www.nirs.go.kr) 역시 양질의 자료를 제공하며, 특정 정보에 대한 공개를 요청할 경우 10일 이내에 정보 공개 여부를 결정하되, 공개를 결정한 정보에 대하여 전체 또는 부분적으로 공개한다.

2) 시, 도 등, 지역별 통계자료 및 정보

시, 도 등, 지방자치단체의 홈페이지를 방문하면 해당 지역에 대한 정보와 자료를 일목요연하게 정리하여 제시한다. 일례로 서울시의 경우 '서울연구데이터서비스'(http://data.si.re.kr)를 통하여 지역별, 주제별로 통계자료 및 설문조사 결과를 제공하고 있다.

특히 주제별 자료에는 총 인구수와 인구변화, 인구구조와 이동현황, 총 가구수와 세대수 등, 가구구조 정보 및 주택수, 주택보급률, 자가점유 비율, 주택의 공급현황 및 가격동향 등의 주택정보가 포함된다. 또한, 사업체와 일자리 등의 산업경제 현황과 도로, 대중교통, 자동차 등록 등의 교통 관련 자료를 제공하고 있다. 이외에도 주거, 경제, 건설, 교통, 복지, 안전, 환경, 행정 등에 대한 설문조사 자료를 제공하므로 유용하다.

다음 단계에서는 범위를 더욱 좁혀야 하는데, 이는 시 단위에서 구 단위로 축소함을 의미한다. 지역정보를 구체적으로 수집하는 것은 구 단위가 적당하다. 시 단위는 너무 광범위하여 해당 지역의 독특한 특성을 추출하기 어려우며, 동 단위는 목회철학의 적용을 가늠하기 어려울 정도로 축소된 지역성을 이미 전제하기 때문이다.

일단 구 단위의 지역으로 범위를 좁혔다면 이번에는 해당 지역 내 교회의 분포 및 지역사회의 성향 등을 토대로 교회를 개척할 후보지 2-3 군데를 선정하여 최종 선택을 위한 점검을 해야 한다. 지역사회에 대한 연구는 각 단계별로 시행되어야 하는데 범위가 줄어들수록 보다 구체적인 정보와 자료를 수집하여야 한다. 정보의 획득과정에서 지역사회의 필요와 교회의 소명이 하나님의 뜻 아래에서 만나는 곳이 바로 교회를 개척할 장소이다.

3) 기타 자료 및 정보

방송 및 미디어를 통한 자료 역시 해당 지역에 대한 중요한 정보를 제공하며, 기업 또는 민간단체가 공개하는 특정 지역에 대한 정보도 개척목회자가 가공하여 활용할 수 있는 기초자료가 된다. 특히 해당 지역에 대한 기사 및 관련 정보를 다룬 간행물, 다큐멘터리 영상물 및 기록물 등은 지역사회를 연구하고 이해하는 데에 도움이 되는 소중한 자료가 된다. 기업이나 민간단체가 제공하는 지역 관련 연구자료 및 설문조사 결과 등도 유용하다.

또한, 교단의 지방회를 통한 정보 역시 유용하고 실제적이며, 다소 주관적일 수 있지만 지역 내에 소재한 같은 교단 소속 기존교회의 목회자들을 통해 획득한 정보 역시 개척 목회에 특화된 정보의 원천이 된다. 만약 지역사회의 주요 인사들과의 접촉점이 있다면 그들을 통해 집약된 생생한 고급정보를 얻을 수 있는데, 개척목회자가 해당 지역 출신일 경우 그러한 정보를 얻는 데에 더욱 유리할 것이다.

결국, 자료 수집과 정보 획득은 목회자의 노력 여부에 달려있는 것으로서 뚜렷한 소명과 확고한 목회철학을 가진 개척목회자는 보다 능동적이고 효과적으로 이를 달성할 수 있을 것이다. 또한, 국가별 자료에서 시, 도의 자료로 범위를 좁히는 공적 자료에 대한 연구와 달리, 기타 자료는 지역사회에 대한 연구를 시작하는 단계에서부터 함께 수집해야 하는 것이다. 공적 자료 역시 의사결정을 하는 데에 있어서 단계별로 점검하며 해당 단계에 묶이는 것이 아니라 전후 단계로 넘나들며 통합적으로 조명해야 한다. 탑-다운이라는 방식은 접근과 분석의 편의만을 고려한 임의적 방법론이기 때문이다.

2. 인구통계학적 분석

개척교회를 설립할 지역을 선정하기 위하여 자료를 수집했다면, 다음 단계는 해당 지역의 인구통계학적 자료를 검토하고 이를 분석하는 것이다. 이러한 분석은 교회성장의 잠재력 측정과 목회의 특화를 위해 필수불가결한 작업인데, 인구통계학 자료가 지역사회 주민들의 성향에 대한 중요한 정보를 제공하기 때문이다. 주요 인구통계학적 자료에는 연령별 인구, 학력 및 소득수준, 가구의 구조, 정치성향 등이 있으며, 그러한 자료들은 상호간에 연관성을 가지고 있다.

예를 들어, 2-30대보다는 4-50대의 소득수준이 높고, 이는 60대 이상이 되어서는 오히려 감소하기 시작한다. 학력수준이 높으면 소득수준도 일반적으로 더 높으며, 현 상태를 유지하려는 보수적인 성향을 보인다. 이같은 자료와 함께 지역발전사와 지리적 환경 및 교통현황, 종교현황 등을 함께 살펴본다면 목회의 초점을 어디에 맞추어야 할지에 대한 혜안을 얻을 수 있다. 또한, 가능하면 최근 자료를 기준으로 이전 10년의 자료를 함께 살펴볼 수 있다면 변화의 흐름에 대하여도 파악할 수 있을 것이다.

1) 연령분포 및 소득, 교육수준

1990년대 초반에 1기 신도시로 이주한 중산층들은 주로 중년 부부와 어린 자녀들로 구성되었기 때문에 신도시의 경우, 전체 인구에서 차지하는 영, 유아 및 청소년층의 상대적 비중이 높았다. 특히 1기 신도시의 표준화된 환경과 양호한 학군은 서울의 변두리 지역보다 우위에 있었기 때문에 자녀를 둔 중산층의 이주가 가속되었다.

2000년대 이후로는 서울에서 자녀들의 양육을 마친 50대 이상 장년층이 주거비 및 생활비가 상대적으로 저렴한 신도시로 이주하기 시작하였다. 서울의 높은 주거 및 생활비는 진입장벽으로 작용하지만 반대로 대도시로서의 서울이 제공하는 양질의 환경은 유인으로 작용한다. 특히 대학가가 몰려있는 서울로 유입되는 청년층과 보다 나은 의료시설과 편의를 찾아 다시 서울로 이동하는 노년층으로 인하여 서울을 중심으로 하는 도시목회는 새로운 기회와 도전을 맞이하고 있다.[1]

앞서 언급한 바와 같이 지역사회의 연령은 해당 지역의 소득 및 교육수준과 상관관계를 가지고 있으며, 개인적인 성향과도 연관을 보인다. 일례로 연령대가 높은 층에서는 건강과 여가에 대한 관심도가 높을 것이고, 장년층은 은퇴준비와 건강, 그리고 중년층은 재정 관리와 자녀들의 교육에 귀를 기울일 것이다.

한편, 소득수준은 고용과 가구의 구조 및 주택 유형과도 밀접한 관련이 있다. 전문직 종사자나 대기업 회사원이 많은 지역이라면 부부와 한두 명의 자녀로 이루어진 핵가족일 가능성이 높고, 주택 유형은 서울과 같은 대도시라면 아파트, 수도권 지역의 신도시라면 단독 주택이나 타운하우스일 가능성이 높다. 노동자나 중소 자영업자들이 많은 지역은 도시 변두리의 빌라나 다가구 주택에 거주하는 핵가족일 확률이 높다.

---

1 1기 신도시의 조성을 전후한 1980-1990년대에 부산대학교, 경북대학교 등, 지방의 명문대학은 서울에 소재한 상위권 대학과 비슷한 수준의 입시 결과를 보였다. 그러나 2010년대 들어서며 지방대학은 단순히 지방에 소재한 대학으로 인식됨에 따라 수험생들의 선호도에 있어서 서울 소재 중위권 대학보다 경쟁력을 잃고 있다.

따라서 도시 빈민층의 비중이 높은 지역에서는 사회복지의 차원에서 교회가 결손가정사역 등을 전개해야 할 것이고, 중산층이 거주하는 지역에서는 학습과 관련한 프로그램을 구비하면 유용한 측면이 있을 것이다. 고소득층이 많은 지역의 경우 문화행사, 건강 세미나, 취미 활동과 같은 사회적인 프로그램 등에 반응할 가능성이 높고, 중산층은 교육을 통한 계층 유지에 관심이 많기 때문에 특목고와 대학진학, 이를 위한 봉사활동 및 외국어 교육 등에 관심이 많다.

높은 주택가격과 생활비로 인하여 서울을 중심으로 한 도시에서는 초혼 연령이 높아지고 있고, 양육비의 부담으로 인하여 출산율이 저하되고 있다. 이에 따라 가구원의 수 역시 줄어들고 있으며, 1인 가구 내지는 2인 가구의 비중이 급격하게 증가하고 있다. 개척을 준비하는 교회 역시 소재 지역의 특성을 고려하여 이에 대처하는 사역 프로그램을 마련해야 할 것이다.

2) 지역적 성향

지역과 인구통계학적 요소들은 밀접한 상관관계를 가지고 있다. 예를 들어, 서울 강남권은 높은 소득수준과 교육수준, 이로 인한 문화생활에 대한 강한 욕구를 보인다. 또한, 기득권을 유지하고자 하므로 타 지역에 비하여 상대적으로 정치적 성향에 있어서 변화를 거부하는 보수적인 모습을 보인다. 서울 근교의 신도시는 서울에 비하여 상대적으로 젊은 연령층이 거주하므로 소득수준은 서울보다 다소 낮고, 교육수준은 서울과 비슷하나 정치적 성향은 상대적으로 젊기 때문에 진취적이고 진보적인 모습을 보이는 편이다.

그러나 신도시도 지역에 따라 차별화가 이루어지는데, 1기 신도시인 분당과 일산을 비교하면 두 도시 모두 서울로 출퇴근 또는 통학하는 인구들의 베드타운으로 형성되었으나 신도시가 형성된 지 30년가량이 지난 오늘날에는 전혀 다른 모습을 보이고 있다.[2]

분당은 서울 강남권에서 이주한 주민들이 많기 때문에 일산에 비하여 상대적으로 재정적 여유가 있는 편이고, 용인, 판교, 기흥, 동탄 등, 주변에 형성된 새로운 신도시들에 대기업이 이전함에 따라 더 이상 서울을 중심으로 하는 베드타운이 아니라 독자적인 경기 남부권의 구심 역할을 수행한다. 따라서 서울 강남권의 인구통계학적인 성향과 매우 유사한 모습을 보인다. 교회를 중심으로 하는 신앙생활의 행태에 있어서도 분당은 서울과 비슷한 수준의 재정 및 섬김사역에 대한 헌신도를 보인다.

이와는 대조적으로 일산의 경우 서울 강북권에서 이주한 주민 및 서울 외 지방에서 이주해 온 주민의 비율이 높기 때문에 소득은 분당에 비하여 낮으며, 교육수준은 다소 낮은 정도를 보이지만 정치적 성향은 매우 진보적인 편이다. 또한, 일산은 주변에 파주 외에는 직접적인 상호소통을 이루는 도시가 없으며, 따라서 여전히 서울을 중심으로 하는 베드타운의 면모를 유지하고 있다. 신앙생활과 관련하여 일산은 서울 강남권이나 분당에 비하여 재정적 헌신은 현저히 낮으며, 섬김의 헌신도 역시 지역별, 교단 및 교회별로 차이를 보이지만 다소 낮은 편이다.

---

2 1990년대 초에 대규모 아파트 단지를 가진 베드타운으로 개발된 분당과 일산은 서울 인구를 수용하는 계획주거지로 조성되었다. 반면 서울 근교에 위치한 위성도시들은 서울에 몰려있던 제조업 중심 공장들을 서울 밖으로 이동시키기 위하여 조성한 것이므로 주민의 구성과 도시의 성격이 다르다. 따라서 위성도시에는 주로 공단 근로자 또는 농촌에서 서울로 이주를 희망하지만 서울의 높은 거주비용을 감당하기 어려운 계층이 모인 반면, 신도시는 서울 못지않은 쾌적한 주거공간을 제공하도록 설계되었고, 실제로 서울에서 경제활동을 유지하며 주거지만 옮긴 중산층이 대부분이었다(조영태, 2017, 31).

일산을 대표하는 교회 중 하나인, 1997년 1월에 서울 강동구 소재 광성교회가 10억 원을 지원하여 일산에 개척한 거룩한빛광성교회의 담임 정성진 목사는 일산 지역 교인들의 특징을 '배운 것은 있어도 가진 것은 없다'로 요약하였다(정성진, 2012, 318). 그는 신도시 거주자들은 타지에서 이주해 왔기 때문에 뿌리의식이 약하고, 교인들 역시 상대적으로 젊기 때문에 목돈도 없고 헌신의 경험도 없다고 지적하였다.

분당과 일산 이후 개발된 신도시들은 용인, 남양주, 김포 등, 서울을 둘러싼 경기도 일대에 조성되었다. 그러나 분당과 일산이 서울의 인구 분산을 위한 국가 주도의 신도시인데 비하여 이후에 개발된 신도시들은 1기 신도시인 분당과 일산의 성공 사례를 보면서 부동산 및 택지개발을 통해 이익을 추구한 건설사들에 의해 조성되었기 때문에 인프라 확보 면에서 불리하다. 따라서 서울이나 1기 신도시들에 비하여 보다 소득수준은 더욱 낮고, 보다 진보적인 성향의 주민 구성을 보인다.

그러므로 이 지역들은 목회자 없이 새로이 이주해 온 교인들끼리 모여 주일예배를 드리는 모습이 가장 많이 나타나는 곳이다. 정부가 부동산 가격 안정을 위해 추진하는 미니 신도시들에 대한 구상 역시 베드타운의 기능을 수행하는 것이 1차적 목표이지만 주변에 인프라를 어느 정도 확충하느냐에 따라 그 성격이 정해질 것이다.

3. 영적 토양 및 필요 분석

1) 지역사회의 종교지형

지역사회의 종교현황 및 교단과 교회의 분포 등도 영적 토양에 대한 중요한 정보를 제공한다. 그러므로 지역 내 종교의 보유율 및 분포, 그리고 기독교인의 비율과 실제 출석률 등에 대하여 가능한 최대한의 자료를 얻어서 지역사회 주민들의 종교성향 및 교인들의 신앙 양태에 대하여 미리 파악하는 것이 좋다. 개인사업을 하는 경우에도 상권분석을 하고 수요분석을 하는 것처럼, 교회개척을 위해서도 개척의 후보 지역을 중심으로 걸어서 5분 거리 이내의 500m가량의 1차적인 영역과 도보로 5-10분 거리인 500-1,000m가량의 2차적인 영역을 나누어 분석해야 한다. 우선 1차 영역의 범위 안에 소재한 교회의 수와 인구 수, 입출입의 동선, 도로 및 대중교통, 지역적 특성 및 영적 필요 등을 살피고, 2차 영역으로 범위를 넓혀서 동일한 분석을 해야 한다.

지역사회 종교의 분포는 복음전파의 접근방법에 있어서 방향성을 결정하는 기준이 되기 때문에 중요하다. 종교인구의 비중이 높을수록 종교성이 전제되므로 전도의 가능성을 기대할 수 있고, 낮으면 낮은 대로 새로운 가능성을 타진할 수 있기 때문이다. 또한, 지역사회 내에서 개신교에 대한 반응이 과거부터 현재까지 어떠하였는지에 대한 정보를 얻으면 보다 효과적으로 복음전도사역을 전개할 수 있을 것이다.

지역사회 내에 소재한 교회들의 수와 그 교회들의 소속 교단은 지역사회 주민의 신앙 양태에 대한 기초자료가 되며, 지역 내 분포도는 개척교회의 설립 위치 및 향후 중점 사역의 초점을 어느 지역에 두어야할지를 결정하는 데 도움이 된다. 교회가 많이 분포하지 않은 곳은 인구와 향후 발전가능성 측면에서 상대적으로 불리한 지역이겠지만 그만큼 기회가 있는 곳이다.

또한, 지역사회에 소재한 교회들의 수와 그 교회들이 주로 강조하는 사역의 초점을 분석하면 지역 내 기존교회들이 수행하지 않아서 지역주민들의 영적 필요를 충족시키지 못하는 분야를 발견할 수 있다. 따라서 지역

내 교회들의 목록을 작성하고, 그 교회들을 방문하여 예배의 형식과 사역 프로그램들을 점검하는 한편, 가능하다면 해당 교회의 교인들과 대화를 나누며 그들의 의견을 수렴하여 사역에 적용한다면 보다 효과적인 목회 수행이 가능할 것이다.

2) 한국교회의 사명

　목회의 일반적인 목적이 복음전도와 선교라고 한다면, 국내에서의 목회는 특별히 교회가 위치한 지역의 특성을 고려한 맞춤 사역이어야 하며, 더 나아가서 한국교회의 특수한 상황을 바탕으로 선교적 차원에서 남북교류와 북한선교, 긍정적으로는 복음에 기초한 평화적인 통일을 염두에 두어야 한다. 그와 같은 민족의 시대적 사명을 고려할 때에 혹시라도 '내 교회'를 세우겠다는 생각은 처음부터 잘못된 것이다.[3]

　교회개척은 철저히 예수 그리스도를 머리로 하며, 하나님의 뜻을 따라 수행하는 사역이다. 지역사회를 놓고 기도하며 그 필요를 헤아려보고, 새로운 교회만이 지역사회의 기성교회들이 미처 다 채우지 못한 필요를 채울 수 있다는 확신이 설 때에만 그 지역에 교회를 개척해야 하는 것이다. 단순히 자신의 목회적 야망을 따라 교회를 세우는 것은 하나님 나라의 확장이라는 거시적인 차원에서 중복과 비효율을 유발한다. 그러므로 지역사회의 독특한 특성 및 영적 필요를 파악하고, 그러한 필요를 충족시킬 수 있는 역량을 보유했는지 여부를 가늠한 후 개척 지역을 결정해야 한다.

3　최근 급속히 외국인 체류자의 비중이 늘고 있고, 다문화 사회로 이행하는 한국사회를 고려할 때에 민족을 염두에 두는 시각이 다소 편협하다는 비판을 받을 수 있다. 그러나 민족의 동질성을 보유한 이들이 사회 구성의 다수를 차지하는 현실을 고려할 때에 남, 북한의 평화통일에 목회의 한 축을 두는 것은 당연한 일이며, 이와 함께 소수에 해당하는 이들을 위한 다문화 목회를 함께 지원하는 것이 바람직할 것이다.

제2부

교회개척의 실제

제5장 교회의 명칭과 정관(목회철학)
제6장 교회 구성원의 확충과 조직구성(인사관리)
제7장 교회의 재정확보 및 운영(재정관리)
제8장 건물과 비품, 홈페이지의 구비(자산관리)

제2부

교회개척의 실제

　　교회개척의 이론들을 점검하며 개척목회의 소명을 확인한 목회자는 이제 수많은 교회들이 있는데 왜 또 하나의 교회를 세워야 하는지에 대하여 자신과 개척멤버들을 납득시키는 과정을 통해서 목회철학과 비전을 수립해야 하고, 이를 반영한 교회의 이름과 정관을 작성함으로써 향후 교회를 원만히 운영할 수 있는 토대를 구축해야 한다.

　　또한, 그리스도의 몸 된 교회를 이룰 초기의 구성원들을 확보하는 작업은 빠르면 빠를수록 좋다. 재정도 중요하지만 무엇보다도 사람들이 모여야 교회를 구성하고 교회의 사명을 이룰 수 있으므로 목회철학을 나누며 같은 마음을 품고 한 방향을 향하여 함께 나아가는 동역자들을 확보하는 것이 가장 중요한 과업이다.

　　아직 교인들이 많지 않겠지만 교인 수에 맞추어 사역을 준비하는 것이 아니라, 목회철학에 근거하여 전개할 사역의 내용에 초점을 맞추어 부서와 조직을 정비하되, 개척 초기에 모든 조직을 완전히 편성할 필요는 없다. 구상했던 부서와 조직 중에서 우선 구성할 수 있는 핵심적인 단위부터 시작하는 것이 바람직하며, 준비단계에서 특별히 요청되는 사역 담당자에 대한 필요를 놓고 기도하는 가운데 목회철학과 비전을 나누는 과정에서 해당 담당자들을 확보한다면 더할 나위 없이 좋을 것이다.

교회의 재정을 확보하고 관리, 운영하는 방법에 대하여도 세부적인 지침을 수립해 놓아야 나중에 뒤탈이 없고, 불필요한 오해와 잡음을 방지할 수 있다. 기본적인 시스템을 갖추어 놓지 않은 상태에서 너무 많은 사람들이 모이는 것은 오히려 혼란과 분열을 자초할 수 있기 때문이다.

재정계획을 수립할 때에는 주어진 재정에 맞추어 운영하는 것도 중요하지만 목회철학과 비전에 따라 초기부터 반드시 투자하여야 할 분야를 구분하는 등의 우선순위를 수립해 놓아야 개척목회의 의미를 실현할 수 있을 것이다.

예배의 장소와 모임의 공간들을 확보하고, 홈페이지와 행정 시스템을 구비하는 것에 대한 계획의 수립 역시 설립예배 이전에 모두 마무리되어야 한다. 이를 위하여 제2부에서는 교회개척의 실제적인 준비과정에 초점을 두고 교회의 목회철학, 인사관리와 재정 및 자산관리에 대한 내용을 다루었다.

제5장

교회의 명칭과 정관(목회철학)

교회의 명칭과 목회철학, 그리고 비전 등은 개척목회자의 굳건한 소명의식에 기인해야 하지만 개척준비 모임에서 개척멤버들과의 토의를 거쳐서 이를 결정하는 편이 좋다. 현대사회를 사는 교인들의 민주적 절차에 대한 요구를 충족시키는 한편, 의사결정에 참여한 멤버들의 주인의식과 책임감을 제고할 수 있기 때문이다.

맹목적인 신앙의 실천을 강조하기보다는 왜 그러한 모습의 신앙생활을 해야 하는지를 나누고, 방향성에 대하여 합리적으로 납득시킴으로써 동의를 구해야 하며, 목회자를 비롯한 교회 지도자들이 삶을 통해 본을 보여야 한다. 또한, 복음에 단단히 뿌리를 내리되, 시대와 소통하는 열린 목회철학을 중심으로 연령과 계층, 성별에 관계없이 민주적인 의사소통이 이루어지는 구조를 정착시켜서 신뢰를 형성해야 하는 것이 선행과제이다.

이에 더하여 가장 중요한 교회개척의 기반은 성령의 인도하심을 따르는 것에서 시작한다는 사실을 간과해서는 안 된다. 교회개척을 포함하여 모든 사역은 힘으로도, 능력으로도 되지 않고, 오직 하나님의 영으로만 되기 때문이다(슥 4:6). 초대교회는 오순절 성령사건(행 2장)을 통해 형성되기 시작하였고, 성령으로 충만한 그리스도인들은 유대 지도자들의 위협을 이기고 복음을 전파할 때에 병이 치유되는 기적들이 일어났고, 서로 물건을 통용하며 한 마음을 품은 공동체로 성장하였다(행 3-5장). 또한, 서로를 먼저 섬기며 박해를 무릅쓰고 복음을 전파했을 때에 큰 부흥이 일어났다(행 6-9장). 따라서 개척교회가 하나님의 말씀을 통해 성령의 인도하심을 따라 그리스도를 머리로 하는 공동체를 이룬다면 동일한 부흥의 은혜를 누릴 수 있을 것이다.

1. 교회의 이름 결정

교회의 명칭은 교회의 비전과 목회철학, 향후 전개할 사역의 방향 등을 제시하며, 교회의 이미지를 전달하는 가장 중요한 수단이다. 과거에는 단순히 교단이나 지역 이름을 붙여서 교회 이름을 결정했지만, 다원화된 현대 사회에서 교단의 영향력이 약화됨에 따라 개교회의 차별화된 사역이 강조되며 참신한 이름을 붙이는 경우가 많아졌다. 교단의 분열로 형성된 군소교단들은 대규모 교단의 이름을 따서 붙이는 경우가 많은데, 일례로 대한예수교장로회를 줄인 '예장'이라는 명칭을 포함하여 '예장합동정통개혁보수' 등의 복잡한 교단명을 사용하는, 군소교단에 소속된 수많은 교회들이 있다.

또한, 최근에는 이단들이 기성 교단들의 이름과 유사한 이름을 붙이는 경우가 많다. 그러므로 경우에 따라서는 교단의 공식적인 명칭을 교회 이름의 앞 또는 뒤에 붙이고, 로고나 간판에도 작은 글씨로 풀 네임을 포함하는 것이 정통성과 공신력 확보를 위해 효과적일 수도 있다.

교회의 이름을 결정하는 데 있어서 특별한 기준이 있는 것은 아니지만 최소한 교회의 목회철학을 반영하는 한편, 새로운 이미지를 제고하여 현대인들에게 어필하는 참신한 이름을 붙여야 하고, 발음하기 어렵거나 부정적인 이미지를 전달하지 않는 이름이어야 한다(오창세, 2014, 68). 참신하고 간결하면서도 기억하기 쉬운 이름, 그리고 교회의 목회철학을 반영하는 이름이라면 금상첨화일 것이다. 교회의 이름을 선택하는 데에 있어서 피해야 할 몇 가지 사항들이 있는데, 우선 '실로교회' 또는 '모리아교회'와 같은 모호하고 불분명한 성경의 지명은 불신자들에게 아무런 의미도 전달하지 못하는 반면, 사이비 종파와 같은 인상을 줄 수 있으므로 사용하지 말아야 한다(김종환, 산체스, 스미스, 2006, 310-313).

또한, 성경의 지명을 붙이는 경우에 자칫하면 선교적인 차원에서 비기독교인들의 이질감을 유발할 수 있다. 그러므로 교회의 목회철학에 부합되는 지명으로서 적절한 설명을 부가할 때에 쉽게 이해할 수 있는 이름이라면 융통성을 발휘하여 받아들이는 것도 좋을 것이다.

교회가 소재한 지역의 이름을 붙일 때에는 너무 광범위하거나 좁은 지역명을 사용하지 않도록 주의해야 한다. 예를 들어, '대한'이라는 이름은 개교회의 이름으로서는 너무 포괄적이므로 부적합하며, 행정구역 중에서 '동' 단위의 이름을 붙이는 것도 향후 교회의 성장과 관련한 확장성을 고려할 때에 너무 협소한 명칭이다. 너무 광범위한 지역 이름을 붙이면 지역사회와 관계가 없는 듯한 인상을 주고, 그렇다고 해서 너무 작은 단위의 지역 이름을 붙인다면 향후 교회가 지역 내에서 이동하거나 성장한 후에 대표성을 잃어버릴 것이기 때문이다.

너무 긴 이름, 특히 온갖 미사여구와 외래어를 가져다 붙인 이름은 기억하기 어렵고, 혼란스럽게 하기 때문에 제외해야 하며, 특정 연령대 또는 계층에만 의미가 있는 이름도 바람직하지 않다. 지역사회 내에서 부정적인 인식을 가진 교단에 속한 교회라면 교회의 명칭에서 교단명도 제외하는 것이 유익할 것이다.

참신한 교회 이름의 예를 들자면, MBC기자 출신으로 1990년대 뉴스데스크 앵커, 보도국 부국장, iMBC 사장을 역임했던 조정민 목사가 2013년 3월에 개척한 베이직교회를 들 수 있다. 교회의 영문명 'BASIC'은 '그리스도 안에서 형제, 자매'(Brothers And Sisters In Christ)라는 문구의 앞 글자를 딴 것이다. 또한, 교회의 영문명 풀 네임은 'BASIC Community Church'로서 그리스도 안에서 형제와 자매가 된 교회의 본질을 바탕으로 지역사회에 믿음 뿌리를 내린 공동체를 이룰 것을 지향한다는 의미를 전달하고 있다. 독립교단에 속한 베이직교회는 2015년에 타 교단인 예장 합신에 속한 서울 동작구 상도동 소재 라이프교회의 개척을 지원하였고, 개척 3년만인 2016년에 출석교인의 수가 1,500명이 넘자, 분립교회 두 곳의 개척에 나섰다.

건강한 교회를 꿈꾸며 준비하는 교회의 개척에 있어서 개척목회자가 설립멤버들과 함께 개척의 모든 과정을 협의하여 결정하는 것이 바람직하지만 교회의 명칭에 있어서는 운영의 묘를 발휘하는 편이 효과적일 수 있다. 일반적으로 개척교회의 목회철학은 1차적으로 개척목회자에게서 산출되며, 교회의 명칭은 그러한 목회철학을 담고 있어야 하기 때문이다. 더욱이 설립멤버들끼리 서로 오랫동안 친분이 쌓인 사이가 아닐 가능성이 높은 개척교회의 특성상 어색한 가운데 의사결정을 하는 것 자체가 부담이 된다.

자신이 제시한 교회명이 채택되지 않을 경우, 자칫하면 개척의 준비과정에서부터 거절감을 느끼고, 새로이 채택된 교회 이름에 대하여도 거부감을 느끼게 될 수 있다. 따라서 개척목회자가 과감하게 목회철학을 소개하여 동의를 구하고, 이와 관련한 명칭을 제시하는 한편, 후속작업으로서 교회의 비전에 대하여는 설립멤버들과 나누는 편이 좋을 것이다.

2. 목회철학과 비전, 사명선언문의 채택

1) 목회철학

교회를 세우신 이는 머리되신 그리스도이다. 따라서 하나님과의 관계 및 독생자 예수 그리스도에 대한 이해의 깊이가 목회의 깊이와 수준을 결정한다. 그러므로 그리스도의 몸 된 교회를 이루는 책임을 맡은 개척교회 목회자의 하나님과 동행하는 삶, 예수 그리스도의 복음에 대한 이해, 그리고 그리스도를 머리로 하는 교회를 이해하는 수준이 개척교회의 수준이 된다. 개척교회 목회자가 하나님의 말씀을 깊이 묵상하며 예수 그리스도의 복음을 품고 성령의 도우심을 따라 성화되는 과정이 교회를 건강하게 하는 기반이 되기 때문이다. 따라서 개척교회의 목회철학은 개척목회자의 신학적 토대와 그리스도에 대한 이해에 기초를 둔다.

목회철학은 개척목회자와 교인들이 합의한, 그리스도의 몸 된 교회를 이루어가는 기본적인 지침이자, 유한한 가용자원을 활용하여 지향할 사역목표를 제시하므로 가장 중요한 개척교회의 토대이다. 목회철학에 따라 교회의 비전과 목표, 이에 따른 사역의 방향과 제직들의 구성 등이 결정되기 때문이다. 따라서 확고한 목회철학이 정립되지 않았다면 아직 교회개척을 위한 준비가 마무리되지 않은 것이며, 개척멤버들과 목회철학에 대하여 충분히 공감하지 않은 것 역시 아직 교회개척의 때가 이르지 않았음을 의미하므로 좀 더 논의가 필요하다.

2) 비전과 사명선언문

개척목회자를 포함하여 교회개척을 준비하는 핵심멤버들은 교회의 설립과 관련한 당위성과 나아갈 방향에 대하여 충분히 의견을 교환한 후에 목회철학과 비전, 사명선언문을 채택하여야 한다. 개척교회의 방향성을 제시하는 목회철학은 교회가 특별히 성취하려는 목표, 즉 사역을 통해 달성하고자 하는 비전과 이를 향한 구체적인 사역의 내용을 담은 사명선언문의 기초가 된다. 비전과 사명선언문은 목회철학에 기인하며, 목회철학은 목회자의 소명과 밀접한 관계를 지니므로 개척목회자의 소명이 설립멤버들과 충분히 공유되어야 적절한 비전과 사역 방향이 결정된다.

가나안 성도들 중에서 교회로 다시 돌아가고 싶다고 응답한 비율은 67%이며, 가능하면 빨리 돌아가고 싶다고 답한 비율도 13%에 달하는데, 그들이 돌아가고자 하는 교회는 바른 목회자가 있는 교회, 정직하고 투명하게 운영하는 교회이다(한목협, 2013). 이는 성경적인 확고한 소명의식을 바탕으로 건전한 신학적 배경과 목회철학을 가지고 비전을 제시하는 교회와 이를 추구하는 인격적인 목회자와 지도자가 있는 교회에 대한 선호와 갈급함을 드러낸다.

특히 비전은 개척교회의 사역에 있어서 필수적인 요소로서, 이는 존재하지 않는 것을 현실화하여 볼 수 있는 능력이다(Galloway, 1986, 29). 비전은 분명한 방향감각을 제공하여 교회개척자가 이에 적합한 동역자들을 모집하는 데에 도움이 되며, 개척멤버들 간의 일체감을 증진시킨다(김종환, 산체스, 스미스, 2006, 186-187). 좋은 비전을 구체화시키기 위하여 개척목회자는 예수 그리스도의 복음에 대한 명확한 개념을 보유해야 하고, 기도와 묵상을 통해 하나님께서 주시는 통찰력과 성령의 도우심을 구해야 한다. 개척목회자는 자신이 받은 비전을 동역자들과 나눔으로써 교인들이 이를 받아들이기 용이하도록 조율하고 적절한 방식으로 표현해야 한다.

비전에 따른 사명선언문을 작성하는 것은 비전을 일목요연하게 정리하여 표현할 기회를 제공할 뿐만 아니라 이를 명확하게 하는 데에 공헌한다. 사명선언문 작성에 있어서 개척목회자는 그것이 충분히 명확할 뿐만 아니라 행동을 불러일으킬 정도로 도전을 주는지, 머릿속에 그림을 그릴 수 있도록 구체적이고 미래지향적인지, 그리고 현실적이면서도 발전적이며, 문화적으로도 적절한지를 점검해야 한다(Malphurs, 2004, 31-39).

사명선언문의 내용은 하나님께서 교회를 통하여 이루기를 원하시는 바와 그 이유, 그리고 복음전파의 대상을 포함해야 한다. 또한, 사명선언문은 비전의 본질에 초점을 맞추어 하나의 문장 또는 몇 개의 단어들로 표현해야 하되, 창의적인 단어와 공동체에 친근한 표현을 사용하여 작성해야 한다(Malphurs, 2004, 240).

최근에는 비전과 사명선언을 굳이 구분하지 않고 간결하게 통합함으로써 혼용하는 추세를 보이기도 한다. 일례로 지난 2009년 9월, '사도행전 29장'(Acts 29)을 모토로 하는 온누리교회 출신인 한홍 목사가 30명의 교인들과 함께 사도행전적 선교 비전을 품고 개척한 새로운교회는 '세상 속으로, 열방 속으로, 미래 속으로'라는 짧은 비전을 전개하고 있다.

'세상 속으로'라는 캐치프레이즈는 교회가 성경의 가르침과 삶을 잇는 가교가 되어, 교인들로 하여금 세상에서 건강한 영향력을 발휘하겠다는 다짐이다. 이는 특별히 사회활동을 주로 하는 중, 장년 남성들을 육성하여, 그들을 세상을 변화시키는 에이전트로 삼는 데에 전력을 기울이겠다는 다짐이다. 그 결과 새로운교회의 사역은, 여성들의 헌신을 발판삼아 사역을 전개하는 기성교회들과 달리, 6대 4 비율의 남성 우위 위주로 주도되고 있다.

'열방 속으로'는 다문화 사회로 이행하고 있는 한국교회의 상황 속에서 전 세계 디아스포라 한인교회들과 연합하고 서울을 중심으로 글로벌 예배 공동체를 육성하는 비전을 의미한다. 이는 이민 1.5세로서 한국과 미국의 두 문화 사이에서 어려움을 겪었던 한홍 목사 자신의 경험을 바탕으로 새로운 시대와 발맞추기 위해 제시한 비전이다. 또한, '미래 속으로'는 다음 세대를 신앙으로 양육하여 구비시키겠다는 비전을 뜻한다.

이러한 비전을 바탕으로 새로운교회는 개척 5년만인 2014년에 출석교인이 3,500명을 넘어섰다. 이후 설립멤버들을 중심으로 리더십에 갈등이 발생하며 어려움을 겼었으나 2016년 신년 40일 특별새벽기도회를 통하여 이를 극복하고 2017년 이후 출석교인이 4천 명을 뛰어넘는 가파른 성장세를 보이고 있다.

3. 교회의 정관작성

1) 정관의 의의

교회의 정관은 일종의 내규로서 교단법과 더불어 교회를 치리하는 기반이 되며, 교회의 목회철학을 반영하는 기본적인 지침이다. 사회법은 헌법이 상위법이 되어 하위법인 일반 법률들을 조정하고 통제하지만 교회 분쟁 관련 판례에 의하면 개교회의 독립성을 강조하는 회대목회의 추세에 따라 내규인 정관을 교단법에 우선하여 적용한다. 이는 교단법이 현대인들의 민주주의에 대한 열망을 제대로 반영하지 못하는 한계에 기인하기도 하고, 동시대의 다양한 이슈 및 개교회의 특수한 상황을 고려하지 못하기 때문이기도 하다.

따라서 원만한 교회의 운영을 위하여 정관을 작성하여 기준으로 삼으면 매우 유용한 측면이 있다. 그러나 각 교단의 상황과 개교회의 사정이 다르기 때문에 천편일률적으로 교회의 정관에 우선순위를 부여한다면 교단의 질서를 거부하고, 교단법에 위배되는 위험한 요소를 도입할 수 있으므로 교단 또는 소속 지방회와 협의하여 지혜롭게 결정하는 편이 좋을 것이다. 본서의 부록 2에 필자가 정리한 표준 정관을 수록하였는데, 개교회의 상황에 맞추어 이를 자유롭게 수정하여 사용하면 될 것이다.

교회의 정체성과 사역의 구체적인 전개 방향에 대하여 정관에 모두 명시하기는 어렵다. 따라서 교회의 목회철학을 반영한 운영원칙 등, 큰 틀에 대하여는 정관에 명시하고, 재정과 인사 등에 대하여는 세부규정을 만들어 첨부하는 편이 효율적일 것이다. 또한, 교회의 분립이나 담임목사에 대한 재신임 및 제직들의 임기 등의 내용에 대하여도 처음부터 결정하는 것보다는 교회를 이루어가며 교인들 전체가 협의하여 결정하는 것이 보다 안정적인 사역을 가능케 한다.

예를 들어, 일정 규모 이상으로 성장한 이후, 교회의 분립을 꿈꾸는 경우에도 분립 개척에 헌신하여 한 교회를 책임질 수 있는 목회자를 발굴하여 훈련시키고, 지원하는 것은 물론, 이에 동참할 교인들의 마인드를 형성하는 것과 재정 지원 등이 복합적으로 작용한다는 사실을 주지하여야 한다. 그러므로 정관에는 기본적인 원칙에 대한 명시를 하고 세부사항에 대하여는 추후 교회 분립을 통한 개척을 지원하는 시점에서 교인들의 합의를 통해 결정하는 편이 바람직할 것이다.

2) 정관과 사역 조직의 규모

교회의 정관은 사역 조직의 구비 및 기획과 운영과 연관 지어 준비하여야 한다. 따라서 정관의 내용은 제6장(교회 구성원의 확충과 조직구성), 제

11장(교회 내부사역의 기획 및 운영)과 제12장(외부사역의 기획 및 운영)에서 다룰 사역 조직 및 사역 프로그램의 기획과 운영을 위한 토대가 된다. 사역의 성격은 사역 조직의 규모와도 관련이 있다. 미국의 교회개척 전문가 닐 콜(Neil Cole, 2012)에 의하면 사역 조직의 기본단위는 2-3명인데, 이는 신약성경에서 중요한 임무를 수행하는 기본단위가 2-3명이었기 때문이다.[1] 교회에서 치리가 필요할 경우 자의적으로 이를 처리하지 않고 공식적으로 이를 조명할 때에도 2-3명이 필요했고(마 18:15-20), 교회의 은사와 관련하여 방언과 방언의 통역 및 오늘날 설교의 성격을 띤 예언도 2-3명이 담당했다(고전 14:26-33).

지도자 팀은 5-7명이 이상적인데, 이는 의사결정과정에서도 강점을 보인다. 짝수로는 의사결정을 제대로 내리기가 어려우며, 3명의 경우 자칫하면 한 명과 두 명으로 갈라질 수 있고, 9명 이상은 너무 인원이 많아 산만할 수 있는데 비하여 5명 또는 7명은 구성원 간의 긴밀한 관계를 유지할 수 있고, 의사결정을 내리기에도 용이하기 때문에 가장 효율적인 숫자이다.

그러나 이는 조직의 규모 및 성격에 의해 결정할 문제이므로 5-7명을 기준으로 조직의 특성에 부합되도록 조정하면 된다. 예수님께서도 중요한 일을 앞두고는 예수님 자신을 포함하여 베드로, 야고보, 요한 외에 가끔 안드레를 포함시키셨다(막 13:3).

셀, 구역, 속회, 가정교회 등과 같은 소그룹의 구성에 있어서 가장 이

---

[1] 이는 조직 내 의사소통의 효율성과도 연관이 있다. 일례로 A와 B, 두 사람 간의 의사소통은 하나의 채널로 마무리가 되지만, A, B, C, 세 사람인 경우에는 의사소통 채널이 A와 B, A와 C, B와 C, 그리고 A, B, C로 4배 늘어난다. 또한, A, B, C, D, 네 사람인 경우에는 두 사람의 경우에 비하여 11배로 증가하는데, 이는 A와 B, A와 C, A와 D, A와 B, C, A와 B, D, A와 C, D, B와 C, B와 D, B와 C, D, C와 D, 그리고 A, B, C, D 등의 채널 형태로 나타난다.

상적인 규모를 예수님의 열 두 제자를 감안하여 12명으로 제시하는 경우가 많다(Icenogle, 1994; Sikora 2003). 한편, 규모를 명시하지 않고 소그룹은 작을 수록 좋다는 의견도 있고(Sikora, 2003), 6-8명이 가장 이상적이라는 주장도 있으며(Hendricks and Hendricks, 2012), 미국의 대표적인 대형교회인 윌로우크릭교회(Willow Creek Church)는 소그룹의 최대 인원을 10명으로 한정하였다 (Donahue, 2012).

그러나 소그룹을 구성하는 인원에 대하여는 특별히 미리 숫자를 정해 놓을 필요는 없으며, 소그룹의 목적 및 성격에 부합되도록 하는 가장 효과적인 숫자를 교회의 사정을 고려하여 정하면 될 것이다(최성훈, 279, 2016b.). 그룹의 규모가 클수록 더욱 자주 만나고, 모임 시간도 길게 하는 편이 효율적이며, 너무 규모가 크다면 분리해서 소그룹의 역동성이 유지되도록 하는 편이 좋다. 또한, 어느 정도 인원이 모이면 소그룹의 예비 리더를 세워서 발전적 분리를 준비해야 할 것이다.

일정 규모 이상의 사역 프로그램을 운영하기 위한 조직은 수십 명은 되어야 할 것이다. 예를 들어, 성가대와 찬양팀과 같은 조직은 최소한 10-20명은 되어야 기본적인 운영을 할 수 있다. 영국의 인류학자 로빈 던바(Robin Dunbar, 1992)가 한 사람이 깊이 있는 인간관계를 유지할 수 있는 최대 숫자로서 제시한 150명, 소위 '던바의 숫자'(Dunbar's Number)는 교회의 대규모 조직인 교구를 구성하는 최대 인원에 대하여도 시사하는 바가 크다.

교구의 숫자는 150명 이상을 넘기지 않는 것이 구성원들의 단합과 효과적인 의사소통 및 유대 관계 유지의 측면에서 바람직하다. 또한, 150명에 가까운 규모라 한다면 담당 교역자가 두 사람 이상 배치되거나, 평신도 지도자의 수를 늘려서 효율적으로 운영해야 할 것이다. 사실 예수님께서 부활하신 후에 다시 나타나셨다가 승천하실 때에 모였던 제자들 및 마가의 다락방에서 성령을 체험한 제자들의 숫자도 120명에 불과했다(행 1:15).

콜(Cole, 2012, 245)은 자신의 사역을 회고하며, 150명 규모의 가정교회가 15개를 초과하면 그때부터 성장에 한계를 느꼈음을 고백하였다. 이는 미국의 상황을 고려하여야 하겠지만 현대교회가 역동적인 사역을 전개하기 위하여는 2천 명 규모를 초과하지 않는 편이 효과적이라는 사실을 시사한다.

하지만, 지역사회 및 개교회의 상황이 모두 다르기 때문에 정관을 준비하는 개척교회는 그같은 사실을 염두에 두어 기본적인 원칙들 위주로만 정관을 작성하는 것이 향후 다양한 목회 상황에 대처하기에 용이할 것이다. 교회의 뿌리를 내리고, 성장하는 과정 속에서 구성원들의 성향과 조직의 특성을 고려하여 가장 효율적인 규모를 유지하도록 노력하되, 무엇보다도 그리스도를 머리로 하여 제자를 길러내야 하는 교회 공동체의 정체성을 바탕으로 규모와 관련한 의사결정을 내려야 한다.

제6장

교회 구성원의 확충과 조직구성(인사관리)

　개척교회는 교인들의 수가 많지 않기 때문에 조직을 세우는 데에 관심을 기울일 여유가 없다. 그러나 교회의 비전과 목회철학, 그리고 사명에 따라 미리 조직을 구상하지 않으면 향후 성장과 부흥의 기회가 도래했을 때에 이에 대응할 수 없다. 개척교회 목회자는 장기적인 관점에서 조직을 구성하되 개척 초기에는 우선 교회 상황을 고려하여 정비 가능한 조직부터 세워 나가면 된다. 교회가 성장함에 따라 교인들의 필요를 채우고 교회의 사명을 수행하는 데 필요한 조직들을 부가하면서 조직 간 역할을 재조정하면 무리 없이 교회를 운영할 수 있다.

　개척교회의 자립과 성장은 헌신적인 섬김의 사역을 수행하는 교인들의 숫자에 비례한다. 그러므로 설립예배 드림을 통해 실제적인 개척교회의 목회를 시작하기 전에 목회자가 가장 주의를 기울여야 할 부분은 개척멤버를 확보하는 것이다. 물론 개척멤버의 구성보다는 하나님의 뜻을 따르는 것이 중요하지만 개척멤버를 확보하기 위하여 소그룹 성경공부 모임을 운영하거나 특별한 행사를 개최하거나(오창세, 2014, 55), 이를 통하여 5-8 가정(Chaney, 1991, 198) 또는 30명가량의 장년을 모아야 한다는(김성진, 2006, 176) 주장도 일면 타당하다.

그러나 이단들이 성경공부 모임을 통해 교계 안팎을 미혹하는 현실을 고려하면 단순히 소그룹 성경공부 모임을 갖는 것이 부담스러운 면도 있고, 무엇보다도 목회자 자신이 먼저 철저하게 말씀과 기도로 충분히 준비되어야 사람들이 모인다는 사실을 간과해서는 안 된다. 또한, 특별한 행사를 통해 사람들을 모으는 것 역시 자칫하면 하나님의 뜻보다 인간적인 계획과 욕심을 앞세울 수 있기 때문에 주의해야 한다.

일반적인 의미의 목회는 물론, 개척목회는 특별히 더 하나님과 깊이 관계를 맺으며 하나님의 뜻을 따라 한 걸음, 한 걸음 전진하는 인내와 믿음이 우선적으로 요청되기 때문이다. 하나님께서 가라고 하시면 전혀 개척멤버가 없더라도 개척을 시작할 수도 있고, 개척멤버가 많이 확보되었더라도 하나님의 인도하심이 없다면 조금 더 기다려야 한다. 목회는 사람이 아니라 하나님의 뜻을 따르는 것이기 때문이다. 따라서 개척을 기도로 후원하는 이들을 모아 정기적으로 기도 모임을 가지며 지속적으로 목회의 계획과 방향성에 대하여 소통하는 것이 바람직하다.

1. 후원팀의 구성

2장에서 살펴본 바와 같이 가나인 성도들이 교회를 떠난 이유 중에서 43%는 목회자들 및 교인들에 대한 불만족 때문이었고, 반대로 교인들이 현재 출석 교회에 다니는 이유는 목회자의 인격과 설교가 좋기 때문이라는 답변이 압도적으로 많았다(한목협, 2013). 가나안 성도들뿐만 아니라 기성교회의 교인들 역시 목회자에 대한 의존도가 높기 때문에 바른 목회철학이 필수적이며, 목회자와 교인들이 목회철학을 올바로 실천하는 것의 중요성도 새삼 강조된다. 교회개척의 작업들은 혼자서 처리하기는 매우 어려우

며, 따라서 개척목회자는 후원팀과 교회개척에 관한 비전 및 방향성을 공유하여 이를 분담해야 한다.[1]

후원팀과 개척멤버는 다르다. 그러나 건전한 신학과 목회철학을 기반으로 기도와 재정으로 후원하는 이들과 친밀한 관계를 맺는 과정에서 자연스럽게 후원팀 구성원이 개척멤버가 될 수도 있다. 하지만, 처음부터 무리하게 후원하는 이들을 개척멤버로 확보하려는 욕심을 내어서는 안 된다. 특히 기성교회를 섬기는 교인들이 개척목회를 후원하는 경우라면 이들에게 동역을 요청하는 것은 '양 도둑질'로서 목회 윤리의 위반에 해당한다. 후원을 통해 마음을 나누어 주는 것에 대한 감사함으로 하나님 앞에서 신실하게 목회한다면 하나님께서 또 다른 좋은 멤버들을 보내주실 것이다.

1) 중보기도팀

개척목회를 준비하는 데 있어서 가장 중요한 과업은 기도의 후원팀을 확보하는 것이다. 이는 우선 목회자 개인이 성경 말씀의 약속들을 붙들고 하나님께 기도하는 자세에 근거한다. 사람들을 모아 기도를 부탁하려면 먼저 목회자 자신이 하나님과의 관계 속에서 개척목회에 대한 확신과 뚜렷한 비전을 확인해야 하기 때문이다.

혼자 기도하는 것보다 뜻을 모은 여러 사람이 함께 모여 기도하는 것이 훨씬 집중도 잘 되고, 큰 힘을 발휘할 수 있다. 초대교회도 항상 함께 모여 교제하고 떡을 떼며 기도에 힘썼다(행 2:42).

합심기도를 통해 하나님의 뜻을 구하고, 교회 공동체의 비전을 하나

---

[1] 그리스도를 머리로 하는 한 몸을 이루는 지체로서 교인들 한 사람, 한 사람이 동일한 책임의식을 가지고 건실한 성경관과 건전한 상식을 바탕으로 운영하는 교회가 건강한 교회가 될 것이기 때문이다.

님께 올려 드리고 응답을 통해 그 비전과 사명을 확인하는 것은 온전하고 건강한 교회를 이루는 기반이다. 특히 소수의 인원이 교회를 운영하고 치리하는 개척교회의 경우 개척멤버들이 함께 기도하며 하나님의 뜻을 따라 한 마음을 품어야 힘차게 전진할 수 있다. 중보기도팀과 개척멤버는 다르지만 보다 많은 중보기도팀의 후원을 받은 개척교회는 기도의 힘을 받아 더욱 용이하게 나아갈 수 있을 것이다. 기도의 동역자들은 '당신을 위해 기도하겠다'고 말하는 사람들, 기도제목을 묻는 사람들, 기도의 사람임이 잘 알려져 있는 사람들, 개척을 준비하는 목회자와 사역을 통해 마음을 맞추었던 사람들 중에서 찾을 수 있다(Logan and Ogne, 1994, 2-6).

2) 재정후원팀

재정을 후원할 사람들을 확보하는 것은 중요하지만 이는 사람의 계획보다 하나님의 인도하심을 따라야 무리가 없다. 또한, 재정 확보는 교회개척의 계획이 건전한 신학과 목회철학에 근거하여 수립된 이후에야 가능하다. 그러므로 개척목회를 준비하는 목회자는 먼저 하나님 앞에서 올바른 마음으로 개척의 계획들을 수립하는 데에 초점을 맞추어야 하며, 재정에 주안점을 두기보다는 목회의 비전과 방향성을 확립한 후에 부어주시는 하나님의 은혜를 기다려야 할 것이다.

또한, 재정을 후원하기로 약정한 이들에게는 성심을 다해 감사함을 표시하고, 기도 제목을 나누어 교회개척의 과정과 후원자의 삶에 임할 하나님의 은혜를 위해 함께 기도해야 한다. 소수의 후원자에게 재정을 의존하기보다는 다수의 소액 후원자들을 확보하는 편이 재정은 물론 중보기도와 민주적인 교회 운영의 측면에서 바람직하다.

3) 목회자의 멘토 또는 교제그룹

젊은 목회자의 경우 신실한 믿음의 모범이 되며 목회경험이 많은 선배 목회자를 멘토로 삼아 개척의 과정 중에서 부딪치는 문제들에 대하여 조언을 구할 수도 있다. 물론 하나님께 먼저 구해야겠지만 좋은 선배 목회자를 만나게 하신 분도 하나님이시기 때문에 목회에 대한 건강한 안목과 지혜를 나누어 줄 수 있는 선배 목회자의 존재는 개척목회에 큰 도움이 될 수 있다.

신학대학원 동기들 또는 목회의 비전과 방향성에 대하여 공감하는 동료 목회자 집단과의 관계 역시 목회자가 개척목회로 인하여 피곤함과 어려움을 경험할 때에 지지그룹이 될 수 있다. 특히 목회자의 배우자는 목회자와 같은 수준의 신학, 설교 및 목양의 훈련을 받지 못했지만, 교인들로부터는 목회자와 비슷한 수준의 기대치를 받으며 부담을 느낄 수 있다. 따라서 목회자 사모 모임 등, 은혜와 어려움을 나누는 교제 그룹에 속한다면 훨씬 부담을 덜 수 있을 것이다.

2. 개척멤버의 확보

깨어있는 교회는 하나님 나라의 소망을 품고 하나님의 사람들을 세우는 데에 총력을 기울인다. 교회 건물도 중요하고, 프로그램도 중요하지만 결국 하나님의 나라는 하나님의 사람들에 의해서 임하기 때문이다. 개척멤버를 확보하는 과정에서 하나님의 뜻을 온전히 품은 개척교회는 사람의 소중함을 새삼 깨닫고, 교회가 자리를 잡은 이후에도 건물이나 비품에 투자하기보다 사람에 투자하고 사람을 키우는 데에 중점을 둔다. 그러므로 함께 기도하는 과정에서 하나님 나라에 대한 같은 마음과 비전을 품은 개척 멤버들을 만나서 동역하는 것은 결정적으로 중요한 일이다.

1) 개척의 최소단위와 핵심직무

개척교회는 평균 3명의 교인과 함께 시작된다(교회성장연구소, 2003, 65). 3명의 교인과 개척목회자 가정이 비전과 소명의식을 가지고 함께 교회를 개척하는 것도 좋겠지만 보다 많은 수의 신실한 인원이 모인다면 교회는 더 용이하게 기반을 다질 수 있을 것이다. 따라서 개척멤버를 확보하는 데에 초점을 맞추며 시기를 조절하는 것이 바람직하다. 그러므로 개척목회자는 자신이 품은 비전과 사명을 기준으로 사역 조직을 구상하고, 이에 적합한 은사를 갖추고, 교회가 소재할 지역사회의 특성을 충족시킬 수 있는 인물들을 개척멤버로 확보하는 데에 총력을 기울여야 한다.

개척전문가들은 다양한 팀 구성을 권유하는데, 최소단위로서 목사, 전도자, 음악전문가의 3인을 제시하기도 하고(Schaller, 1991, 8), 행정사역자, 청소년사역자, 교사, 프로그래머를 주장하기도 하며(Malphurs, 2004, 254), 전도자, 중재자, 주일학교사역자, 목자, 조직가, 동원가, 재무행정가(Logan, 1994, 2-4) 등, 직무를 중심으로 이를 제시하기도 한다. 김종환, 산체스, 스미스 등(2006, 218)은 지도자, 행정가, 청소년사역자, 교사, 예배인도자, 음악전문가, 프로그래머, 전도자, 재무행정가, 목양담당자 등으로 세분하여 개척교회는 이들을 필요로 한다고 지적하였다.

2) 개척을 위한 예비 모임

개척멤버가 확보되면 교회개척을 위한 예비 모임을 통해 구체적인 개척의 과정을 체계적으로 준비하여야 한다. 다소 시간이 소모되더라도 후원팀과 함께 모여 의견을 교환하는 것이 장기적인 관점에서 보다 효과적일 수 있다. 일례로 이찬수 목사는 개척을 준비하며 매주 2회 모임을 가졌는데, 토요일 저녁은 기도회로 모였고, 주일 저녁에는 개척전략에 대한 의견을 교환하는 토론회로 모였다(이찬수, 2003, 60). 그러므로 개척멤버의 구성 및 상황을 고려하여 모임을 진행하면 좋을 것이다.

상기한 바와 같이 교회개척의 형태와 인적 및 물적 자원의 구비, 개척멤버들의 개인적 사정들을 감안하여 모임의 횟수 및 시기를 결정하여야 하는데, 최소한 주 1회 이상 모여서 의견을 교환하고 함께 기도함으로써 영적인 토대를 확충하는 것이 바람직하다.

주 1회 미만으로 모일 때에는 문자나 SNS(Social Networking Service)를 통하여 기도제목 및 논의사항을 미리 공지하여 준비하도록 중간점검 절차를 두어야 한다. 주 1회만 모일 수 있는 경우에는 주말에 모여서 기도하고, 운영방안에 대하여 논의하여야 하며, 2회 모이는 경우 1회는 말씀을 나누고 교제하고 합심 기도하는 모임으로, 그리고 2회차 모임은 목회의 방향 및 운영방안을 논의하는 모임으로 진행할 수 있다. 시간과 장소의 문제가 해결되어 주 3회 이상 모일 수 있다면 기존교회의 예배의 형식을 갖출 수 있으므로 개척에 한 걸음 더 가까운 단계가 된 것이다.

3. 교회의 조직구성

교회의 조직을 구성하고 담당자를 세우는 것은 목회철학과 일관성을 가지고 진행되는 절차이어야 한다. 예를 들어, 다음 세대에 중점을 두고 목회를 하겠다는 철학을 가지고 교회를 개척하는 경우에 다소 부담이 되더라도 교회학교 각 부서의 교역자들을 먼저 세우는 것이 좋다. 또한, 교회를 치리하는 핵심조직인 당회와 제직회는 다양한 연령과 성별을 망라하여 구성함으로써 교인들의 참여도 및 주인의식을 제고하여야 한다. 선거에서 투표권을 행사할 수 있는 성인으로 인정하는 연령인 만 19세 이상의 세례 교인은 모든 교회의 운영에 권리를 행사할 수 있어야 한다.[2]

다원화되고 민주적인 사회로 변모하는 시대적 흐름 속에서도 교회만 연령대가 높은 남성 위주로 운영되는 유일한 집단으로 남아 있는데, 이는 교회에 대한 부정적인 시선을 조장하는 주요한 원인이 된다. 하지만, 무조건 모든 연령과 성별, 계층 등을 포괄하여 단순하게 구성 비율을 정하는 것도 바람직하지 않다. 그러므로 교회 내규에 의한 기준을 충족하고, 구성원들에게 인정을 받은 명망 있는 교인들을 세우는 데에 있어서 편견을 가미해서는 안 된다는 원칙을 가지고 교회 조직을 구성해야 할 것이다.

1) 직분을 세우는 원칙

개척교회는 사람이 부족하기 때문에 적절한 검증 절차 없이 교회를 섬기겠다는 의향을 드러낸 사람을 성급히 세우는 경우가 많다. 이는 자칫하면 성급히 세운 직분자로 인하여 교회가 어려움을 겪는 부메랑 효과를

---

2   전 세계 대부분의 국가들은 만 18세를 기준으로 선출직 공직자를 뽑는 선거에서 유권자로서 투표할 수 있는 권리를 부여한다. 이는 고등학교를 졸업하는 시점의 나이를 성인으로 인정하는 것이므로 우리나라는 만 19세에 고교를 졸업하는 상황을 고려하여 이를 성인 연령의 기준으로 삼은 것이다. 대한민국 내에 소재한 한국교회 역시 국가의 기준을 따라 성인 세례교인의 연령을 삼는 것이 사회 통념상 무리가 없을 것이다. OECD 회원국들 중에서 우리나라를 제외한 모든 국가들이 만 18세 이하의 국민에게 선거권을 부여하므로 우리나라 역시 투표권 부여 연령을 낮추기 위한 논의를 진행하고 있다. 따라서 향후 만 18세로 투표권 부여 연령이 낮아질 경우에는 새로이 만 18세를 기준으로 삼는 것이 좋을 것이다.

유발하기도 한다. 따라서 최소한의 기준을 세우고 세부요건들을 구성하는 것은 그러한 오류를 방지하고 시행착오를 줄이는 길이다. 교회를 섬기는 직분에 있어서 가장 중요한 조건은 예수 그리스도의 복음, 즉 예수님을 구원의 주님으로 믿고 받아들이는 신앙이다. 이것이 기독교의 본질이기 때문이다. 물론 직분자를 세울 때에 장기적 차원의 효과성 검증, 그리스도에 대한 헌신, 접근 가능성, 배우자와 가족에 대한 헌신, 역량, 성화의 노력 등을 고려해야 한다는 구체적인 기준들도 필요하지만(Finzel, 1999), 복음을 바탕으로 세부요건들을 마련한다면 개척목회에 큰 무리가 없을 것이다.

사람을 세우고 조직을 정비하는 데 있어서 교역자와 평신도 간에 특별한 차이를 둘 필요는 없다. 다만 신학교육을 받고 목회의 훈련을 받은 목회자들에게는 더 큰 책임을 지우고 그에 대한 역할 수행을 기대하는 것은 자연스러운 것이다. 하지만, 기본적인 마음가짐은 같아야 한다. 하나님과 한마음을 품고 관계를 맺고 교제하는 것은 모든 그리스도인에게 요구되는 것이지만, 교회의 사명에 대한 인식과 이를 바탕으로 운영하는 것에는 특별히 동질적인 신학적 마인드를 요구한다.

따라서 사람을 세우는 데에 있어서 가장 기본적인 조건은 같은 신학적 입장을 견지하는 것이다. 이는 하나님의 말씀을 중심으로 하는 복음의 진리에 대한 확고한 믿음을 바탕으로 시대와 소통하는 것이어야 하며, 이를 '열린 복음주의'라고 정의할 수 있을 것이다. 그러한 부분에 대하여 같은 생각을 품어야 교회의 비전과 사역 프로그램 전개가 동력을 얻는다.

다음은 그리스도를 닮은 인격적 성품으로서 이는 성령께서 내주하셔서 맺는 성령의 열매로 나타난다. 영혼에 대한 사랑이 없이 사역에 초점을 맞추면 주객이 전도되어, 일에 치여서 영혼에게 상처를 주는 폐해가 유발되므로 사람을 귀히 여기는 인품이 요구된다. 일례로 전도를 하겠다며 이웃을 무례한 방법으로 강권하여 교회로 데리고 오는 것은 하나님 나라의 확장을 위한 것이 아니라 오히려 하나님의 영광을 가리는 행위이다.

또한, 정서적 상처를 입거나, 심지어 귀신들리는 경우에 그 이유를 살펴보면 대부분 극심한 상처를 입은 탓이다. 예수 그리스도의 핏값으로 사신 소중한 영혼에게 상처를 입히고, 실족케 하는 것은 하나님께서 가장 싫어하시는 일이다. 따라서 영혼을 사랑하는 인격을 갖춘 사람을 세워야 그리스도를 머리로 하는 온전한 교회 공동체를 이룰 수 있다.

마지막으로 성실한 사람을 세워야 교회 공동체의 조직이 원활하게 운영될 수 있다. 예수님께서는 항상 악함과 게으름을 함께 지적하셨다. 일례로 달란트 비유에서 한 달란트 받았다가 땅에 묻어둔 후에 그대로 한 달란트를 가져 온 종에게 '악하고 게으른 종'(마 25:26)이라고 책망하셨는데, 게으름의 이유는 주님이 어떤 분이신지를 제대로 알지 못하기 때문이다. 그 때문에 소명의식이 미약하고, 그래서 선한 삶을 살지 못한다. 따라서 그러한 삶은 악한 삶인 것이다. 또한, 게으름은 하나님에 대하여 알려주시는 기회를 거부하는 것이기도 하다. 그런 이유로 예수님은 악함을 게으름과 동급으로 취급하셨다.

교회를 섬기는 이가 예수 그리스도의 복음을 제대로 알지 못하고, 예수님을 보내신 하나님의 사랑을 깨닫지 못한다면, 그러한 이의 사역은 자신을 드러내는 도구로 전락하기 마련이며, 자신의 영광을 드러내는 재미를 즐기는 것도 곧 한계에 봉착하게 된다. 따라서 태만하게 되어, 결국에는 자신의 역할을 제대로 수행하지 못해서 다른 지체들에게 부담을 지우게 된다. 사람을 세우는 데에 있어서 같은 마음을 품되, 성령의 내주하심을 따라 그리스도의 인격을 드러내는 성실한 이를 선정해야, 그/그녀가 하나님을 섬기고, 사람을 섬기며 많은 사람들을 옳은 데로 돌아오게 하는(단 12:3) 귀한 사역을 감당할 수 있다.

2) 직분의 자격조건

각 교단은 나름대로 직분을 부여하는 자격조건을 갖추고 있다. 본서에서는 필자가 몸담은 기독교대한하나님의성회(기하성 여의도순복음 헌법위원회, 2015, 54-62)의 자격조건을 살펴보고 개교회에 적용할 수 있는 방향성을 제안하고자 한다. 교단 역사가 한국 내 타 교단에 비하여 짧은 편이고, 따라서 신학과 헌법 등의 정비 및 구성에서 보완이 필요한 부분이 많기 때문에 기하성 교단의 헌법을 중심으로 타 교단들의 일반적인 원칙을 절충하여 정리하고자 한다.

본서에서는 한국교회가 일반적인 직분 수여의 가장 기본적인 조건으로 삼는 것을 따라서, 가장 기본적인 조건으로서 주일을 지켜 공예배에 참석하는 것과 십일조 등, 헌금을 통해 하나님의 은혜로 산다는 것을 믿음으로 고백하고 교회 공동체를 재정적으로 세우는 데에 공헌하는 이를 우선적으로 고려하였다.

(1) 장로

일반적으로 장로는 세례교인 30명 당 1명씩 세울 수 있는데,[3] 기하성 교단의 경우 만 40-65세인 소속 교회의 안수집사와 권사로서 각기 무흠히 3년 이상 봉사한 자로 하여야 하며(딤전 3:1-7; 딛 1:5-9), 시무 연한은 70세이다.[4] 또한, 이혼 사실이 없어서 가정의 본을 보여야 하고, 담임목사의 천

---

[3] 직분을 세우는 데에 있어서 요구하는 세례교인의 수는 교단마다 다르다. 대부분의 교단은 세례교인 30명을 기준으로 장로직분을 마련하지만 예장 합동 교단은 시무장로 한 사람을 세우는 데에 세례교인 25인 이상을 요구하며, 장로의 증원도 이에 준하여 결정한다. 장로 한 사람당 세례교인의 수는 장로 한 사람이 돌보아야 할 교인의 수를 의미하는 책임의식을 요구하는 숫자이다.

[4] 목사와 장로를 말씀을 전하고 치리하는 장로와 치리만 하는 장로로 구분하는 장로교단

거를 통해 당회 및 운영위원회 또는 제직회의 인준을 거쳐 공동의회에서 출석 3분의 2 이상의 찬성을 얻으면 지방회에서 안수한다. 타 교단 출신 장로의 전입은 이명증서를 첨부하여 공동의회 3분의 2 이상 찬성을 얻으면 되고, 전입 장로로서 시무장로가 되기 전까지는 협동장로로 호칭한다.

이에 더하여 신앙의 이론과 실천의 균형을 요구하는 차원에서 성경 5독 이상, 봉사 5년 이상 등의 기준을 교회 내규로 삼으면 좋을 것이다. 성경을 읽는 것을 포함한 이유는 바울이 감독의 자격으로서 제시한 요건 중 하나가 가르치기를 잘하는 것인데(딤전 3:2; 딤후 2:24), 당시 감독이 오늘날 목사와 장로를 지칭하므로 장로 직분 역시 가르침의 역할을 요구하기 때문이다.[5]

장로는 자신의 집을 다스리고 하나님의 교회를 돌보며 외인에게서 선한 증거를 얻을 정도로 섬김의 직분을 담당해야 하기 때문에(딤전 3:4-7) 봉사의 경험을 요구한다. 선행 직분인 안수집사와 권사 직분이 교회에서 5년 이상 무흠히 봉사할 것을 요구하므로 봉사 5년의 요구는 어렵지 않을 것이며, 성실히 신앙생활을 한다면 1-2년이면 성경 일독을 할 것이므로 성경 5독도 무리한 조건이 아닐 것이다.

(2) **안수집사**

안수집사는 만 40-65세인 소속 교회의 서리집사로서 각기 무흠히 5년 이상 봉사한 자로 세운다(딤전 3:8-13). 담임목사의 추천을 통해 공동의

에서 목사와 장로와 같은 항존직의 시무 연한은 대개 70세로 동일하다. 대부분의 교단은 2000년대 들어 평균수명의 연장과 교회 운영의 안정 이유를 들어 항존직의 시무연한을 60세 또는 65세에서 70세로 연장하였다.

5 개혁주의 장로교단과는 다소 차이가 있는 제안이다. 장로교는 말씀을 전하는 강도(**講道**)와 치리를 겸한 장로를 목사라 칭하고, 치리만 하는 장로를 일반적인 의미에서의 장로라고 호칭하기 때문이다.

회에서 출석 3분의 2 이상의 찬성을 얻어야 하며, 담임목사가 안수한다. 소속 교회의 서리집사로서 무흠히 봉사하고 공적이 있는 경우 만 65세 이상 교인에게 명예 안수집사 직분을 수여할 수 있다.

(3) 권사

권사의 직분은 여성의 항존직으로서 만 40-65세인 소속 교회의 서리집사로서 각기 무흠히 5년 이상 봉사한 자에게 수여한다. 당회 및 운영위원회에서 취임을 결정하며, 공동의회에서 출석 3분의 2 이상의 찬성을 얻어야 한다. 소속 교회의 서리집사로서 무흠히 봉사하고 공적이 있는 경우 만 65세 이상 교인에게 명예 권사의 직분을 수여할 수 있다.

(4) 서리집사

서리집사의 직분은 주일성수와 십일조 생활을 하는 세례교인으로서 무흠히 1년 이상 출석한 자로 하여야 한다. 이는 1년직으로 매년 갱신되는 직분이지만 한국교회 대부분은 한 번 서리집사 직분을 받은 교인에게는 집사의 호칭을 사용하여 예우한다. 무엇보다도 신앙에 있어서 은혜의 체험이 있는 이를 집사로 세워야 자신을 드러내지 않고 예수님의 마음으로 교인과 지역사회를 섬길 수 있다. 마음 중심을 말씀으로 채우고, 그 은혜를 따라 성령으로 충만한 사람은 자연스럽게 기쁨으로 은혜를 나누며, 복음을 전할 수 있기 때문이다.

섣불리 직분을 주고 섬기게 하면 자신을 드러내며 생색을 내기 일쑤이지만, 은혜를 체험한 사람을 세우면 그 은혜를 따라 감사와 기쁨으로 섬김으로써 그리스도의 몸 된 교회를 온전케 한다. 따라서 먼저 예수 그리스도를 인격적으로 만나고 하나님의 말씀으로 중심을 채운 사람에게 섬김의 직분을 맡기는 것이 자기 의에 빠져서 자신을 드러내는 것을 방지하는 수단이요, 보다 효율적으로 섬김의 사역을 감당하는 기반이 된다(최성훈, 2017a, 18).

3) 의사결정조직

(1) 당회(Church Session)

당회는 담임목사가 당연직으로 회장이 되고, 당회장이 지명하는 시무장로 2인 이상으로 조직하는데, 시무장로는 세례교인 30인당 1명을 선출하므로 개척교회는 당회를 구성하기 어려울 가능성이 높다.[6] 따라서 성원 미달인 교회의 경우 당회장과 당회장이 지명한 안수집사 1인이 당회를 구성하여 교회를 운영하는 데 있어서 중요한 의사결정을 내릴 수 있다.[7] 당회는 최소 매년 1회 정기 소집하고, 임시 당회는 특별한 사유가 있을 때에 당회장이 소집하며, 과반수 이상의 출석과 출석 인원의 과반수 이상의 찬성으로 결의한다.

당회원의 임기는 1년이며, 당회는 교역자의 청빙과 유급 직원의 인사, 장로, 안수집사, 권사의 임직, 교인의 이명, 권징과 치리 등, 제반 인사업무와 교회의 동산, 부동산, 헌금 및 각종 자산 등, 재정을 총괄하는 의사결정의 주체이다. 또한, 교인의 신앙생활을 총찰하여 세례식과 성찬식을 관장하며, 따라서 당회는 회의록은 물론, 세례교인 명부를 비롯하여 혼인, 사망, 이명인에 대한 명부를 보유, 관리하는 한편, 교회의 동산과 부동산의

---

6 당회장은 당회가 개최될 때에 의장인 담임목사를 지칭하는 표현이므로 평상시에는 담임목사로 호칭하는 것이 바람직하다. 당회장은 교회 행정과 관련된 경우에만 사용하는 행정상의 용어이기 때문이다.

7 예장 통합 교단은 당회의 구성원에 담임목사, 시무장로 외에 시무 부목사들을 포함하는 반면, 예장 합동 교단은 담임목사와 치리장로들만으로 당회를 구성한다. 당회의 구성은 교단별로 차이가 있기 때문에 교단의 헌법을 따라 구성하면 되며, 인원 구성이 어려운 개척교회의 경우에는 융통성을 발휘하여 신실한 믿음과 성실한 책임의식을 보유한 교인들로 구성하면 될 것이다.

자산대장과 회계장부 등을 비치하여야 한다.

(2) **제직회**(Officers' Meeting)

제직회는 담임목사와 시무장로, 각 위원회 대표 및 부서장들로 구성하는데, 담임목사는 당연직으로 제직회장이 되며, 서기와 회계 등, 임원을 구성할 수 있다. 제직회의 구성인원은 각 교단마다 다소 다르기 때문에 개교회는 자신이 속한 교단의 헌법을 고려하여 제직회를 구성하면 된다. 따라서 조직구성이 정비되지 않은 개척교회의 경우, 교회의 핵심 멤버들이 모두 제직회에 참여할 수 있을 것이다.

제직회는 제직회장인 담임목사의 요청 또는 세례교인 3분의 1 이상의 청원이 있을 경우 소집하는 것을 원칙으로 한다. 그러나 매월 1회 또는 최소한 분기별로 1회씩은 제직회로 모이는 것이 교회의 민주적이고 질서 있는 운영에 도움이 된다. 제직회의 소집은 최소 1주일 이전에 광고하여 알려야 하는데, 개교회의 상황에 따라 시기를 조정할 수 있으나 기본적인 원칙은 사전에 미리 공지하여 제직회원들 모두가 제직회의 개회에 대하여 숙지하고 있도록 해야 한다는 것이다.

제직회는 합법적으로 인준된 재정의 예산 및 결산을 결의하며, 교회의 동산, 부동산 등, 재산 및 구제비와 같은 특별헌금을 관장한다. 제직회는 회원 과반수의 출석으로 개회하며, 과반수 이상의 찬성으로 결의한다. 매 회기 말 공동의회를 통하여 지난 1년간의 운영 및 재정에 대하여 보고하며, 회계 장부는 감사를 받는다.

(3) **공동의회**(Congregational Meeting)

공동의회에는 교회의 일정 연령 이상 세례교인 모두가 참여할 수 있으며,[8] 담임목사가 당연직으로 의장이 되어 서기를 선출하여 회의의 내용을 정리하여 기록한다. 공동의회는 당회의 결의로 소집하는데, 당회의 요청, 제직회의 청원, 세례교인 3분의 1 이상의 청원, 교단의 상회로부터 지시가 있을 때에 소집한다. 공동의회에서는 지난 1년간의 교회 운영 및 예산과 결산 등의 재정, 장로, 안수집사, 권사 등의 피택 투표, 교회 이전이나 합병, 담임목사의 청빙, 기타 인준을 필요로 하는 사항을 결의하여 인준한다.[9]

공동의회의 소집은 의장인 담임목사가 최소 2주일 전에 주보와 예배광고를 통하여 공고해야 하며, 출석한 회원으로 성수되는데, 일반적인 안건은 출석회원 과반수로 의결한다. 피택 투표의 경우에는 무기명 비밀투표를 원칙으로 하며, 출석 회원 3분의 2 이상의 찬성을 통하여 가결한다. 또한, 예장 합동 교단이 규정한 것처럼 목회자 청빙의 경우에는 세례교인 과반수 이상의 찬성과 출석회원 과반수 이상의 찬성 모두를 만족시키도록 하는 편이 바람직하다. 참고로 기하성(여의도순복음) 교단은 세례교인이 500명 이상이고, 제직회원이 100명 이상인 교회의 경우 제직회가 공동의회를 대행할 수 있도록 규정하고 있다.

8　예를 들어, 기하성(여의도순복음) 교단은 만 19세 이상의 세례교인이 공동의회에 참여할 수 있으며, 예장 통합 교단은 만 18세, 그리고 예장 합동 교단은 특별히 연령의 제한을 두지 않고, 무흠 세례교인은 모두 회원 자격이 있다고 명시하였다.
9　공동의회는 개교회의 교인총회이므로 대부분의 교단에서 지방회 또는 장로교의 경우 노회의 회원인 담임목사는 의장으로서 사회를 담당하지만 의결권은 없다. 물론 담임목사의 배우자를 포함한 가족들은 개교회의 교인이므로 의결권을 갖는다. 치리 조직인 당회에서는 치리회 회원인 담임목사도 의결권을 보유한다.

4) 운영 및 봉사조직

교회의 인사와 재정 등의 핵심적인 운영과 관련한 당회, 제직회, 공동의회를 제외한 목회사역적 측면에서는, 담임목사로부터 수직적으로 이어지는 사역과 관련한 라인 조직과 이를 보조하는 수평적인 스텝 조직의 사이에서 사역 업무를 원활하게 하는 위원회 조직을 구비하는 편이 좋다(최성훈, 2016a, 187-189).

모든 운영 및 봉사 조직에서 섬기는 이들에게 가장 먼저 요구해야 하는 것은 하나님 말씀을 통해 은혜를 체험하고, 예수님을 그리스도로 믿는 신앙이다. 자신의 마음 중심을 말씀으로 채우고 성령으로 충만한 사람은 자연스럽게 기쁨으로 은혜를 나누며, 감사함으로 섬길 수 있다. 그것이 자기 의에 빠져서 자신을 드러내는 것을 방지하는 수단이요, 보다 효율적으로 섬김의 사역을 감당하는 기반이 된다. 본장에서는 그러한 원리를 통해 섬김의 사역을 담당하는 운영과 봉사 관련 팀들을 조명하되, 교회학교와 관련된 조직에 대한 사항은 교회 내 사역을 조명하는 제11장에서 자세히 다루는 것으로 대신하기로 한다.

(1) 교역자팀

개척교회의 담임목회자는 동역하는 부교역자들을 평생 사역의 동지로 여기고 존중해야 한다. 부교역자의 마음을 얻고 존경받지 못하는 담임목회자가 교인들에게 신뢰를 얻을 수 없다. 부교역자가 반복해서 타의에 의해 교회를 떠나는 것은 그 교회의 조직 구조와 인간관계가 온전하지 못하다는 증거이다. 그러므로 담임목회자가 솔선하여 부교역자들과 친밀한 관계를 맺으며 소통함을 통하여 서로의 비전을 확인하고 일치시켜야 한다. 또한, 가급적 사역자 개개인이 나름대로 특화된 사역의 전문성을 제고할 수 있도록 지원함으로써 한 마음과 한 뜻으로 장기적인 교회의 비전을 이루어 나가야 할 것이다.

한국교회가 부패하게 된 직접적 원인은 목회자의 변질에 있으며, 그러한 목회자들을 무조건 감싸려 하였던 교인들에게도 간접적 책임이 있다. 물론 개척교회에 합류하려는 교인들의 경우 그렇게 어리석은 모습을 보이기보다는 하나님 나라에 소망을 두고 어려운 헌신을 결정한 경우가 대부분일 것이다. 하지만, 일부 대형교회에서 분립하여 개척하는 경우에도 먼저 하나님 앞에서 충심으로 목회자와 동역하려는 자세를 가진 개척멤버가 결국 그리스도의 몸 된 교회를 온전히 세우는 일에 공헌할 것이다.

(2) 재정팀

교회의 재정은 교회의 주된 수입이 교인들의 헌금임을 상기할 때에 그 중요성이 더욱 강조된다. 따라서 더욱 지혜롭고 민주적이며, 투명한 운영이 요구되는 것이다. 아무리 담임목회자가 신실하고 신뢰할만한 인물이라 하더라도 목회자를 믿고 모든 재정을 맡기는 일은 잘못된 것이다.

담임목회자는 말씀을 전하고 가르치는 말씀사역과 교인들을 돌보는 목양사역에 집중해야 하며, 재정의 편성과 기획은 당회에서 당회원들이 결정하되 그 운영의 실무는 재정팀의 담당자들이 담당하는 것이 가장 바람직하다. 예를 들면 재정팀장이 당회의 재정위원장을 통해 기획, 편성된 예산 내역을 수령하여 이를 기준으로 교회의 재정관련 입출금 및 관리 업무를 총괄하도록 하는 것이 바람직하다. 투명한 운영을 위하여 재정팀은 최소한 2인 이상의 담당자로 구성하여야 하며, 교회 규모가 커지면 별도로 직원을 두어 독립하여 관리하는 것이 좋다.

(3) 새가족팀

새가족을 대하는 일은 신앙의 경륜과는 상관이 없으며, 그 중심이 그리스도의 마음을 품고 영혼을 향하여 열려 있는 사람이면 누구든지 새가족을 섬길 수 있다. 어떤 경우에는 교회에 정착한 지 얼마 되지 않은 교인이 오히려 새가족들이 교회에서 겪는 어려움과 필요 등, 새가족의 마음을 더 잘 이해하기 때문에 더욱 효과적으로 섬길 수 있다.

처음 교회에 출석한 새가족은 마치 어린아이와 같이 교회 건물 내외부에 대하여 낯설고, 따라서 안내와 도움을 필요로 하지만 이로 인하여 새가족담당자가 새가족을 영적 신생아로 취급하여, 마치 자신이 우위에 있고, 신앙생활에 대하여 가르쳐야 한다는 뜻으로 받아들여서는 안 된다(최성훈, 2017a, 18).

또한, 요즘에는 교회에 생전 처음 나오는 새가족의 경우는 거의 없으며, 대부분의 새가족은 저마다의 필요에 의해서 여러 교회들을 다녀 보다가 어려운 결심으로 방문한 것이므로 새가족의 필요에 응대의 수준을 맞추는 것이 그들을 가장 편안하게 맞이하는 방법이 된다.

새가족을 담당하는 부서의 섬김이 뿐만 아니라 전체 교인들의 태도 역시 중요한데, 새가족이 교회 곳곳에서 마주치는 이들은 일반 교인들이기 때문이다. 특히 교인의 수가 많지 않은 개척교회에서 모든 교인이 처음 만나는 사람에게 미소를 지으며 친절하게 맞이한다면 새가족의 정착이 훨씬 용이할 것이다.[10]

---

[10] 새가족은 등록한 순간 교회의 완전한 가족이 된 것이 아니라 단지 스스로 또는 주변의 권유에 의해서 교회에 첫 걸음을 내딛은 것뿐이다. 그들은 등록 후에도 일정 기간 교회를 지켜보면서 정착 여부를 저울질할 것이며, 언제든지 교회를 떠날 준비도 되어있다는 사실을 직시하고 그만큼 새가족을 조심스럽게 보살펴야 한다. 따라서 담임목회자가 예배 후에 새가족을 만나 간단한 다과라도 나누면서 최소한의 교제 시간을 가지면 정착률이 훨씬 높아진다. 또한, 담임목회자와 함께 찍은 사진을 교회 홈페이지에 게시할 때에

(4) 예배팀

안내와 예배봉사를 담당하는 예배팀은 개척교회의 핵심적인 조직이다. 예배팀은 찬양팀, 성가대와 함께 예배를 섬기되, 예배의 자리로 나아온 교인들을 향해 인사를 건네고, 예배당의 좌석으로 안내하며, 봉헌을 인도한다. 또한, 성만찬의 준비와 예배당 장식, 시설과 비품의 기본적인 관리 사역을 담당하므로 지속적인 섬김을 요구한다.

기성교회와의 차별화를 추구하는 개척교회의 경우에는 예배팀은 담임목회자와의 협의를 바탕으로 보다 세분화된 기능을 담당한다. 기본적인 예배당의 시설 점검에서 시작하여 주보와 헌금봉투의 구비 및 방송장비에까지 이르는 확장된 섬김의 사역을 담당하는 예배팀은 개척교회는 물론 모든 교회들이 우선적으로 역량을 집중해야 하는 사역 조직이다.

(5) 찬양팀과 성가대

이성만이 아니라 감성을 통해서 하나님과 소통하기를 원하는 현대인들에게 있어서 찬양사역은 말씀사역과 더불어 신실한 신앙생활을 영위하도록 하는 강력한 도구가 된다. 따라서 찬양사역자들의 중요성도 증가하는 추세이다. 그러나 전통적인 성가대와 현대적인 찬양팀 간의 알력이 생기기 시작하였고, 찬양사역자들 자신 또한 예배를 섬기는 사역자인지, 찬양

는 새가족의 의견을 묻고 동의를 구한 후에 그렇게 해야 하며, 너무 개인적인 부분에 대하여 시시콜콜하게 물어보는 것도 실례가 되므로 피해야 한다. 새가족이 밝히고 싶은 점은 새가족 기록카드에 기재한 내용에 한정되며, 새가족담당자가 물어 볼 수 있는 최대치는 그들의 기도제목에 국한하는 편이 좋다. 또한, 개척교회 목회자에게 천하보다 소중한 한 영혼인 새가족이지만 섣불리 연락을 하거나 심방일정을 잡는 것은 바람직하지 않다. 자연스럽게 새가족이 마음을 열 수 있도록 기다리되, 새가족 자신이 밝힌 범위 내에서 필요에 대하여 확인한 후, 본인이 희망하는 경우에만 심방의 유형과 일정을 정해야 한다. 새가족과 관련한 자세한 내용은 최성훈, 『새가족 가이드』(서울: CLC, 2018), 16-24를 참조하라.

과 멘트를 통한 말씀사역자인지, 아니면 개인적인 간증을 전하는 사역자인지에 대한 정체성을 명확히 해야 하는 과제를 안게 되었다. 영성 있는 가사를 담고 건전한 멜로디를 통해 전달되는 찬양곡들이 지속적으로 만들어져야 하지만 그것은 찬양사역자들에 대한 지원과 육성을 요구한다.

인원이 부족한 개척교회의 경우 교인 구성에 따라 성가대 또는 찬양팀 중 하나의 부서만 선별하여 구성하는 것이 효과적일 수 있는데, 이는 교인들의 연령 및 신앙의 경험, 선호도 등을 고려하여 결정하면 된다. 개척 초기에는 성가대를 구비하지 않는 편이, 한 사람의 일꾼이 아쉬우며, 모두가 1인 다역의 역할을 수행하는 개척교회의 목회에 적합하다는 지적에도 일리가 있다(추영춘, 2013, 208-209).

그러나 교인들의 숫자가 어느 정도 확보가 되고, 교인들이 은사를 따라 섬기기를 희망하는 경우에는 성가대와 찬양팀 모두를 구성한다면 더욱 좋을 것이다. 이 경우 성가대는 전통적인 예전을 따라 설교 전에 순서를 확보하고, 찬양팀은 예배를 여는 순서를 맡으면 될 것이지만 자세한 사항은 개교회의 사정에 따라 결정하면 된다.

또한, 일반적으로 성가대의 지휘자와 반주자에 대하여는 전공자로서 예우하는 차원에서 소정의 사례를 지급하는데, 개척교회는 상황과 형편에 맞추어 사례 여부를 결정해야 하며, 성가대 구성원들에 대한 교육을 통하여 사명감을 가지고 예배를 섬기도록 해야 한다.

(6) 주방봉사팀

개척교회의 재정이 기성교회에 비하여 열악하지만 그래도 재정을 투입해야 하는 중요한 분야 중 하나가 주일예배 후 진행되는 식탁의 교제 관련 예산이다. 최근 교회의 성장이 정체되고, 헌금을 비롯한 각종 헌신이 약화되어 교회의 운영이 어려워짐에 따라, 교회에서 자체 식당을 운영하며 식권을 판매하는 경우가 많다. 또한, 식사 후 커피 한 잔이 생활화된 현대인들의 문화를 반영하여 카페를 운영하는 교회도 적지 않다. 카페는 선택적인 요소가 크지만 식사를 제공하는 것은 때에 따라 끼니를 채우며 보다 많은 사람들이 함께 모이는 식탁의 교제의 측면에서 더욱 중요하다. 따라서 가급적 교회에서 예산을 할당하여 주일만큼은 예배에 참석한 교인들이 모여서 애찬을 나누도록 지원하는 것이 좋을 것이다.

간과해서는 안 될 것은 주방봉사팀이 이름도 없이, 빛도 없이, 식사를 준비하고 설거지 등, 궂은 일을 도맡아 헌신한다는 사실에 대한 인정과 감사의 표시이다. 모든 봉사자들에게 연말에 작은 선물을 증정하거나 시상하여 감사를 표현하고, 광고를 통하여 작은 감사를 표현하도록 권면하는 것이 당연하지만 특히 드러나지 않는 주방에서 봉사하는 이들에 대하여는 더욱 그리해야 할 것이다.

교회 내에서 절기 또는 계획된 대규모 행사나 외부행사가 있을 때에는 한 번쯤은 외부 케이터링 업체에 음식을 주문하여 주방봉사팀원들을 포함한 모든 교인들이 아무런 부담 없이 행사에 참여하고 식탁의 교제를 나누도록 하면 금상첨화가 될 것이다.

(7) **주차봉사팀**

교인의 규모가 작은 개척교회의 경우 주차시설을 확보하지 않은 경우도 많고, 따라서 별도로 주차봉사팀을 구비하지 않은 경우가 대부분이다. 그러나 교회가 성장함에 따라 가장 우선적으로 확보해야 하는 것이 주차 공간이고, 또한 주차를 관리하는 주차봉사팀이다. 주차봉사팀에서 봉사하는 교인은 교회를 방문하는 사람이 가장 먼저 대하는 교회의 얼굴이다. 비바람과 눈, 비, 뜨거운 태양 빛을 맞으면서도 주차 안내를 하는 봉사자는 이미 주차봉사팀에서 섬기기로 작정한 마음 자체로도 검증이 된 일꾼이다.

　그럼에도 불구하고 항상 친절한 미소와 사랑으로 교인들과 방문객들을 맞이할 수 있도록 정기적으로 훈련과 교육을 받을 수 있도록 지원해야 한다. 봉사 전에 기도회로 모여 하루의 섬김을 주님께 의탁하며 사랑으로 섬기기를 다짐하는 주차봉사팀은 개교회 복음전도사역의 선봉장임에 틀림없다.

제7장

교회의 재정확보 및 운영(재정관리)

    교회개척은 사람을 필요로 하며, 또한 재정도 요구하는 과업이다. 예수 그리스도를 머리로 하는 몸 된 교회를 온전히 세우기 위해서 하나님의 뜻을 구하는 것이 가장 중요한 선행과제이지만, 철저한 계획과 준비를 통해 탄탄히 개척을 진행하는 것 역시 교회를 통해 하나님께 영광을 돌리는 길이다. 그저 믿음으로 기도만 한다며 철저한 준비를 등한시하는 것은 오히려 교회와 하나님의 이름을 욕되게 하고, 가족을 포함한 주변인들에게 부담을 지우는 어리석은 태도이다.

    예수님도 제자들을 보내시며 '보라'고 주의를 주시며 말씀하셨다.

> 보라 내가 너희를 보냄이 양을 이리 가운데로 보냄과 같도다 그러므로 너희는 뱀같이 지혜롭고 비둘기같이 순결하라(마 10:16).

    죄악된 세상에서 너무 무모하고 어리석게 세상과 부딪치지 말고, 세상을 이해하며 지혜롭게 복음을 전하라는 말씀이다. 또한, 자기 십자가를 지고 예수님을 따르는 것은 순간적인 충동보다는 합리적인 이해에 따른 헌신을 요하는 일임을 피력하셨다. 이는 무모한 인간적인 충동으로 교회를 개척하였다가 오히려 그리스도의 이름과 하나님 나라에 해를 입히는 것보다, 차라리 개척하지 않는 편이 낫다는 말씀과도 같다. 철저한 믿음과 소명의식으로 어려움을 극복하며 지혜롭게 교회를 개척하여, 목회사역을 통해 예수 그리스도의 십자가를 따르려는 각오가 없이 교회를 개척해서는 안 되는 것이다. 개척을 준비하는 이들은 다음의 말씀이 시사하는 바를 돌아보아야 할 것이다.

> 너희 중의 누가 망대를 세우고자 할진대 자기의 가진 것이 준공하기까지에 족할는지 먼저 앉아 그 비용을 계산하지 아니하겠느냐 그렇게 아니하여 그 기초만 쌓고 능히 이루지 못하면 보는 자가 다 비웃어 이르되 이 사람이 공사를 시작하고 능히 이루지 못하였다 하리라 또 어떤 임금이 다른 임금과 싸우러 갈 때에 먼저 앉아 일만 명으로써 저 이만 명을 거느리고 오는 자를 대적할 수 있을까 헤아리지 아니하겠느냐 만일 못할 터이면 그가 아직 멀리 있을 때에 사신을 보내어 화친을 청할지니라(눅 14:28-32).

1. 개척자금의 확보

1) 개척자금과 목회

조금 시차가 있는 연구 자료이긴 하지만 교회성장연구소의 연구결과에 의하면 조사 대상 교회들 중 절반 이상인 50.4%의 교회는 목회자 자비로 개척한 것으로 나타났고, 평균 개척자금은 4천 896만 원이었다(교회성장연구소, 2003, 59). 교회의 개척모델에 따라 평균 개척자금은 차이를 보이는데, 일례로 분립모델의 경우 모교회의 지원을 받기 때문에 평균 개척자금은 1억 7천만 원으로서 목회자 개인이 개척하는 경우보다 3배 이상 여유가 있었다.

교회성장연구소 연구에 의하면 다양한 개척모델의 형태를 보였던 246개 조사 대상 교회의 평균 개척자금은 약 9천만 원이었다. 물가상승률(임대료 및 성물과 비품가격 상승)과 경제성장률을 감안하면 오늘날 교회가 아니라 개인의 힘으로 교회를 세울 때 필요한 개척자금은 적어도 1억 원 이상이 소요될 것으로 전망된다.

교회개척을 준비하는 목회자는 교회를 설립하면 당장이라도 수많은 사람들이 몰려들 것이라는 착각도 버려야 하지만 처음부터 모든 준비를 다 갖추려는 욕심도 버려야 한다. 결혼 적령기의 청년이 넓은 주택과 좋은 차, 각종 가구와 가전제품을 모두 갖추고 결혼하려는 생각을 갖는다면 아마도 결혼을 하기 어려울 것이다.

따라서 개척교회 목회자 역시 장기적인 비전을 가지고 한정된 가용자원을 효율적으로 활용하여 교회를 개척한 후에 비전을 상황에 맞추어 확장시키는 데에 초점을 맞추어야 한다. 그러나 교회가 비전을 실현하는 데에 필요한 재원 역시 확보하여야 함을 동시에 견지하여야 균형 있는 목회를 할 수 있다. 기도만 하고 자리에 앉아 있어서는 재정이 확보되지 않기 때문에 필요한 재정을 채울 수 있도록 여러 가지 방안을 모색하고 이를 실천해야 한다.

개척을 준비하는 목회자가 이를 위하여 기도 부탁을 하는 경우, 그 대상자들에게 순수하게 기도만을 요청해야 한다. 특정 지역에 자리 잡는 교회의 개척은 해당 지역에서 새로이 영적 전쟁을 선포하는 것이므로 기도의 후원이 가장 중요하다. 그러나 기도로 후원하는 이들에게 재정적 헌신을 요구한다면 재정은 물론, 기도의 후원마저 사라지게 될 가능성이 높다. 혹시 재정적인 후원을 받더라도 소수의 후원자들에게 거액의 후원을 받는 것보다는 다수의 후원자들에게 소액의 후원을 받는 것이 민주적이고 투명한 운영과 예수 그리스도를 머리로 하는, 참여자들의 주인의식 증진, 그리고 하나님께서 세우신 교회에 대한 의식 제고에 있어서 바람직하다.

2) 목회자의 이중직

최근에는 재정자립을 이루지 못한 개척교회의 목회자가 생계를 위해 이중직을 갖는 일이 보편화되었다. 또한, 개척교회 목회자뿐만 아니라 기성교회에 소속된 목회자들 역시 사례비를 통해 생활을 영위하지 못하는 일이 빈번함에 따라 파트타임으로 일을 하는 경우가 많다. 목회자의 이중직에 대한 교계의 시선은 양분되어 있다. 한편에서는 목회자가 이중직을 가져서는 전적으로 사역에 헌신할 수 없기 때문에 이는 불가하며, 생활 영위를 위한 이중직은 소명을 왜곡시키는 것이라고 지적한다.

다른 한편에서는 목회자의 이중직이 오히려 재정적인 문제를 해결하고, 직업을 통하여 보다 많은 사람들과 관계를 맺고 복음을 전파할 수 있는 기회로 삼을 수 있다고 맞선다. 1인 다역을 감당하는 개척교회 목회자의 경우, 더욱 사역에 대한 집중도가 요구되므로 다른 직업을 갖는 것이 좋지 않지만, 반면에 직업을 통해 지역사회의 주민들을 만날 수 있어서 개척교회의 소명을 수행하는 데에 유리하기도 하다.

미국 침례교의 대표적인 보수 목회자인 존 파이퍼(John Piper, 2013)는 목회 외에 다른 직업을 갖는 것은 물론, 목회사역의 전문화 자체를 반대한다. 그는 목회자의 직무는 하나님을 갈망하며 기도하는 것, 그리고 우리의 죄를 애통하는 것이라고 주장하며 전문화된 기도와 애통, 그리고 믿음이란 존재하지 않는다고 지적하였다(Piper, 2013, 1-2). 다원화된 사회에서 교인들의 다양한 필요에 부응하기 위하여 전문화된 사역을 담당하는 목회자가 필요하기도 하지만 본질적인 목회의 직무에 대하여 일갈하는 그의 주장에도 일리가 있다.

한국교회 목회자 900명에 대한 설문조사 결과, 목회자의 85.6%가 최저생계비 이하의 사례비로 생활하며, 따라서 목회자의 이중직에 대하여 찬성한다는 입장이 73.9%나 되었다(조성돈, 2017, 581).[1] 과거 목회직을 제사장직으로 간주하던 모습과는 거리가 있는 결과이다. 겸직에 대한 이유는 70.4%가 가족을 부양하기 위함이고, 실제로 목회와 경제활동을 병행하는 응답자의 비율은 37.9%에 달했다(조성돈, 2017, 582).

재정적으로 자립하지 못한 개척교회는 물론 기성교회들조차 운영의 어려움에 직면한 작금의 상황에서 재정의 문제를 해결하기 위하여 교단이 나서서 사회와 소통할 수 있는 직업을 목회자들에게 소개해야 한다는 의견도 대두되고 있다.

목회자에 대하여 청빈해야 한다는 사회적 기대도 간과해서는 안 되겠지만 최소한의 생활수준을 유지하며 목회에 집중할 수 있는 범위 내에서 사례비를 책정해야 함도 잊어서는 안 될 것이다. 그러나 개척교회의 어려운 재정 상황 때문에 목회자의 생활을 보장할 수 있는 수준의 사례비를 제공하는 것이 쉽지 않으며, 교회에 들르면 언제든지 담임목회자를 만나고

---

[1] 한국기독교목자협의회가 발표한 '2017 목회자의 종교생활과 의식조사'(국민일보 2018년 1월 11일 보도)에 의하면 우리나라 목회자들의 월 평균 사례비는 176만 원이고, 월 사례비가 150만 원 이하인 비율은 46.5%로서 절반에 가까웠다. 이는 지난 2012년 조사 결과인 213만 원에서 37만 원이 줄어든 금액이며, 반면 목회자의 월 평균 기타소득은 108만 원으로서 2012년의 47만 원에 비하여 130%나 증가하였다. 기타소득을 보유한 목회자의 이중직 비율은 8.2%, 배우자의 직업보유율은 36.7%이었다. 이중직 비율은 교인의 숫자가 49명 이하인 교회의 목회자의 경우에는 12.1%,이었으나 교인 수가 300명 이상인 경우에는 2.6%에 그쳤다. 교회의 규모가 클수록 목회자의 이중직 비율이 낮은데, 이는 교회의 재정 상황이 소규모 교회에 비하여 양호하여 목회자 사례가 상대적으로 많은 편이기 때문이기도 할 것이고, 사역의 집중도가 높아 이중직의 기회가 적기 때문이기도 할 것이다.

싶어 하는 우리나라 교인들의 특성 역시 무시하기가 어렵다. 목회자들의 사례 문제와 관련하여 개척교회 목회자의 사례비 수준과 생활의 문제는 더 깊이 있는 논의를 통해 방향성을 설정해야 할 과제이다.

한편, 신학교에서 대형교회를 이룬 목회자들의 사례만을 모범적인 목회 사례로 소개할 것이 아니라 믿음 안에서 하나님과 동행하며 이 땅에 하나님 나라를 이루어 가는 과정적인 성공을 강조해야 한다. 그저 기도만 하니까 교회가 부흥되었다는 경제성장기의 사례가 아니라 어려움 가운데에서도 은혜를 체험한 진솔한 믿음의 사례들을 제시하여야 한다. 개척에 관한 강의를 개설하고, 개척과정과 개척 이후에 직면하는 어려움의 극복방안에 대한 사례들을 제공함으로써 굳건한 소명의식을 가진 목회자들이 개척 현장으로 진출하도록 도와야 한다.

오늘날 기독교에 대한 인식 악화와 포스트모던 사회의 개인주의, 저출생과 고령화 및 핵가족화의 가속으로 인한 1인 가구의 증가와 더불어 교인들의 헌신이 약화되었기 때문에 기성교회들도 교회를 유지하는 것에조차 어려움을 겪는 경우가 허다하다.

따라서 목회자의 이중직에 대하여 원론적으로 좋다, 나쁘다를 가름하는 것은 1차원적인, 피상적인 논리에 불과하다. 보다 목회의 본질을 다루는 차원에서 이를 조명하되 하나님 나라의 확장을 이루는 거시적인 차원에서와 교회를 운영하는 실질적인 문제를 다루는 미시적인 차원에서 동시에 이를 다루며 고민하는 자세가 필요하다. 기본적으로 목회가 목회자의 생계를 유지하는 수단이 되어서는 안 되며, 신학교 역시 운영과 유지를 위해서 신학생들을 선발해서는 안 된다. 어떠한 어려움 속에서도 굳건한 믿음과 소명의식을 가지고 사역을 전개해 나갈 수 있는 이들을 선발하여 목회자로 세우는 데에 교단과 신학교, 교인들 모두가 힘을 합쳐야 할 것이다.

2. 헌금과 헌물의 관리

헌물 및 헌금의 수전과 관리는 재정담당자가 관장하는 사역 업무이다. 오늘날의 교회는 예루살렘교회가 유대 전역의 기근으로 인해 어려움을 당할 때에 로마 지배하의 환란 가운데에서도 마게도냐교회들이 헌금을 모아 사도 바울을 통해 전달할 때에 보여준 방법을 기억해야 한다. 바울은 그 헌금을 가지고 예루살렘으로 갈 때에 혼자 가지 않고 디도와 한 사람의 형제를 데리고 길을 떠났다. 그리고 그 이유를 다음과 같이 언급하였다.

> 이것을 조심함은 우리가 맡은 이 거액의 연보에 대하여 아무도 우리를 비방하지 못하게 하려 함이니 이는 우리가 주 앞에서 뿐만 아니라 사람 앞에서도 선한 일에 조심하려 함이라(고후 8:20-21).

교회의 재정은 한 사람이 담당하도록 해서는 안 되며, 서로 점검하며 하나님 나라를 위하여 드린 헌금을 지혜롭게 사용하도록 노력해야 한다.

개척교회는 가능한 빠른 시일 내에 재정담당자를 선임하되, 교회로부터 급여를 받는 사람은 결코 재정을 담당할 수 없도록 하는 원칙을 수립해야 불미스러운 일을 미연에 방지할 수 있다. 헌금과 헌물을 관리하는 담당자는 최소한 두 사람 이상을 세우되, 수입과 지출에 대하여 정기적인 보고를 받고, 감사를 통해 운영을 점검해야 한다. 재정담당자는 기본적인 회계와 재무에 대한 식견을 갖추고 있어야 하는데, 만약 그렇지 못하다면 교육을 통해서라도 이를 갖추도록 지원해야 한다.

1) 헌금의 기본원리

교회재정의 대부분을 차지하는 것이 헌금인데, 교인들이 헌금을 드리는 데에 있어서 기본적인 지침으로 삼아야 하는 성경 본문은 고린도후서 9장 7절이다.

> 각각 그 마음에 정한 대로 할 것이요 인색함으로나 억지로 하지 말지니 하나님은 즐겨 내는 자를 사랑하시느니라(고후 9:7).

이는 하나님께서 많은 액수의 헌금을 드리는 사람을 사랑하신다는 의미가 아니라 자신의 형편에 맞추어 헌금을 드리되 하나님을 향한 사랑과 믿음을 가지고 감사함으로 드리는 사람을 사랑하신다는 뜻이다.

만약 하나님께서 많은 금액의 헌금을 드리는 자를 기뻐 받으신다면 속죄제를 드릴 때에 각기 재정 상태에 따라서 양이나 염소, 비둘기 두 마리, 또는 고운 가루의 곡식으로 재물을 드리도록 하는 레위기 5장 4-13절의 규정은 주어지지 않았을 것이다.[2] 이스라엘이 가나안에 정착하여 땅을 분배할 때에는 물론, 레위인들에게 성읍을 떼어줄 때에도 그 받은 분량대로 많이 받은 지파는 많이 떼어주고, 적게 받은 지파는 적게 떼어주도록(민

2　레위기 1-3장도 자발적으로 드리는 자원제인 번제, 소제, 화목제의 제물로서 소, 양, 염소, 산비둘기나 집비둘기 새끼를 드리도록 한다. 이 경우에도 부유한 사람들은 황소를 드리고, 보통 사람들은 양이나 염소를, 그리고 가난한 사람들은 비둘기 새끼를 드리도록 한 것이다. 소제를 규정하는 2장에서 곡물 가루를 요리하여 드리는 것을 소개한 4-11절에서도 이와 같은 모습이 드러난다. 부유한 이들은 화덕에 구운 것으로 제물을 드렸고, 보통 이들은 철판에 부친 것으로, 그리고 가난한 이들은 냄비에서 볶은 것을 제물로 드렸다. 그러나 자원제의 모든 제물들은 예배자가 신실한 마음으로 하나님께 그 제물들을 드렸을 때에 그 가치와 상관없이 동일하게 '여호와께 향기로운 냄새'로 드려졌다(레 1:9, 13, 17; 2:2, 9; 3:5, 16).

35:8) 하셨던 것 역시 우리의 사정을 헤아리시는 하나님의 섬세한 배려를 증명한다.

십일조 역시 하나님께서 재정을 포함한 모든 삶의 주관자이심을 인정하며 믿음 안에서 드려야 하는 헌금이다.[3] 전통적인 십일조의 개념은 율법상의 요구로서 이스라엘 백성들이 가나안 땅에 정착하여, 땅에서 농사를 지어 벌어들인 수입의 10%를 하나님께 바칠 것이 요구되었는데, 이는 땅을 분배받지 못한 레위인과 제사장들을 위한 것이었다(최성훈, 2016b, 337-338).

신약성경은 십일조를 그리스도인의 의무로 가르치지 않았고, 초대교회는 율법의 완성으로 선포된 복음의 정신에 따라 십일조 제도를 수용하지 않았다. 하지만, 예수님은 근채와 십일조도 드리고, 정의와 긍휼, 믿음도 버리지 말아야 한다(마 23:23)고 말씀하시며, 율법의 정신을 되새길 것을 강조하셨는데, 그러한 십일조의 정신은 성도들의 구제봉헌으로 되살아났다.

십일조는 소득의 10%를 정확히 떼어 드리는 여부가 중요한 것이 아니라, 하나님께서 나의 삶을 주관하시고 물질을 허락하셨다는 것을 인정하고 감사하는 마음으로 드리는 태도가 본질이다. 교회는 그렇게 마음을 담아 드리는 헌신을 통하여 전도하고 선교하는 복음전파의 사역뿐만 아니라, 도움의 손길을 필요로 하는 이들을 섬기는 구제사역에 사용함으로써 교회의 본질적 책임을 수행한다. 따라서 교회는 헌금의 원리는 믿음을 통해 감사함으로 자원하여 드리는 것임을 되새겨야 할 것이다.

과거 부흥강사들이 교회를 돌아다니며 헌금을 강요하곤 하였는데, 특히 교회 건축을 앞둔 교회에서는 더욱 심하였다. 자신이 거주할 집을 살 때

---

3 십일조에 관한 자세한 내용은 최성훈, 『성경가이드』 (서울: CLC, 2016), 330-343을 참조하라.

에도 대출을 받는데, 하물며 하나님의 성전을 건축하는 데 꾸어서라도 헌금을 드리라고 강요하였다. 하지만, 성경은 '자기 소유 중에서'(레 27:28) 예물을 드려야 한다고 분명히 지적하고 있다. 더욱이 그렇게 헌금을 강요하는 부흥사들은 하나같이 담임목회자를 하나님처럼 섬겨야 복을 받는다며 담임목사에게 양복을 맞추어 줄 사람부터 시작하여, 새로 차를 구입하여 드릴 사람, 그리고 집을 사드릴 사람까지 손을 들라고 부추겼다.

그러한 행태는 하나님의 인격에 대한 모독일 뿐만 아니라 교인들의 고혈을 빨아먹는 짓거리에 불과하다. 하나님의 말씀을 통해 복음의 은혜가 임하면 모든 교인들이 감사와 기쁨으로 형편에 맞게 헌금을 드리기 마련이다. 그렇게 드린 헌금으로 교회는 성경의 원리를 따라 민주적이고 지혜로운 방법으로 재정을 관리해야 한다. 또한, 헌금을 드리는 행위도 중요하지만 헌금을 드리는 이의 마음 중심이 더욱 중요함을 함께 강조함으로써 교인들이 온전한 성경적 신앙생활을 통해 삶의 예물을 드리는 그리스도인들이 되도록 도와야 할 것이다.

2) 헌금의 수전

교회의 재정과 관련한 부분에 대하여는 인간의 죄성과 그로 인한 시험의 가능성을 염두에 두고 이를 방지할 수 있는 체계를 확립하는 것이 장기적인 관점에서 잡음을 방지하고, 질서 있는 목회를 가능하게 한다. 그러므로 헌물의 관리와 헌금의 수전을 처리함에 있어서 2인 이상의 재정담당자를 정하여 상호 점검하며 규모 있게 관리할 수 있도록 하고, 가급적 다양한 종류의 안전장치를 마련하여 불미스러운 사고를 미연에 방지하여야 한다. 교단법과 교회의 정관(규정)에 따라 당회, 제직회, 공동의회를 운영한다면 최소한 매년 1회 이상 예산과 결산의 현황을 전체 세례교인들과 나눌 수 있기 때문에 재정 운영의 건전성을 어느 정도 확보할 수 있다.

기본적으로 헌금의 수전을 포함하여 재정팀 담당자 최소한 2인 이상이 재정의 입출납에 관여할 수 있도록 하되, 주기적으로 내역을 점검해야 한다. 예배를 섬기는 헌금위원들이 헌금함을 재정담당자에게 가지고 오면 두 사람 이상의 재정담당자 또는 재정담당자와 헌금위원 등, 최소한 2인 이상이 이를 계수하고, 재정담당자는 회계시스템에 이를 입력하여 향후 연말정산 등의 서류 발급을 용이하게 해야 한다.

주로 주일예배 후에 헌금이 가장 많이 모이기 때문에 현금을 바로 입금할 수 있도록 지역사회에 소재한 은행과 협의하면 주일 오후에 안전하게 예금할 수 있다. 또한, 사역의 원활한 운영을 위하여 규정을 정하여 월 잔액의 일정 비율을 현금 시재로 보관할 수도 있다.

3) 헌금의 관리

개척교회의 담임목회자는 재정의 결재권을 가지고 있기 때문에 재정의 입출 내역에 대하여 숙지하고 있어야 하지만 실질적인 재정의 관리 및 운영과는 거리를 두어야 한다. 담임목회자가 교회의 재정 현황을 파악하고 있어야 사역을 전개할 때에 규모 있게 운영하고, 재정 상황에 따라서 사역의 완급을 조정할 수 있다.

그러나 담임목회자가 재정의 운영에 개입하기 시작하면 민주적이고 투명한 관리에 손상을 입힐 수 있다. 장기적인 차원에서 담임목회자가 재정의 실질적 운영에서 한 걸음 물러나는 것이 교회 공동체는 물론 자신을 보호하는 것이기도 하다. 따라서 헌물과 헌금의 기록 및 향후 교회재정의 입출금 내역은 최소한 두 사람 이상의 재정담당자가 전담하여 기록하고, 운영하도록 하는 것이 바람직하다.

3. 재정의 투명한 운영

　재정의 투명한 운영은 이를 위한 원칙과 청지기 의식을 전제로서 요구한다. 재정의 투명성을 강조하면서도 이의 기반이 되는 원칙이 불분명하거나 재정을 다루는 전문성을 확보하지 못하면 재정이 투명하게 운영될 수 없기 때문이다. 그러한 원칙이 부재할 경우 교회의 재정은 자본주의 논리에 의하여 주도되며, 경우에 따라서는 소수에 의한 전횡이 발생하기도 한다.[4]

　그러므로 교회의 재정은 사용을 결정하는 승인, 승인된 재정에 대한 집행, 그리고 집행된 결과에 대한 점검인 감사를 분리하여 운영해야 한다. 종교법인인 교회가 사회복지단체처럼 직접 정부로부터 보조금을 수령하지는 않지만, 사회적 공익단체로 간주되어 정부로부터 교회 자산의 운영 및 헌금에 대한 세법상 각종 감면 혜택을 받는다는 사실은 교회재정의 운영이 공공성을 띠고 있음을 시사한다(한국기독교교회협의회 교회재정투명성위원회, 2016, 6-7).

　또한, 재정의 투명한 운영은 하나님께서 허락하신 재정을 맡은 청지기로서의 지혜로운 운영을 요구하기도 한다. 더욱이 한정된 자원을 배분하여 사역을 전개해야 하는 개척교회는 지혜롭고 진실한 청지기(눅 12:42) 의식을 더욱 요구한다. 기성교회들에 비하여 상대적으로 규모가 작은 개척교

---

[4] 2018년 10월 9일 MBC PD수첩은 명성교회의 800억 비자금에 대하여 보도하며 세간의 이목을 집중시켰다. MBC 보도 이전인 지난 2014년 6월 예장뉴스는 명성교회의 1천억 원 대의 비자금 및 당시 재정을 담당하던 박 모 장로의 투신자살에 대하여 보도하였다. 2017년 11월 서울동부지법 형사 3부는 명성교회가 예장뉴스를 상대로 제기한 명예훼손 고소에 대하여 무죄를 선고함으로써 명성교회의 비자금을 기정사실로 인정하였다. 이는 교회 내에 인간의 죄성을 경계하며 재정을 투명하게 운영하도록 하는 원칙이 부재하였기 때문에 발생한 사건이다.

회의 경우에도 재정 관련 운영지침을 교회 정관에 명시하고, 모든 재정을 문서화하여 보관, 공개한다면 기본적인 재정의 투명성을 확보할 수 있다. 교회재정과 관련하여 가장 기본적인 원칙은 교회의 재정에 대한 책임은 교회 구성원 전체에게 있다는 인식이다.

1) 재정의 기획

교회의 조직구성과 마찬가지로 교회재정을 운영하는 것 역시 목회철학과 연계되어야 한다. 예를 들어, 지역사회에 대한 헌신을 강조하는 경우에는 개척 초기부터 교회예산의 일정 부분을 지역사회를 위한 사역에 배정하고, 이를 준수해 나가야 한다.

당회에서 목회철학에 입각한 교회의 비전과 사명을 중심으로 사역의 우선순위 및 거시적인 차원의 재정을 편성하고, 제직회의 협의를 거쳐 설정한 예산은 공동의회에서 교회 구성원 전체가 승인함으로써 편성된다. 이후 재정위원회에서 이를 재정팀에 전달하여 재정을 운영하고, 그 내역을 정기적으로 공개하여 교인들이 재정 사용의 목적과 운영 현황에 대하여 인지하도록 해야 한다.

재정의 기획은 규모 있는 재정의 운영을 위한 발판이다. 상대적으로 재정 규모 면에서 열악한 개척교회는 더욱 재정기획의 중요성이 강조된다. 이는 1천만 원의 월급을 받는 직장인보다 1백만 원의 월급을 받는 직장인이 한정된 자원으로 인하여 보다 규모 있는 재정기획과 관리를 요구받는 것과도 같다. 또한, 예산편성과정의 조율과 화합을 통하여 재정을 지혜롭고 충성스럽게 관리하는 과정이 모든 교인들에게 귀감이 될 수 있다.

2) 교회자산 및 운영내역 공개

교회의 재정은 교인들이 하나님께 드리는 헌신을 통해 주로 충당되므로 교회의 자산 및 운영은 하나님 앞에, 그리고 모든 등록교인들에게 투명하게 공개하여야 한다. 이는 가급적 재정의 입출금 규모와 사용내역이 동시에 기록되는 복식부기를 기반으로 하는 가급적 회계 시스템을 갖추는 것이 좋은데, 교회 홈페이지를 구비할 때에 복식부기가 가능한 회계를 포함한 행정 프로그램을 제공하는 시스템을 구매하는 것도 대안이다. 만약 교회의 재정 사정이 여의치 않아서 복식부기를 사용하지 못한다면 이를 일목요연하게 정리하고 투명하게 기록하여 정기적으로 공개해야 한다.[5] 교회재정을 공개함으로써 교인들은 자신들이 낸 헌금의 용도를 알 수 있고, 교회의 비전과 사명을 수행하기 위한 사역에 대한 보다 깊은 책임의식을 가질 수 있다.

교회의 자산 내역은 기업의 대차대조표와 같은 것으로서 교회가 한 해의 사역을 결산하는 연말 또는 특정 회계연도의 말미에 공개하는, 특정 시점에 교회가 보유한 자산의 현황을 의미한다. 이에 비하여 자산의 운영 내역은 기업의 손익계산서와 같은 것으로서 회계연도 동안 발생한 재정의 수입과 지출을 정리한 것이다. 따라서 자산 내역이 회계연도 말 시점에서 정리한 정적 개념이라면 운영 내역은 회계연도 한 해의 입출 내역을 정리한 동적 개념이다.

교회 규모가 크지 않고, 재정의 운영이 단순한 경우에는 복식부기를

---

[5] 구제비와 장학금 지급 등, 개인의 프라이버시(privacy)와 관련된 지출의 경우 위원회와 같은 공동의사결정 기구를 통해 심의하여 결정하고, 외부로의 정보 공개를 방지하는 편이 좋다. 이는 이러한 비용에 대한 사전적인 지침(규정)이 확보되고, 이를 집행할 공동의사결정의 기구 구성원에 대한 선발방침을 전제로 한다. 그러한 규정이 있다면 전체 교인들은 자신들을 대리한 의사결정자들을 신뢰하고, 이의 집행을 승인할 수 있다.

사용하지 않고 간단히 단식부기로서 재정 상황을 정리할 수도 있다. 이 경우에는 재정보고서의 모든 항목이 투명하여 누구나 그 항목을 통하여 재정 사용의 실태를 파악할 수 있도록 해야 한다. 재정의 투명성은 항목의 투명성을 통하여 확보되므로 숨어있는 항목이 있어서는 안 된다.

예를 들어, 목회자의 사례비 항목에는 정기적으로 지급하는 사택비가 세부 항목으로 명시되어 포함되어야 하며, 신학대학원에 재학 중인 부교역자의 등록금을 지급할 경우, 이는 교회가 장학금 규정에 맞추어 지급하는 장학금이 아니라 교회에서의 사역을 전제로 지급하는 비용이므로 사례비에 포함되어야 한다. 도서구입비를 포함한 교역자 식대와 심방을 위한 차량 유지비는 목회활동비 항목을 통하여 드러나야 하며, 도서구입비는 실비로서 정산하되 선 지출, 후 정산하는 편이 좋다.

3) 재정의 운영

교회의 목회철학과 비전에 따라 재정 운영의 원칙을 정해 놓고 이에 맞추어 규모 있게 사역을 전개하는 것이 재정 운영의 투명성 확보를 위한 운영에 있어서 첫 걸음이다. 그저 투명하게 재정 내역을 공개한다고 해서 능사가 아니라 편성된 재정을 교회의 사명을 온전히 수행하는 곳에 사용해야 교회의 존재 이유가 납득이 되기 때문이다. 원칙적으로 교회의 재정은 예수 그리스도의 복음전파를 통한 하나님 나라의 확장에 우선적으로 사용되어야 한다. 교회가 이를 위해 예수 그리스도를 머리로 하는 몸으로서 세워졌기 때문이다.

따라서 전도하고 선교하고 구제하는 것이 재정 사용의 1순위가 되어야 하지만 장기적인 관점에서 이를 수행하기 위하여 교회를 운영하는 비용이 기본적으로 투여되는 것이다. 개척교회처럼 교회 규모가 작을수록 목회자 사례 등, 인건비 비중이 크게 마련이지만, 교회가 성장함에 따라 인건비와 일반 운영을 위한 비용의 비중은 줄어들 것이고, 또한 줄어들어야 정상이다.

교회가 특히 신경 써야 할 부분은 소외된 교회 내 구성원 및 외부의 이웃들에 대한 섬김이다. 교회 내에서는 교회학교와 실버사역이 중시되어야 하고, 외부에서는 지역사회 내에 어려움을 겪는 이웃들에 대한 돌봄과 섬김사역을 지역 내 사회복지단체 및 정부기관과 연계하여 전개하여야 한다. 교회학교에서도 중, 고등부와 청년부는 스스로 의사결정을 내려서 교회에 출석하고 공동체에 참가할 수 있는 구성원들임을 감안하여 담당 교역자와 교사진이 자주 만나 교제하고, 삶을 통해 말씀을 나누고 실천할 수 있는 기회를 제공해야 한다. 이를 위하여 부족하지 않도록 예산을 부여하고, 담당 교역자들이 젊은 세대와 소통할 수 있도록 독서비와 다과비, 세미나 참가비 등을 지원해야 한다.

유아부, 유치부, 초등학생 부서에 대하여는 교회 내 비품 구비 및 간식 등을 잘 챙겨야 하며, 담당교역자 및 교사진의 외부 프로그램 참가비와 어린이들을 위한 다양한 행사 관련 우선순위를 정하고 프로그램 운영의 평가와 예산 투여를 동시에 진행해야 한다.

실버사역 역시 프로그램 운영에 필요한 강사비, 의료비, 운영비, 교통비 등을 배정하여 교회 공동체가 복음 안에서 말씀과 삶을 나누도록 지원해야 할 것이다. 지역사회 내의 구성원들에 대한 복지적 차원의 지출에 대하여는 구청 또는 사회복지단체와 연계, 협력하되, 내부적인 규정에 따라 장기적인 관점에서 지속하여야 한다. 지역사회 내에서 재난 등이 발생할 경우에는 특별헌금을 통하여 구호를 결정할 수 있고, 이 경우 결산 시점에서 일반회계와 별도로 특별회계에 대한 감사가 첨가되어야 한다.

4) 재정의 결산과 감사

교회재정의 결산은 하나님께 드린 헌금이 교회의 비전과 사역 목적에 부합되도록 제대로 사용되었는지 여부를 검토할 수 있도록 한다. 그러므로 결산서는 지난 1년간 하나님의 인도하심에 따라 교회가 어떻게 사역했는지를 숫자로 표현한 문서이다. 교회가 올바른 방향으로 움직이고 있다면 이를 공개하여 내부적인 화합과 감사의 도구로 삼는 동시에 외부에도 공개하여 사회적인 귀감이 되는 것이 좋다. 감사(監査)가 감사(感謝)의 이유가 되는 것이 가장 바람직한 교회재정의 결산이 될 것이다.[6]

대개 1년의 재정을 결산할 시점이 되면 다음 회계연도의 예산을 심의한다. 재정보고 서류 작성의 기본 원칙은 가능하면 누구나 쉽게 이해할 수 있도록 분명하고 통일된 양식으로, 자금의 흐름이 투명하게 나타나도록 표기해야 한다는 것이다. 따라서 예산서와 결산서는 한 눈에 전체 사역을 살펴볼 수 있도록 요약표, 각 항목별 비중을 표시하여 비교한 비율, 전년도와 비교하는 정리를 통하여 교회가 어떻게 재정을 운영했고, 향후 어떤 사역에 중점을 두고 사역을 전개할지에 대하여 알 수 있도록 해야 한다(교회재정건강성운동, 뉴스앤조이 취재팀, 2015, 73).

교회 규모가 작고, 인원이 많지 않아서 재정담당자가 전문지식이 부족한 상태에서 헌신하는 경우에는 예산서와 결산서 항목이 일목요연하지 못할 수 있다. 그러한 경우 예산서와 결산서의 표기에 대하여 지적하기보

---

[6] 복음은 단순히 예수 그리스도의 구속을 통한 좋은 소식이 아니다. 복음에 대한 예수님의 가르침은 하나님의 나라에 대한 좋은 소식을 담고 있다(마 4:23). 또한, 복음은 하나님께서 역사의 마지막에 당신의 나라를 완성하실 것이라는 약속이다. 하나님의 나라가 하나님의 주권적인 통치를 의미함을 전제할 때에 교회의 재정을 포함한 모든 운영이 하나님의 다스리심과 인도하심에 머리 숙일 때에 이미 하나님의 나라는 교회에 임한 것이다.

다는, 예를 갖추어 보다 상세한 설명을 요구해야 하며, 향후 재정담당자가 전문성을 갖출 수 있도록 지원해야 하다.

교회의 재정은 반드시 감사를 통한 견제 장치를 마련해 두어야 한다. 이는 교인들을 통하여 재정 현황을 살펴보는 내부감사와 교회 밖의 공인회계사 등, 재정전문가를 통하여 이를 점검하는 외부감사를 통하여 이루어진다. 교회 규모가 크지 않아 재정 현황이 비교적 단순한 개척교회의 경우 내부감사로 충분할 수 있지만, 이 경우에 감사팀은 직접 교회재정에 관여하지 않는 교인 2인 이상으로 구성하여야 한다. 일반적으로 교회는 회계연도를 마무리하며 1년에 한 번 정기 감사를 하지만 가급적 분기 또는 반기별로도 감사를 실시하여 중간점검을 하는 편이 좋다.

재정담당자의 전문성 확보도 중요하지만 감사담당자의 전문성과 재정 관리와 감사에 대한 구체적인 지침 수립도 선행되어야 한다. 이를 갖추지 못한 경우, 표면적인 은혜만 미덕으로서 내세우는, 재정에 대한 지식과 경험을 갖추지 못한 감사담당자에 의한 형식적 감사로 그칠 수 있다. 무엇보다도 재정의 결산과 감사는 교회를 맡기신 주인인 하나님 앞에서 해야 한다. 전 교인이 지난 한 해의 회계연도를 돌아보며 지금까지 인도하신 에벤에셀의 하나님(삼상 7:12)께 감사하는 시간이 되는 것이 가장 이상적이다.

제8장

건물과 비품, 홈페이지의 구비 (자산관리)

　　개척교회의 열악한 재정은 상대적으로 기성교회에 비하여 위치와 시설, 그리고 비품의 구비 등에 대하여 불리한 요소로 작용한다. 설상가상으로 겉으로 드러난 환경을 개척교회 목회자의 무능함으로 치부하는 인본주의적 경향 역시 부정할 수 없다. 그것은 교회의 규모가 목회자의 성공 여부와 유능함으로 받아들여지는 한국 교계의 그릇된 풍토에 기인한 것이다. 소위 '성전건축'이라는 미명하에 교인들의 헌금을 강요하는 일부 교회를 떠나 개척교회로 발걸음을 옮긴 교인들조차도 헌신보다는 겉으로 드러나는 편리함만을 추구하기도 한다.

　　그러나 하나님은 건물로서의 성전에 묶여 계시는 분이 아니다. 오히려 하나님은 성전에 드나드는 행위에만 초점을 맞추고, 하나님께 선택받은 거룩한 백성으로서 하나님 앞에 구별된 삶의 실천에 실패한 이스라엘 백성들을 징계하셨다. 예레미야 선지자는 성전에서 다음과 같이 설교하며 삶의 실천을 통한 믿음의 열매 없이, 그저 성전에 모인 행위로 만족하는 남왕국 유다 백성들을 향해 회개를 촉구하였다.

　　너희는 이것이 여호와의 성전이라, 여호와의 성전이라, 여호와의 성전이라 하는 거짓말을 믿지 말라(렘 7:4).

　　미가 선지자는 제물을 드리는 것보다 '정의를 행하며 인자를 사랑하며 겸손하게'(미 6:8) 하나님과 동행하는 것이 훨씬 중요함을 선포하였고, 이사야 선지자는 "헛된 제물을 다시 가져오지 말라"(사 1:13)는 하나님의 말씀을 전하며 성회와 더불어 악을 행하는 것을 하나님께서 견디지 못함을 지적하였다. 에스겔 선지자 역시 성전이 자리 잡은 예루살렘의 우상숭배로 인하여 하나님의 영광이 떠나시는 모습을 묘사하였다(겔 8-11장).

　　예수 그리스도의 십자가 대속 이후로 성전의 개념은 건물이 아니라 그리스도의 몸을 이루는 사랑의 공동체로 바뀌었다. 성육하신 예수님을 머리로 하고, 성령의 내주와 인도하심을 따라 성화를 이루는 그리스도의 몸인 교회가 하나님께서 임하시는 곳이다. 그러므로 그리스도인의 모임 그 자체가 교회인 것이다.

　　예루살렘에 교회가 형성된 이후에 초대교회의 그리스도인들은 이스라엘에 대한 하나님의 메시아 약속이 성취된 것을 경험하였기 때문에 한동안 성전이 있던 지역에 모여서 예수 그리스도의 이름으로 예배하는 것이 자연스러웠다. 그러나 예루살렘의 유대교 지도자들이 이에 대한 반감을 드러냄에 따라, 초대교회 교인들은 예루살렘을 벗어나 장소에 구애받지 않고 모였는데, 빌립보에서는 강가에서(행 16:12-13), 그리고 대부분은 가정에서(행 2:46; 12:12-14; 16:15; 몬 1:2) 모이기 시작하였다.

　　개척교회 목회자는 상대적으로 기성교회 담임목회자와 비교하여 신학적 기반과 목회의 경험이 부족할 수 있지만 하나님께서 구하시는 제사는 상한 심령(시 51:17)이므로 낮은 마음으로 상하고 통회하는 자세로 엎드리는 개척교회 목회자의 성결한 심령이 하늘 보좌를 움직일 수 있다. 개척교회는 최선을 다해서 건물과 비품 등을 구비하여야 하지만 가장 중요한 교회의 본질이란 그리스도의 복음 안에서 한 몸을 이루어 사랑으로 하나 되는 것임을 잊지 말아야 할 것이다. 따라서 교회 건물의 소유보다는 함께 모여 예배할 수 있는 최적의 장소를 확보하는 데에 중점을 두고, 사람을 키우고, 세우는 본질적 사역에 초점을 맞추어야 할 것이다.

1. 교회 위치의 결정

개척된 교회의 소재지는 향후 교회가 발전할 수 있는 기본적인 토양이 된다. 예수님은 모든 민족에 대한 예수님의 명령에 순종한 제자들이 오순절 날 예루살렘에 함께 모였을 때에 성령 강림의 사건이 일어났고, 복음전파를 위하여 도시의 전략적 중요성을 강조하시며 예루살렘에서 그 사역이 시작될 것을 말씀하셨다(행 1:8). 예수님의 명령에 순종한 제자들이 오순절 날 예루살렘에 함께 모였을 때에 성령 강림의 사건이 일어났고, 예루살렘에서 첫 교회가 탄생하였다.

사도행전의 복음전파는 도시 전도에 관한 내용으로서 복음은 도시에서 도시로 확산되었고, 사마리아, 다메섹, 안디옥, 가이사랴, 루스드라, 빌립보, 데살로니가, 아덴, 고린도, 에베소, 더베, 로마 등의 도시에 교회들이 세워졌다. 사람들이 모이는 장소이자 다양한 인종, 문화, 사업, 철학 등으로 가득한 도시는 정치, 경제, 사회, 문화, 교육, 종교의 중심지로서 인근 지역을 향한 복음전파의 전초기지이다(Shenk and Stutzman, 1988).

교회의 소재지로서 무조건 도시만을 고집할 것이 아니라 개척목회자의 소명에 따라 지역을 선택하여야 하지만 그럼에도 불구하고 개척교회의 위치 선정은 사역의 성패를 좌우할 정도로 중요한 과업이라는 사실은 강조되어야 한다. 물론 하나님의 인도하심을 따라 결정해야 하겠지만 일반적으로 교회를 개척할 장소는 가시성과 접근성, 최소한 1년가량은 사용에 큰 불편이 없는 수용성 및 향후 확장의 가능성을 고려하고, 주변에 교회가 세워지지 않은 곳, 교단법의 규정에 의해 제한된 범위 내에 같은 교단 소속 교회가 소재하지 않은 곳으로 결정해야 한다.

장소의 확보는 필연적으로 재정을 요구하는데, 교회의 1차적인 헌신과 투자의 대상은 건물이 아니라 사람이 되어야 함을 간과해서는 안 된다. 따라서 복음을 전파하여 잃어버린 영혼들을 구원하고, 그들을 예수 그리스도의 제자로 삼는 사역을 위해 필요한 경우에만 건물, 설비, 비품 등에 대한 재정을 투여해야 할 것이다.

1) 장소의 확보

교회가 소재할 장소를 정하는 것은 지역을 결정 하는 것과 맞물려 있기 때문에 교회개척을 준비하는 단계에서 절대적인 의미를 지닌다. 교회의 소재지가 새로운 교회의 발전을 촉진할 수도 있고, 저해할 수도 있기 때문이다. 또한, 교회가 자리잡은 위치, 특히 건물은 예배 공간이자 모임의 물리적 구심이라는 점에서 매우 중요한 의미를 지닌다. 그러나 너무 성급하게, 그리고 크게 목회를 시작하려는 욕심을 경계하며 임시 예배 장소를 준비하여 이를 효율적으로 사용함으로써 규모 있는 초기 사역을 전개하여야 한다.

다만 초기에 모이는 인원의 수와 특성, 교회의 비전과의 조화, 접근성 등을 고려하여 예배 장소를 결정해야 한다(김종환, 산체스, 스미스, 2006, 310-313). 예배당이 소재한 건물 또는 장소는 지역사회 내에서 좋은 평판을 가진 지역에 위치하는 것이 좋으며, 최소한 부정적인 이미지가 없는 곳이어야 한다. 또한, 향후 장기적으로 자리 잡을 전략적인 후보지에서 가까우면 가까울수록 향후 불편함이 없을 것이다. 예배 장소와 더불어 소그룹의 모임과 친교 및 행정 처리를 위한 장소를 확보한다면 보다 역동적인 사역을 수행할 수 있을 것이다.[1] 그러한 장소들은 예배의 장소와 가까우면 가까울수록 효율적이다. 개척 초기에 협소한 예배 장소만을 확보한 경우에는 근처 카페의 스터디룸 또는 학원의 장소를 빌려 소그룹 모임이나 교회학교 사역을 위해 활용할 수 있다.

1990년대 이후 교회개척을 강조하며 과도한 헌신을 요구하는 교회들에 반발하여 학교나 문화센터, 사회복지단체의 시설을 주말에 빌려서 예배드리는 교회들이 많아졌다. 그러나 현실적으로 무명의 개척교회 목회자에게 시설을 빌려주는 단체들이 많지 않고, 보증금과 사용 요금의 부담 역시 만만치 않다.

지난 2014년 11월말에 개척하여 현재 강남구 개포동에서 수도공고 건물을 이용하는 좋은씨앗교회의 경우 1년 사용료가 3,600만 원에 달하며, 이마저도 선불 지급해야 하므로 웬만한 개척교회는 감당할 수준이 못된다. 따라서 교회를 개척할 지역을 선정했다면 교회의 형편에 부합되는 재정적 수준에서 최선의 장소를 얻을 수 있도록 기도함과 동시에 발품을 팔아 중개업소들을 방문하는 노력을 해야 한다.

인터넷에서 지역별, 매물의 종류별로 교회부동산에 대한 정보를 제공하는 대표적인 사이트로는 '기독정보넷'(www.cjob.co.kr)이 있으며, 다음 카페인 '전국개척교회연합회'(cafe.daum.net/npca)가 참고할 만하다. 다만 기본적인 인원이 확보되지 않은 경우라면 목회자 개인의 가정에서 예배를 시작할 수도 있고, 사무실 공간을 빌려주는 사이트를 이용하거나 주말에 카페

---

[1] 사도 바울은 2차 전도여행 때에 방문하였던 에베소를 3차 전도여행을 통해 다시 방문하였고, 회당에서 3개월 동안 강론하다가 제자들을 따로 세워서 두란노 서원에서 2년 동안 말씀을 가르쳤다. 소그룹 형태로 모여서 친교하고, 더 큰 규모로 모여서 예배하는 집회 형식은 에베소에서 발전한 것으로서 오늘날에도 여전히 효과적인 사역의 형태로 활용된다.

의 스터디룸을 예약하여 사용하는 것도 방법적 대안이 될 수 있다. 또는 전통적인 한국교회와 예배 시간을 달리하여 기성교회의 예배당을 빌려 사용할 수도 있으며, 그리스도인이 운영하는 학원의 공간을 주일에만 빌리는 것도 고려할만하다.

대부분의 개척교회는 상가 건물에서 세를 얻어 시작하며, 교회가 성장함에 따라 단독 건물을 건축하기도 한다. 편리함을 추구하는 현대인들에게 단독 건물을 보유한 교회가 훨씬 매력적으로 보이기는 하지만 무조건 교회 건물을 확보하면 부흥이 될 것이라는 위험한 생각은 버려야 한다. 모든 목회의 과정에서 하나님과 소통하며 하나님의 뜻과 인도하심을 따라야 한다.

무리한 교회 건축으로 교인들에게 불필요한 부담을 주지 말고, 주어진 환경을 최대한 활용하여 그리스도의 몸 된 공동체를 이루어야 한다. 교회재정이 허락하더라도 교육관 등, 다음 세대를 위한 투자 개념이 필요한 곳이 아니라면 교회 건물을 건축하고 그에 안주하지 않도록 지역사회의 건물을 지속적으로 임대하여 사용하는 것도 고려할만하다.

요약하자면 예배의 활성화와 무리 없이 규모 있는 사역을 전개하기 위하여 교회는 특정한 지역에 자리 잡은 예배 장소를 확보하는 편이 좋다. 그러나 장소 확보를 위한 재정 투여가 교회의 재정적 능력을 넘어서는 것이 되면 곤란하다. 장소가 예배와 선교 등, 교회사역을 위한 효과적인 기반이 되고, 신앙공동체의 소중한 기억을 제공하되, 교회재정에 무리한 부담을 주지 않는 범위 내에서 지혜로운 의사결정을 통해 이를 확보하여야 할 것이다. 이는 또한 교회의 장기적인 비전에 부합되어야 한다. 교회의 사역 비전이 전개되기에 용이하며, 향후 확장을 위한 구심이 될 수 있는 장소가 더욱 바람직할 것이다.

2) 접근성의 확보

　개척교회는 재정적으로 안정적이지 못하기 때문에 지하철과 버스 등, 대중교통의 접근성이 좋고, 주차시설을 갖춘 곳에 자리 잡기가 어렵다. 그러나 아파트나 주택의 밀집지역이라면 대로가 아니라 이면도로에 위치한다 하더라도 대중교통과의 연계가 부족하지 않을 것이다. 오히려 대로변에 위치한 경우 얼핏 보면 유리해보이지만 주차공간의 확보가 절대적으로 필요하며, 이는 주차 자체의 편의성도 떨어지므로 접근의 장벽으로 작용한다.

　우선 접근의 측면에서 볼 때에 대중교통의 이용이 용이해야 하는데, 버스보다는 시간을 지키기가 유리한 지하철역이 가까운 곳에 자리 잡는 것이 바람직하며, 마을버스 또는 버스로 서너 정거장 내에서 지하철역에 접근하는 것이 좋다. 지하철 노선이 두 개 이상 교차하는 더블 역세권이라면 더할 나위 없을 것이다.

　또한, 최대한 주차 공간을 확보하는 것이 유리한데, 특히 서울과 수도권의 도시 지역에서 주차장의 확보는 매우 중요하다. 건물 내에 최소한의 주차 공간을 보유하고, 근처에 공영주차장이 있어서 주일예배에 맞추어 활용할 수 있는 것이 편리하다. 교회 주변의 학교나 복지시설과 협의하여 주일 또는 예배가 있는 평일 저녁에 교인들이 이용할 수 있도록 한다면 더욱 좋을 것이다.

　접근성의 의미는 단순히 교통수단을 이용하여 교회에 도착하는 데에 국한되는 것이 아니라 교회시설에 대한 접근성을 동시에 뜻한다. 연로한 교인들의 경우 2층 계단을 오르내리는 데에도 큰 불편함을 느낄 수 있으며, 어린 아이들이 컴컴하고 환기가 되지 않아 곰팡이 냄새가 나는 지하실에 위치한 예배당에 들어가는 것 역시 불편하고 불쾌한 것이 된다. 편의성을 추구하는 현대인들의 특성을 고려한다면 위치는 물론 인테리어에 대하여 최대한 신경을 써야 한다. 특히 만혼과 저출산이 맞물리며 부모가 되는 연령이 증가하여 과거에 비하여 경제적으로 다소 여유가 있는 상태에서 자녀를 갖는 경우가 많으며, 영, 유아 및 어린이 용품 시장은 고급화가 이루어지고 있다. 그러므로 교회의 접근성은 물론 인테리어 역시 젊은 부부들의 기대치가 높아졌음을 고려하고 제고하여야 할 것이다.

따라서 1층에 위치하지 않은 교회라면 가급적 엘리베이터가 설치된 건물을 확보하는 편이 좋으며, 지하보다는 지상에 위치한 공간을 확보하여야 한다. 열악한 재정으로 인하여 부득이하게 지하 또는 엘리베이터가 없는 공간을 얻게 되면 인테리어를 깔끔하면서도 간단하게 마무리하여 향후 더 입지조건이 유리한 곳으로 이사할 수 있도록 준비하여야 한다.

교회를 설립한 이후에도 청결하게 관리하여 밝고 산뜻한 분위기를 유지함으로써 교인들에게 영적으로는 물론, 정서적으로도 편안한 공간이 되도록 해야 할 것이다. 전도와 선교, 지역사회를 섬기는 것도 중요하지만 그 섬김의 일꾼들을 육성하고 지원하기 위한 발판으로서 기본적인 시설을 구비하는 것 역시 중요하다는 사실을 간과해서는 안 될 것이다.

2. 성물과 비품의 구비

1) 성물과 비품

성물과 비품은 교회 건물 및 인테리어와 조화를 이루며 교회의 이미지를 드러내야 한다. 예를 들어, 현대인들에게 어필하고 다음 세대에 초점을 맞추는 비전을 가진 교회의 경우에는 밝고 깔끔하며 세련된 느낌의 성물과 비품들을 구비해야 한다. 설혹 지하에 자리 잡은 개척교회라 하더라도 환풍 및 환기 시설을 갖추고 음향과 조명, 냉난방 기구를 적절히 구비함으로써 따뜻하고 참신한 이미지를 제고할 수 있다. 따라서 설교단과 강대상, 성찬기와 같은 성물들은 물론, 의자와 비품들을 선택할 때에 교회가 지향하는 사역의 방향과 어울리는 제품들을 선택하도록 노력해야 한다.

그러나 성물과 비품들에 대한 모든 선택이 각기 예산과 맞물려 있기 때문에 개척교회의 가용 예산을 고려하여 최대한 교회의 이미지를 제고할 수 있도록 지혜로운 의사결정을 내려야 할 것이다. 중고 성물을 구매하여 사용하거나, 조금만 발품을 팔면 교회를 이전하는 교회 또는 성물을 교체하는 교회로부터 무상으로 기부 받을 수 있다. 예배당 좌우 공간이 어느 정도 확보된 경우에 장의자를 양쪽으로 배열할 수도 있고, 규모가 작은 예배당은 개인 의자를 병렬하여 배치하는 편이 나을 것이다.

또한, 현대식 인테리어를 구비한 경우에는 다소 비용이 더 소요되더라도 극장식 의자를 배치하여 깔끔한 이미지를 연출할 수도 있다. 다만 개인 의자와 극장식 의자를 비치하는 경우에는 좌석이 너무 많이 붙어 있어서 교인들이 불편을 느끼지 않도록 하기 위하여 붙어있는 좌석 수를 5석 이내로 제한하는 것이 좋다.

2) 시설 및 인테리어

개척교회는 기성교회에 비하여 상대적으로 열악한 재정 상황이라는 한계가 있지만 하나님께 온전히 예배드릴 수 있도록 예배당을 중심으로 조명과 영상, 음향, 냉난방 시설들을 알차게 구비하여야 한다. 이는 단순히 고가의 화려한 시설을 구입하는 것이 바람직하다는 의미가 아니라, 기본적인 편리함과 깔끔한 이미지를 제고하는 데에 초점을 맞추어 지혜롭게 예산을 운영하는 묘를 발휘해야 한다는 뜻이다. 조명은 교인들에게 편안하고 부드러워야 하며, 하나님의 말씀을 전하는 설교 관련한 음향 시설은 가장 세심하게 신경을 써야 한다. 회대목회에 있어서 컴퓨터와 영상 시설은 그 중요성이 더해가므로 설교 영상을 편집하여 이를 인터넷에 업로드할 수 있는 정도는 구비하는 편이 좋다. 냉방과 난방 시설은 예배의 집중도를 좌우하며, 교회의 종탑이나 십자가, 간판 등도 간결하게 다듬어서 교회의 이미지 제고 및 적절한 홍보의 수단으로 활용해야 한다.

앞에서 지적한 바와 같이 성물과 비품들과 인테리어가 서로 조화를 이루며 교회의 이미지를 드러내므로, 기성교회들과 차별화하기 위한 개척교회 나름대로의 비전과 목회전략에 맞추어 일원화하는 것이 좋다. 과거에는 예수 그리스도의 보혈을 상징적으로 드러내는 붉은색 계열의 인테리어와 성물, 비품들을 주로 사용했다면 한동안 순결하고 거룩한 이미지를 강조하며 흰색 계열의 인테리어와 성물 등이 각광을 받았다.

최근에는 자연스럽고 현대적인 분위기 연출을 위해 나무 무늬를 그대로 살리는 인테리어가 주를 이룬다. 인테리어는 구성에 따라 비용 차이가 많기 때문에 교회의 이미지와 예산 등을 고려하여 결정하면 된다. 무엇보다도 하나님께 예배하는 장소로서의 거룩한 차별성을 도모하여야 하고, 그 가운데에서도 편리하고 정갈하며, 따뜻한 분위기를 구축하여야 한다.

특정 지역에 장소를 확보했다면 가급적 교회는 주차시설, 건물 안내도, 청결한 화장실, 안락한 의자, 편안한 조명 등을 갖추고 있어야 한다. 개척교회는 교인의 수가 적기 때문에 새가족의 교회 정착이 성장의 근원인데, 아직 교회에 대한 확신이 부족한 새가족에게 불편한 점이 많을수록 교회를 선택하지 않을 확률이 높아지기 때문이다.

새가족실을 따로 구비할만한 여건이 허락되지 않는다면 담임목회자의 사무실이나 다른 공간을 공유하여 활용하되, 가장 쾌적하고 깔끔한 상태를 유지해야 한다. 오래된 책상과 의자, 이곳 저곳에 쌓아놓은 물건들은 교회의 재정 상황 또는 공간의 문제 때문일 수 있지만 그곳으로 인도된 새가족은 자신을 제대로 대우하지 않는다고 생각할 수 있기 때문에 교회 안팎의 정리는 물론, 식당의 음식 냄새가 새가족실 또는 예배당으로 스며들지 않도록 장소를 분리하거나, 환풍 시설을 구비해야 한다.

3. 인터넷과 모바일 홈페이지의 구성

1) 인터넷과 모바일 홈페이지

닐 콜(Neil Cole, 2012, 48-56)은 1세기와 오늘날 사회의 여섯 가지 공통점으로서 세계를 지배하는 강대국(로마와 미국), 세계 공통어(헬라어와 영어), 기술문명의 발전(로마의 도로와 오늘날의 정보통신망), 상대주의 철학(고대 그리스 철학과 오늘날의 포스트모더니즘), 사이비 종교(로마의 다신교와 오늘날의 마술, 이단 등), 그리고 비윤리적 문화(로마의 동성애 및 성적 타락과 오늘날의 성적 타락과 성병)를 제시하였다.

기술문명의 발전, 특히 로마의 도로는 기독교가 로마의 국교가 된 이후에 복음을 전파하는 강력한 수단이 되었고, 오늘날의 인터넷 역시 사이버 선교를 위한 기반이 된다.

따라서 개척교회는 방송선교 및 홍보차원에서 예산 제약이 있더라도 가급적 인터넷 홈페이지를 구축하는 편이 좋다. 예산 사정이 여의치 않으면 개척준비단계에서 과도기적으로 카페나 블로그, 또는 인터넷 커뮤니티를 이용하는 것도 하나의 대안이 될 수 있지만 개척을 결정한 이후에는 다소 비용이 소요되더라도 홍보를 위해서 홈페이지를 개설하되, 모바일과 연동되는 옵션을 선택하여 현대인들의 높은 모바일 접근성을 활용하는 편이 좋다. 개척멤버들과 함께 교회의 목회철학과 비전, 이에 따른 사명선언문과 정관 및 예배와 프로그램 등에 대한 소개 글을 정리하는 것이 선행되어야 홈페이지 계약과 동시에 이를 제대로 활용할 수 있을 것이다.

교회 홈페이지를 제작하는 업체가 수십 군데이므로 교회의 요구사항을 고루 반영하는 업체를 선정하는 것이 매우 중요하다. 제작업체의 주요 선정기준으로는 다음을 고려하여야한다.

첫째, 교회 이미지와 차별화를 위해 상업적 광고를 배제하고,

둘째, 쪽지, 커뮤니티, 동영상 용량 등의 충분한 기능과 용량을 제공하고, 필요시 온라인 행정 및 연말정산 시스템을 지원하며,

셋째, 구축(개발)비용과 관리비용의 경제성이 확보되어 저렴한 비용으로 서비스를 제공하며,

넷째, 홈페이지 구축 후에 관리가 용이할 뿐만 아니라,

다섯째, 유지 및 보수의 안정성이 확보되어야 한다.

홈페이지를 구성할 때에 기본적으로 반드시 포함되어야 하는 사항을 사전에 점검하고 이에 더하여 개척교회만의 차별화된 강조점을 드러내야 한다. 담임목회자의 프로필은 자신을 드러내고 자랑하려는 목적이 아니라 홈페이지 방문자와 새가족으로 하여금 담임목회자의 학력과 경력을 통하여 그/그녀의 신학적인 입장과 목회를 이끌어가는 방향을 가늠하도록 하는 잣대를 제공함이 주된 목적이므로 간단히 요약하여 소개하는 편이 좋다 (최성훈, 2017a, 37-38).

이와 함께 담임목회자의 인사말씀을 제공함을 통해 홈페이지 방문자가 교회의 목회중점 사항과 분위기에 대하여 파악하도록 섬세히 안내하여야 한다.

2) 교적관리 및 행정 프로그램

일정 수준 이상의 홈페이지는 시스템 자체 내에 교적을 관리하고 행정 서식을 지원하는 프로그램을 구비하고 있다. 개척교회는 인력이 부족하므로 조금 더 예산을 할애하여 행정 프로그램이 지원되는 홈페이지를 구축하면 오히려 효율적이고 편리한 운영을 통하여 시간과 예산을 절감할 수 있다.

기본적인 출석과 세례 여부, 교육 이수 등의 교직관리는 물론 헌금과 관련한 연말정산 서비스 및 종교인의 과세 관련 4대 보험 등을 지원하는 프로그램이면 더욱 바람직할 것이다. 이는 구축 및 관리비용과 직결되므로 개척교회의 재정담당자의 선정과 함께 고려하여 결정할 사항이다.

교회를 개척한 이후에 목회자와 교인들 모두 빨리 교회를 성장시키고 싶은 마음으로 가득하겠지만 하나님의 신실하심을 신뢰하며, 하나, 하나씩 시스템을 정비하고 그리스도의 몸 된 교회를 이루어 가는 과정에서 즐거움과 기쁨을 누린다면 더욱 좋을 것이다.

제3부

교회설립과 운영방안

제9장　　교단가입과 설립예배
제10장　　설교와 예배의 구성
제11장　　교회 내부사역 프로그램의 기획 및 운영
제12장　　외부사역의 기획 및 운영
　　　　　（지역사회 및 정부, 민간단체）

제3부

교회설립과 운영방안[1]

한국교회의 폐해 중 하나는 지나친 기복신앙, 즉 독생자 예수 그리스도를 통한 구원의 복을 포함한 모든 복의 근원인 하나님께 감사하며 하나님과 사랑의 관계를 맺기보다는, 단순히 하나님으로부터 복 받기만을 기대하는 신앙이다. 기복신앙은 무엇이든 자기가 기도하면 다 이루어져야 한다고 오해하는, 왜곡된 신앙의 행태인데, 이는 목회자가 복음의 의미를 잘못 전달했기 때문에 나타나는 모습이다.

다음의 사례는 전형적인 기복신앙을 드러내는 예가 된다. 갈비탕 한 식당을 개업하는 교인이 담임목회자를 청하여 개업예배를 드리면서, 복을 기원하는 헌금봉투를 식탁 위에 올려놓고 번성케 해 달라고 기도를 요청했다. 그리고 예배 후에 갈비탕을 대접하는데 고기가 질기고, 국물 맛이 형편없는데다가 김치와 밑반찬 역시 간이 제대로 되지 않아 맛이 나지 않았다.

개업예배를 드리고 축복기도도 했으니까 갈비탕 식당이 잘 될까?

---

[1] 창립(創立)과 설립(設立)이라는 용어를 구분하자면, 창립이란 처음 창조된 의미이므로 보편적인 교회 공동체 전체에 대하여는 창립을 사용하여야 하지만 지역교회로서 보편교회를 이루는 개척교회는 설립이라는 용어를 사용하는 편이 타당하다. 따라서 본서에서도 설립이라는 용어를 사용하지만 한국교회의 전통과 정서를 고려하여 누구나 부드럽게 그 의미를 쉽게 이해할 수 있는 창립이라는 용어를 사용해도 크게 무리한 것은 아니다.

그렇지 않으리라 쉽게 예상할 수 있다.

식당을 열었으니 개업예배를 드리는 것도 중요하고 기도하는 것도 중요하지만 더 중요한 성공의 요인은 제대로 갈비탕의 맛을 내는 것이다. 결국 맛이 가장 중요한 경쟁력이기 때문이다. 양질의 고기 재료를 구입해서 양념을 잘하는 비법을 연구하고, 맛깔나는 국물을 우려내는 최적의 방법을 개발해야 하며, 김치와 같은 밑반찬도 정성껏 잘 만들어야 한다. 이에 더해 적당한 가격을 정하고 깔끔한 인테리어를 구비해야 개업의 목적을 이룰 수 있을 것이다. 단순히 기도만 한다고 다 잘되는 것이 아니라는 뜻이다.

교회를 개척했다고 해서 갑자기 사람들이 우루루 몰려들지 않는다. 교회의 본질적 역할은 예수 그리스도를 머리로 하여 몸 된 사랑의 공동체를 이루는 것이요, 그 일을 수행하기 위해서 하나님의 말씀을 나누고 전하는 것이다. 그러므로 가장 중요한 교회의 경쟁력은 하나님 말씀을 따라 지역사회에서 하나님의 뜻을 실현하는 것이다. 기도 응답은 받을만한 사람이 받는 것이다. 복을 주시고, 기도를 응답해 주시는 분은 하나님이시므로 하나님과의 관계가 가장 기본적인 것이다.

따라서 교회를 개척하는 목회자는 하나님의 말씀을 품고 소명의식을 따라 하나님의 뜻을 이루는 데 초점을 맞추며 준비해야 한다. 예수님의 십자가 은혜를 품고 믿음으로 개척을 준비하는 목회자는 의인으로 용납될 것이며, 의인의 간구하는 힘은 역사하는 힘이 클 것이기 때문이다(약 5:16).

교회개척을 준비하는 기간은 6개월에서 1년이 가장 효과적이라는 의견도 있지만(오창세, 2014, 48), 이는 절대화될 수 없다. 개척목회자가 하나님과 소통하며 확신한 후에 지속적인 기도의 과정을 통해 차근차근 준비하는 것이라는 기본적인 원리 외에 사람이 특별히 지시하고 결정할 수 있는 부분은 없기 때문이다.

다만 준비기간이 길면 길수록 더욱 내실 있는 준비를 할 수는 있을 것이고, 다른 한편으로는 너무 길게 준비하다보면 처음의 열정이 식어지고 개척에 대한 소명의식이 희석될 우려도 있다. 따라서 개척목회의 소명을 확신한 후에는 이를 확인하는 과정을 통해 탄탄히 준비해 나가며 뜨거운 마음과 치밀한 점검 모두를 놓쳐서는 안 될 것이다.

제9장

교단가입과 설립예배

교회를 세우면 수많은 사람들이 모여들 것이라는 부푼 꿈과 기대를 가지고 설립예배를 드리는 것으로 개척이 시작된다. 그러나 막상 첫 예배를 드리고 난 이후 다시 주일예배를 드릴 때에는, 대부분의 경우 눈에 띄게 빈자리로 가득한 예배당이라는 현실을 마주하게 된다.

따라서 설립예배 이후에 사역을 어떤 방법으로 어느 방향을 향해 전개하는지 여부가 개척교회의 존립에 결정적인 영향을 미친다. 따라서 목회 철학과 비전에 따라 사역의 방향성과 초점을 정리한 후, 설교와 예배의 형식 및 교회 내외의 사역 프로그램을 기획하고 운영할 준비를 마쳐 놓아야 무리 없이 개척교회의 목회사역을 수행할 수 있다.

1. 지방회의 승인과 교단 가입[1]

새로운 교회를 개척하여 설립하는 것은 단순히 목회자 개인의 결정에 따를 일이 아니다. 하나님의 뜻을 따라 결정한 개척이라 하더라도 교단에 소속된 목회자로서 교단법을 준수하고, 교단이 정한 절차에 따라 승인을 받고 개척해야 한다. 일반적으로 지방회에서 교회의 개척을 관장하므로 지방에 교회개척과 관련된 서류를 제출하여 허가를 받아 교단에 가입하고 설립예배를 드려야 한다.

자세한 사항은 지방회의 임원진에게 문의하여 안내를 받고, 이후 개척 작업은 안내 받은 절차대로 진행하면 된다. 대개 지방회의 총무 목사가 해당 지방회 및 소속교회들의 상황을 고려하여 개척을 희망하는 목회자와 협의하여 설립예배 날짜를 선정한다. 최근에는 단순히 설립예배가 아니라 개척과정을 인도하신 하나님께 감사하는 의미를 담아 설립감사예배로 드리는 경우가 많다.

2. 설립예배의 날짜 결정 및 홍보

1) 설립예배의 날짜 결정

교회개척을 결심하고 모든 준비를 마친 후에 해야 할 일은 교회의 설

---

[1] 기하성(여의도순복음), 감리교, 성결교, 침례교 교단은 총회-지방회-당회로 이어지는 조직 구조를 갖추고 있는데, 지방회는 교단의 총회와 개 교회의 당회 사이에서 양자를 연결하여 지역의 교회들을 치리하는 중간조직이다. 장로교의 연회는 상기 교단들의 지방회와 같은 기능을 수행한다. 한편, 감리교는 총회와 지방회 사이에 연회를 두어 총회-연회-지방회로 이어지는 보다 다층적 구조를 보인다.

립예배 날짜를 정하는 것이다. 날짜가 정해져야 이와 관련한 홍보 및 진행 계획을 수립할 수 있기 때문이다. 미국의 경우 사람들이 교회에 가고자 하는 마음을 갖는 부활절이나 가족들이 한데 모이는 어버이 주일에 설립예배를 드린다(김종환, 산체스, 스미스, 2006, 356).

우리나라에서도 예수 그리스도의 부활을 기념하며 새롭게 거듭난 생명의 탄생을 의미하는 부활절에 설립예배를 드리는 경우가 많으며, 하나님께 감사한 마음을 표현하며 추수감사절에 설립예배를 드리기도 한다. 그러나 교회를 설립하여 첫 예배를 드리는 시기를 정하는 정형화된 기준이 있는 것은 아니다. 그럼에도 불구하고 목회철학이나 비전을 표현할 수 있거나, 특별히 의미가 있는 시기를 선택하여 설립예배의 일정을 정하는 것이 바람직할 것이다.

한국교회 대부분은 주일 오후 또는 저녁이나 평일에 설립예배를 드린다. 이는 교단의 지방회 임원들이 참석하기에 용이한 시간대이기 때문이다. 하지만, 교회개척의 목적이 하나님의 말씀을 따라 예수 그리스도의 복음을 전파하고 지역사회를 섬기는 것임을 상기할 때에 목회자들이나 지인들의 참석도 중요하지만 지역사회의 주민들이 참석하기 용이한 날짜와 시간을 고려하여 결정하는 것이 더욱 좋을 것이다. 이를 위해 설립예배를 홍보하는 사전작업이 중요함은 아무리 강조해도 지나치지 않다.

2) 설립예배 준비팀의 조직

설립예배를 준비하는 팀은 개척교회의 운영 조직과 연결되어 마련하면 된다. 개척교회의 특성상 제한된 인원으로 인하여 1인이 다역을 맡을 가능성이 높으나 미리 준비사항들을 점검하고 이를 분담하면 불필요한 분주함과 혼란을 방지할 수 있다. 준비팀은 개척목회자와 함께 기본적인 예배의 순서를 점검하고, 이에 따라 역할을 분담하면 된다. 설립예배의 초청장 제작 및 배포, 기념품의 제작은 물론, 다과 등도 미리 준비하는 편이 좋다. 또한, 준비팀은 역할을 분담하여 예배당 안팎에서 방문객들을 안내하고, 기념품 분배도 담당한다.

3) 설립예배의 홍보

설립예배는 개척교회가 지역사회 주민들에게 자신의 존재를 알리는 첫 걸음이다. 따라서 참신한 방법으로 이를 홍보하기 위하여 개척멤버들이 머리를 맞대고 지혜를 모아야 한다. 과거에 개척을 앞둔 교회들이 설립을 알리기 위하여 주로 사용한 방법들은 신문에 설립예배를 알리는 간지를 삽입하거나 아파트나 주택의 우편함에 이를 꽂아 넣는 방법, 또는 길거리에서 이를 배포하는 방법 등이었다. 대규모의 기성교회가 분립하여 개척하는 경우에는 연예인들이나 유명 인사들을 초청하여 집회를 마련하는 홍보 수단을 활용하였다.

그러나 배달된 신문보다는 인터넷 뉴스에 익숙한 시대적 변화를 고려하면 신문 간지는 더 이상 효과적이지 못하다. 또한, 개인주의를 강조하고 익명성을 보장받기를 원하는 현대인들에게 노상에서 또는 우편함을 통해 홍보물을 전달하는 것은 오히려 부정적인 이미지를 주입할 우려가 있으며, 연예인들을 초청하는 홍보전략은 목회의 본질을 왜곡하는 물량공세의 측면이 강하다.

따라서 지역주민들의 통행에 지장을 주지 않는 규모의 깔끔하게 정리된 입간판이나 광고물을 이용하는 것이 나으며, 개척멤버들의 지인들 중에서 해당 지역에 거주하는 사람들에게 평소의 친분을 활용하여 개인적으로 정중히 참석을 권유하는 편이 좋을 것이다.

이를 위하여 온라인 초청장을 이용하거나 SNS를 적극적으로 활용하되, 설립예배 최소한 2-3주 전에는 날짜와 장소를 알려야 한다. 그러나 주요 인사에게는 직접 방문하여 초청장을 전달하는 편이 좋으며, 가까운 이들에게는 최소한 전화 연락을 통해서라도 설립을 알려야 할 것이다. 홍보물에는 기본적으로 설립예배의 날짜와 시간, 장소 및 연락처가 기재되어야 한다.

또한, 교회가 소속된 교단 및 목회자의 약력, 그리고 목회철학과 비전, 예배 등에 대하여 간단히 소개해야 한다. 이를 통하여 지역주민들은 개척교회가 건전한 신학에 기반한 교단에 소속되었는지 여부, 목회자의 배경과 교회의 목회철학, 그리고 예배와 관련한 사항을 숙지하여 설립예배 참석 및 향후 교회 출석 여부를 결정한다.

3. 설립예배 당일의 점검사항

1) 예배당 점검 및 안내

설립예배는 새로운 교회의 시작을 기념하고 알리는, 감사와 축제의 예배이다. 하나님의 말씀을 통해 평안하여 든든히 서 가고, 주를 경외함과 성령의 위로로 진행하며(행 9:31) 부흥하는 교회를 이루기 위해서 철저하게 첫 예배를 준비해야 한다. 설교 본문이 되는 성경 구절과 찬송가 가사를 슬라이드 화면으로 준비하고, 충분한 수량의 예배순서지를 마련하는 한편, 찬양인도자, 반주자 등, 예배순서를 맡은 이들이 필요로 하는 악기 상태도 점검해야 한다.

계절에 따라 냉난방 기구의 점검을 통해 온도는 물론 습도를 조절해야 하고, 음향시설 및 조명을 점검하는 한편, 청소와 정돈 상태도 확인해야 한다. 참석 예정자들의 수를 고려하여 다소 여유 있게 좌석을 준비하고, 필요한 장식에 대하여도 살펴야 하며, 홍보물이나 기념품, 다과 등도 인원수에 맞추어 충분히 준비되었는지 확인해야 한다. 지방회 임원들을 위한 코사지 등의 소품들과 강대상에 준비할 음료의 종류와 차고 따뜻한 정도 역시 미리 확인하여 준비하는 편이 좋다. 특별 찬양을 담당하는 이가 특별히 필요로 하는 반주파일과 음향 시설 역시 미리 숙지하여 구비해야 한다.

첫 예배를 드림에 있어서 안내자의 역할은 매우 중요한데, 가능하면 주차장에서부터 안내위원을 배치하는 편이 좋으나 사정이 여의치 않으면 안내표지 또는 입간판을 통해 동선에 대하여 소개하는 것이 좋을 것이다. 안내자는 개척교회를 방문한 이들에게 교회의 얼굴로 인지되므로 친절한 미소와 인사로 예배당 앞에서부터 방문자들을 따뜻하게 맞아야 한다. 복장을 통일하여 갖추거나 안내위원의 띠 또는 팻말을 착용하면 더욱 정돈되고 준비된 모습으로 방문객들을 맞이할 수 있다.

예배순서지를 준비하는 것도 넓게 보면 안내 작업에 포함될 것이다. 설립예배의 순서지는 기본 4면을 기준으로 하면, 1면은 표지, 2-3면에는 예배순서 및 관련 성경 구절과 찬송가 가사를 기입하며, 4면은 광고(안내말씀), 가입교단 및 섬기는 이들, 기본적인 목회철학과 비전, 예배안내 및 교회주소, 홈페이지, 연락처 등을 기재하면 될 것이다. 예배의 순서지가 6면 이상인 경우에는 교회 가족 전체의 인사말씀, 사명선언문 및 핵심가치, 교회개척과정을 경과보고 형식으로 소개하며, 건강한 교회공동체 수립을 위한 다짐(약속) 등을 포함하여 더욱 의미 있는 설립예배로 기억에 남길 수 있다.

2) 예배의 순서

모든 형태의 예배와 마찬가지로 설립예배 역시 하나님께 드리는 예배이므로 예배의 형식을 갖추어 순서를 정해야 한다. 교단마다 설립예배 순서가 다소 다를 수는 있지만 대개 사회자의 인도를 따라 신앙고백, 기도, 성경봉독, 설교, 특별찬양, 축사, 권면, 격려사, 광고, 축도 등의 순서로 진행된다. 대부분의 설립예배는 지방회장이나 개척목회자가 존경하는 선배 목회자가 설교를 담당하는 경우가 많다. 그러나 설립예배의 설교는 개척목회자의 인품과 신학적 소양을 드러내는 기회이므로 가급적 개척목회자가 담당하는 것이 바람직하며(명성훈, 1997, 231), 최소한 예배 사회(인도자)라도 개척목회자가 담당해야 한다(오창세, 2014, 80).

사회자를 포함하여 지방회 임원 등, 예배의 각 부분을 담당한 이들에게 최소한 2-3주 전에 미리 예배의 순서를 분 단위로 정리한 콘티를 제작하여 정해진 시간을 준수할 수 있도록 전달하는 한편, 담당자들의 동선을 점검하여 안내한다면 규모 있고, 짜임새 있는 예배가 될 것이다.

기본적으로 설립예배는 신앙고백, 찬송, 대표기도(지방회 임원), 성경봉독(인도자), 설교(지방회 회장 또는 개척목회자), 축사(지방회 임원 및 주요 인사들), 권면 및 격려사(교단 총회 임원 및 주요 인사들), 봉헌, 축도, 광고의 순서로 진행된다. 그러나 교회의 사정에 따라 설립예배를 1, 2부로 나누어서 1부는 개척의 준비과정을 돌아보며 감사의 나눔 시간으로, 그리고 2부는 감사의 예배로 구성할 수도 있다.

설립예배가 너무 길면 오히려 역효과를 낳기 때문에 2부 이상은 무리이며, 2부까지만 구성하는 것이 좋다. 이 경우, 1부 감사의 나눔 시간에는 그동안의 개척준비과정을 정리한 영상물을 상영하거나 개척에 도움을 제공한 단체나 개인에게 감사의 마음을 담아 감사패를 증정하는 것도 의미가 있을 것이다.

또한, 2부를 예배로 드리는 경우에는 1부에 환영사 및 축사를 모두 포함할 수도 있다. 그러한 경우 2부에서는 감사예배 본연의 의미에 집중할 수 있다. 개척과정이 탄탄한 경우에 첫 예배에 첫 세례를 집례하여 새로운 출발에 의미를 부여하기도 한다. 축사, 권면 및 격려사는 여러 명의 인사들이 담당할 수 있으나 사전에 미리 양해를 구하여 너무 길지 않도록 조정하는 편이 전체 진행을 원활하게 하며, 특별찬송이나 연주가 있는 경우에도 이를 감안하여 전체 순서를 조정하여야 한다.

3) 교제와 기념품

예수님께서 십자가에 달리시기 전에 제자들과 만찬의 교제를 나누셨고(마 26:17-30; 막 14:12-26; 눅 22:7-23; 요 13:21-30), 부활하시고 승천하시기 전에도 갈릴리 호숫가에서 제자들과 물고기를 구워 드시는 식탁의 교제를 베푸신 후에 베드로를 포함한 제자들에게 복음전파의 사명을 당부하셨다 (요 21:1-25). 이렇듯 식탁의 교제는 예수 그리스도를 머리로 하는 공동체인 교회에 있어서 매우 중요하기 때문에 초대교회에서도 한 마음과 한 뜻으로 모든 물건을 서로 통용하며 자기 재물이라고 주장하지 않고(행 4:32) 함께 떡을 떼고 나누는 교제를 중시하였다.

교육목회의 5대 커리큘럼을 소개한 마리아 해리스(Harris, 1989)가 첫 번째로 제시한 것도 성도 간의 교제인 '코이노니아'(κοινωνία)이므로 설립 예배의 식탁 교제는 매우 중요하고 의미가 있는 사역으로서 정성스럽게 준비하여야 한다. 그러나 다과의 준비가 예배 준비보다 앞서서는 안 되며, 교회의 상황에 따라 최선을 다하는 모습이 요구될 뿐이다.

재정에 다소 여력이 있고, 일손이 부족하다면 케이터링 업체를 통해 음식을 준비하여 뷔페식으로 배열할 수 있고, 상황에 따라서 도시락을 주문하여 교제를 나눌 수도 있다. 다과를 나누는 데에 무리가 없도록 식기도 충분히 준비해 놓아야 하고, 이동에 무리가 없도록 식탁의 위치 역시 신경 써서 배치해야 한다. 교회 장소가 협소하다면 근처의 식당을 예약하는 것도 고려할만하며, 이 경우 노약자들이 도보로 무리 없이 이동할 수 있는 가까운 거리에, 1층이 아니라면 엘리베이터를 구비한 장소를 선택해야 한다. 만약 예배 시간이 식사 시간과 겹치지 않는다면 간단히 다과와 차류를 준비하여 담소와 교제를 나눌 수 있도록 하는 것도 괜찮다.

최근에는 설립예배에 참석한 이들에게 간단히 기념품 또는 답례품을 증정하는 것이 관례화되어 있다. 개척교회의 재정이 너무 열악하지 않다면 방문객들에게 감사의 마음을 표현할 수 있도록 기념품을 성의껏 준비하는 편이 좋다. 기념품은 개척교회의 이미지를 결정하므로 교회의 이름과 로고 등을 포함하되, 특별히 기억에 남을 수 있는 제품을 선택하여 예상 방문객들의 숫자보다 여유 있게 준비하여 한 명도 빠짐없이 받을 수 있도록 하여야 한다.

일례로 수건을 준비하는 경우 예상 방문객의 숫자가 100명이면 여유 있게 2-300장을 준비하여 참석한 이들은 물론 개인 사정으로 참석하지 못한 이들에게 향후 전달할 수 있도록 하는 편이 좋다. 가급적 제품의 품질이 좋은 옵션을 선택하여 오랫동안 사용하며 교회를 기억하고 위하여 함께 기도할 수 있도록 하면 더욱 좋을 것이다.

제10장

설교와 예배의 구성

개척교회 목회자는 상대적으로 기성교회 담임목회자와 비교하여 신학과 목회의 경험은 물론 설교의 경험과 스킬도 부족할 수 있다. 그러나 하나님은 외모가 아니라 중심을 보시는 분이므로(삼상 16:7), 하나님과의 깊은 관계를 바탕으로 신실하게 하나님의 말씀을 전하는 개척교회 목회자는 온전한 교회를 이룰 수 있을 것이다.

더욱이 신학 분야의 박사 학위를 가진 부교역자를 중심으로 신학 또는 목회연구소 등의 팀에서 설교 원고를 전달하면 그것을 가지고 설교하는 일부 대형교회 담임목회자보다는 훨씬 진솔하고 마음을 울리는 말씀을 전할 수 있을 것이다. 설교자에게 필요한 것은 하나님과 동행하는 삶의 자세요, 그러한 삶에서 필연적으로 뒤따르는 하나님과의 친밀한 관계이다. 그래야 하나님께서 들려주시는 음성을 말씀을 통해 제대로 선포할 수 있기 때문이다. 그것은 설교의 경험과 목회년수와는 관계없는, 목회자 자신의 마음 중심에 달린 것이다.

또한, 설교는 필연적으로 예배의 형식과 맞물려 그 형식이 결정된다. 포스트모던 사회의 개인주의를 강조하는 현대 교인들의 특성을 고려하여 설교와 예배를 구성하여야 하며, 새롭게 시작하는 개척교회의 특성상 기성교회와의 차별화 요인을 가미하면 좋을 것이다. 설교는 목회자 개인의 인격 및 신학과 관련되는 부분이 더 많으며, 예배는 교인들의 성향과의 연관성이 더 높다. 따라서 설교는 담임목회자의 은사와 역량을 중심으로, 이를 포함한 예배의 형식은 교회가 위치한 지역사회 주민들의 특성과 교인들의 구성과 성향 등을 고려하여 교회공동체가 협의하여 결정하는 것이 기본이다.

1. 목회철학과 예전

개척교회는 인원이 많지 않기 때문에 예배당이 비어 있어서 생동감이 부족할 수 있다. 물론 예배는 하나님께 드리는 것이지만 개척교회 목회자가 정성껏 설교를 준비한 후 설교단에 섰을 때에 자리가 텅 비어 있다면 아무래도 마음 한 구석이 허전할 수 있다. 따라서 개척교회의 목회자는 목회철학과 비전을 중심으로 장기적인 관점에서 마음을 다잡아야 하며, 이를 가능케 하는 힘은 결국 목회자의 영성, 즉 목회자와 하나님과의 관계에 기인한다.

목회철학이 설교와 예배 등의 예전의 방향성과 형식을 결정하는 요소라면, 목회자의 소명은 사역을 지속하는 힘이 된다. 개척교회의 목회자는 예수님께서 본을 보여주신 것처럼 기도를 통해 하나님과 소통하며 하나님의 뜻을 개척목회를 통해 실현해야 한다.

예수님은 주기도문을 통해 기도에 대하여 가르쳐주셨을 뿐만 아니라,[1]

---

1   예수님은 "너희는 이렇게 기도하라"(마 6:9)고 말씀하시며 기도하는 요령을 가르쳐 주셨는데, 이것을 주님께서 가르쳐 주신 기도, 즉 주기도문이라고 한다. 주기도문은 마태복음 6장 9-13절과 누가복음 11장 2-4절에 기록되어 있는데, 마태복음에는 하나님께 대한 간구 세 가지와 인간적 간구 세 가지, 도합 여섯 가지의 기도 내용이 등장하지만 상대적으로 짧은 누가복음 본문에는 하나님께 대한 간구가 두 개만 등장한다. 이는 주기도문의 기도를 그대로 따라 하라는 뜻이 아니라 주기도문의 정신에 따라 기도해야 한다는 의미이다. 만약 예수님께서 가르쳐주신 대로 똑같이 기도하라고 말씀하셨다면 마태복음과 누가복음의 본문이 같아야 할 것이기 때문이다. 마태복음에 나타난 주기도문은 하나님께 대한 간구와 인간의 필요를 채우기 위한 간구로 이루어져 있다. 특히 '우리'라는 표현이 다섯 절로 이루어진 주기도문에서 6회나 등장함으로써 이러한 기도는 공동체적임을 드러낸다. 이는 개인적인 필요뿐만 아니라 가정과 교회 공동체 구성원 모두를 위한 기도가 되어야 함을 뜻하는 것이다.
    "하늘에 계신 우리 아버지여"(마 6:9)라는 부름은 유대인의 공적인 기도에 반드시 포함되는 문구이다. 특히 '아버지'라는 부름은 우리와 하나님의 관계가 그만큼 친밀함을 드러내는데, 한편으로 고대 히브리인들의 문화에서 '아바'라는 단어, 즉 '아버지'라는 단어는 육신의 아버지뿐만 아니라 조상, 스승, 국가의 지도자들을 지칭하는 데에 사용되었다. 그러므로 이는 단순히 응석을 부리는 자녀의 입장이 아니라 하나님을 향한 경외와 존경이 담긴 표현이다. 다른 한편으로 고대인들이 아들을 대할 때에 아버지의 이름을 통해 그 정체성을 이해했다. '누구의 아들'이라는 말은 그 사람의 재능과 직업을 아들이 이을 것을 전제로 하는 것이다. 따라서 하나님을 아버지라고 부르는 것은 자녀된 우리가 행할 일은 곧 아버지 하나님의 일이라는 것, 즉 예수 그리스도를 통하여 베푸신 구원을 삶을 통해 전파하는 빛의 자녀로서 살아가야 함을 뜻하는 것이다. 그러므로 예수님을 주님, 즉 구원자(구세주) 그리스도로 믿는 그리스도인만이 그 믿음 안에서 하나님을 아버지라고 부를 수 있다.
    기도는 하늘에 계신 우리 아버지께 드리는 경배로부터 시작해야 한다. 이것은 기도는 은밀한 중에 보시고(마 6:6), 우리에게 있어야 할 것을 아시는 아버지 하나님께(마 6:8) 하는 것이라는 사실을 나타낸다. 그러므로 우리가 구하는 모든 것을 아시고 이를 들어주실 수 있는 하나님을 향한 경배가 기도의 시작점이 되어야 하는 것이다. 하나님에 대한 세 가지 간구의 내용은 '이름, 나라, 뜻'을 통해 전개된다. 우선 하나님의 이름이 거룩히 여김을 받으시라는 말은 간접 명령 수동태로서 '왕은 만세수를 하옵소서'라는 말처럼 하나님의 주권을 모든 사람이 인정하게 함으로써 하나님의 거룩하심을 보여달라고 기도하는 것이다. 이는 또한 하나님의 백성이자 자녀로서 우리의 삶을 통해 하나님의 거룩하심을 드러내겠다는 결심의 선언이기도 하다. 즉, 하나님과의 관계를 통하여 하나님 말씀으로 자신의 삶을 비추며 하나님의 성품에 합당한 삶을 살겠다는 것이다. '나라가 임하시오며 뜻이 하늘에서 이루어진 것 같이 땅에서도 이루어지이다'는 고백은 기도하는 나 자신의 뜻이 아니라 하나님 나라, 즉 하나님의 뜻을 앞세우는 믿음이 바탕이 되어야 한다는 의미이다. 그러한 믿음을 가진 의인의 간구는 역사하는 힘이 클 것이다(약 5:16).

습관을 따라 이른 새벽에 기도하셨다(눅 22:39-41). 특히 사역을 시작하시기 전에 새벽에 기도하셨고(막 1:35; 눅 4:42), 십자가에 달리셔서 인류 구원

어린 자녀가 부모에게 필요한 것을 당연히 구하듯, 우리는 아버지 되신 하나님께 모든 것을 구할 수 있다. '일용할 양식'이라는 것은 문자적으로 '하루에 사용할 양식'이라는 뜻이지만 보다 포괄적으로 우리 삶의 모든 필요를 의미한다. 더 구체적으로 살펴보면 일용한 양식을 달라는 기도는 단순히 '빵' 즉 히브리어로 '레헴'만을 의미하는 것이 아니라 양식을 얻을 수 있는 힘을 달라는 기도를 뜻한다. 아담과 하와의 타락 이후 남성은 땀 흘리는 수고를 감당해야 함을 잘 알았던 유대인들은 단순히 단번에 양식을 주시는 것을 구하지 않았고, 빵을 얻을 수 있는 건강과 지혜를 구한 것이다. 양식을 얻기 위해서 땅을 갈아엎고, 씨를 뿌리고, 밭을 일구고, 익은 곡식을 거두어 타작을 하고, 단을 묶어야 했다. 또한, 갈아놓은 가루로 빵을 만드는 수고를 마쳐야 비로소 양식을 먹을 수 있었다. 우리도 그저 결과물인 열매나 양식을 달라고 기도해서는 안 되고, 그 열매를 얻을 수 있도록 과정을 잘 마치는 힘과 용기, 그리고 지혜를 달라고 기도해야 할 것이며, 특히 개척 교회 목회자는 교회의 성장과 부흥 이전에 먼저 자신의 마음이 하나님의 뜻 아래에 있으며, 교회를 세우는 과정 중에 부족함이 없는 지혜와 능력을 달라고 구해야 할 것이다.

"우리가 우리에게 죄 지은 자를 사하여 준 것 같이"(마 6:12)라는 문구는 우리가 예수 그리스도를 믿음으로 변화되어 용서의 능력을 보유하게 되었음을 의미한다. 1년에 한 번 있는 '대속죄일'(욤 키푸르)에 하나님께 죄 사함을 얻기 위해서 먼저 이스라엘 백성들 사이에 죄를 서로 고백하고 용서해야 한다. 그러나 용서는 무조건적인 것이 아니라 죄를 범한 측에서 회개할 것을 전제로 하는 것이다. 하나님께서 항상 우리의 죄를 용서하실 의지를 가지고 기다리고 계시지만 우리가 죄를 회개하고 다시는 그러한 죄를 범하지 않도록 돌이키려는 결심을 드리지 않으면 그 용서는 이루어지지 않는다. 이것은 인간관계에서도 마찬가지이다. 예수님을 주님으로 믿는 우리는 우리의 죄가 용서받았음을 알기 때문에 다른 사람들이 우리에게 지은 죄 역시 용서할 수 있는 마음을 믿음 안에서 갖지만 악한 의도를 가지고 끊임없이 우리를 괴롭히는 사람은 용서할 수 없고, 오히려 믿음으로 대적해야 된다.

동시에 우리는 믿음대로 살아가기가 어렵다는 사실을 직시하고 하나님의 도우심을 구해야 한다. "우리를 시험에 들게 하지 마시옵고 다만 악에서 구하옵소서"(마 6:13)라는 기도는 우리는 연약하고, 아담과 하와의 후손으로서 죄에 쉽게 빠지는 본성을 가지고 있다는 사실을 전제로 한다. '시험'을 지칭하는 헬라어 단어 '페이라스몬'(πειρασμόν)은 '유혹'을 의미하는 영어 단어 'temptation'에 가까운 의미이므로 '유혹'으로 번역하는 것이 낫다. 죄의 용서가 치료약이라면 시험, 즉 유혹과 악을 경계하는 것은 예방약에 해당한다. 우리는 매일 우리를 넘어뜨리려고 도사리는 유혹에 직면하지만 우리의 연약한 인간적인 의지로는 결코 시험과 죄의 유혹을 이기지 못한다. 따라서 우리가 시험에 들지 않고, 믿음으로 승리하며 악에 빠지지 않도록 성령께서 도와주실 것을 구하는 것이 우리가 구해야 할 바이다. 믿음으로 수많은 유혹들을 물리친다면 그 유혹들은 우리의 삶에 실제적인 영향력을 끼치지 못할 것이기 때문이다.

의 사역을 마무리하시기 전에도 겟세마네 동산에서 새벽에 기도하셨다(마 26:36-46; 막 14:32-42; 눅 22:39-46).

구약 시대와 달리 오늘날의 모든 사람들은 십자가 위에서 인류의 죄를 대속하신 예수 그리스도를 통하여 하나님 앞으로 나아갈 수 있지만, 목회자는 그리스도의 몸 된 공동체에 대한 기본적인 책임을 맡은 이로서 사무엘 선지자처럼 공동체를 이루는 구성원들을 위하여 중보하기를 쉬지 말고 선하고 의로운 길을 가르쳐야 한다(삼상 12:23).

또한, 목회자는 말씀과 기도가 영적 지도력의 근원임을 알고(행 6:4), 말씀을 가르칠 뿐만 아니라(딤전 3:2), 가르침을 그대로 지킴으로써 본을 보여야 하는데(딛 1:9), 그러한 삶의 실천과 믿음의 본을 가능케 하는 것이 바로 목회자의 기도 생활이다. 교인들은 흔들림 없이 자신들을 위해 기도하고, 선포한 말씀대로 삶의 본을 보이는 목회자를 존중하기 마련이기 때문이다.

2. 설교의 기본형식

오늘날 교회의 문제는 말씀의 지식 부족이 아닌, 말씀의 실천 의지의 결여에서 시작한다. 케이블 TV는 물론 인터넷 홈페이지에서 말씀의 선포는 홍수를 이룬다. 제자훈련과 양육 프로그램도 미디어를 통해 접할 수 있고, 양질의 도서들과 교재들을 통해 성경지식을 함양할 수도 있다. 그러나 말씀 앞에 결단하는 의지가 박약하여 말씀의 실천이 약화되었기 때문에 한국교회는 손가락질을 받고 있는 것이다.

따라서 말씀사역의 최전선에 있는 설교는 그 중요성이 더욱 강조되어야 한다. 특히 기성교회와 차별화된 참신한 목회를 도모하는 개척교회에 있어서 설교는 더욱 중요한 사역에 해당한다. 개척교회 목회자는 설교의 내용과 구성에도 신경을 써야 하지만 자신이 하나님의 말씀을 전달하는 통로로서 인격과 삶의 본을 보이고, 따뜻한 그리스도의 사랑을 담고 설교해야 함을 명심해야 한다. 하나님의 말씀을 전하는 설교의 내용도 중요하겠지만, 하나님께서는 예배를 통하여 신앙 공동체 모두가 하나님의 임재와 사랑을 체험하고, 그 힘으로 세상 속에서 빛과 소금의 직분을 감당하기를 더욱 원하실 것이기 때문이다.

1) 목회철학과 목회자의 강점

설교는 전통적으로 제목 설교(Topical Preaching), 본문 설교(Textual Preaching), 그리고 강해 설교(Expository Preaching)로 구분되었으나 최근에는 귀납적 설교(Inductive Preaching), 내러티브 설교(Narrative Preaching), 한 주제 설교(One Theme Preaching) 등이 새롭게 활용되고 있다(최성훈, 2019b, 43).

설교의 형식은 필연적으로 예배의 형식과 연관이 있다. 예를 들어, 도시의 청, 장년층이 교인의 주를 이루는 교회는 '열린 예배'(Open Service)의 형식과 귀납적 설교 또는 내러티브 설교를 사용할 가능성이 높다. 교회의 소재지가 기독교인의 비율이 매우 낮은 곳이라면 교회의 문턱을 낮추고 대중들의 눈높이에 맞추어 보다 파격적인 드라마 설교 등의 형태와 '구도자의 예배'(Seeker Service) 형식을 활용할 수 있을 것이다. 현대적인 예배와 설교의 형식을 가미하는 것도 좋지만, 그 형식이 복음을 중심으로 기독교 예전에 대한 일반적인 통념을 크게 벗어나지 않는 범위 내에서 전개되어야 함을 간과해서는 안 된다.

개척교회의 담임목회자는 아무래도 기성교회, 특히 대형교회의 담임목회자에 비하여 설교의 경험이 많지 않을 가능성이 높다. 그러나 설교는 목회자가 하나님의 말씀을 통해 하나님께 받은 말씀을 선포하는 것이므로 경험의 많고 적음의 여부보다는 목회자의 말씀을 연구하는 자세와 그 말씀을 가지고 엎드려 기도하는 영성이 훨씬 중요하다.

개척교회 목회자는 하나님 앞에 홀로 선 외로운 존재가 아니라, 오히려 하나님과 동행하며 하나님의 깊은 뜻을 설교와 목회의 모든 부분을 통하여 전하는 특권을 누리고 있음을 상기해야 한다. 또한, 하나님과의 관계를 통해 얻은 힘과 능력으로 자신이 섬기는 교회와 교인들의 상황에 부합되는 설교의 형식과 내용을 결정하고 이를 전달하는 사명을 온전히 수행해야 할 것이다. 이를 위해 성경 본문을 연구하는 것과 교인들의 처지를 살피며 목양하는 것의 균형을 유지하는 것이 요구된다.

2) 청중들의 상황

개척교회 목회자는 청중들의 전체적인 영적 수준과 개인적 사정을 감안하여 설교의 형식과 내용을 다듬어야 한다. 설교란 성경 말씀을 청중들에게 일방적으로 선포하는 사역이 아니라 하나님의 말씀과 청중들이 만나서 원활한 소통이 이루어지도록 돕는 사역이기 때문이다(최성훈, 2018b, 169).

따라서 미국 풀러신학교 (Fuller Theological Seminary)의 설교학 교수였던 이안 피트 왓슨(Ian Pitt-Watson, 1999)은 설교자에게는 본문의 주석(exegesis of the text)과 삶의 주석(exegesis of life), 두 가지의 의무가 있다고 지적하였다. 따라서 설교자는 성경 본문(the Text)을 해석할 뿐만 아니라 청중들의 삶(the Context)도 분석하여야 하므로 연구실 또는 목양실에만 머물러서는 안 되며, 복음의 빛을 비추기 위하여 교인들의 삶의 현장을 살피며 그들의 희망과 절망, 불안과 평안, 기쁨과 슬픔을 나누고 이해해야 한다.

청중의 분석에 있어서 가장 중요한 것은 그들의 영적 필요들을 파악하는 것인데, 그러한 필요들을 숙지하여야 그들의 삶과 연관된 성경의 메시지를 전할 수 있기 때문이다. 이를 위하여 교인들의 가정과 사업장을 방문하는 전통적인 심방뿐만 아니라 유선통화 또는 이메일이나 SNS 소통을 통하여 그들의 기도제목과 삶의 필요에 대하여 숙지하고, 이를 설교에 반영하여 성경적 방향성을 제시하여야 한다.

청중들 한 사람, 한 사람을 향한 사랑이 성경 본문의 해석 및 성령의 조명하심과 인도하심을 통하여 전달될 때에 청중들의 마음이 그리스도의 사랑으로 감싸이게 되고, 새로운 삶의 희망을 믿음 안에서 발견하기 마련이기 때문이다.

3. 예배의 기획과 구성

1) 예배의 형식

앞서 설교의 형식을 다루며 점검한 것처럼 예배의 형식은 교회의 목회철학에 근거하되, 기독교 전통의 테두리 내에서 현대적 상황과 조율하여 결정해야 한다. 예배의 순서 역시 기독교의 전통을 따르되, 세부적인 내역에 있어서는 개척교회의 교인 구성과 지역사회의 특성에 맞추어 조정할 수 있다.

그러나 처음에 예배의 형식을 구성할 때에는 신학적 성찰을 통하여 개척교회에 가장 적합한 조합을 찾아야 하며, 교회가 설립된 이후에도 예배의 순서나 형식을 변경할 때에는 철저하게 성경의 가르침 및 신학의 전통을 조명한 후에 교회 공동체와의 협의를 거쳐 이를 결정해야 한다. 잘못된 교리적 해석에 기반하여 예전을 쉽게 바꾸는 것은 교회의 정체성에도 악영향을 끼치지 때문이다.

필자가 제시한 현대적 상황이란 거시적으로는 현대의 사조를 뜻하지만 교회가 소재한 지역의 특성과 교인들의 성향 등을 포괄하는 의미이다. 교회가 도심이나 부도심에 위치하여 기업 종사자들이나 유동인구가 많다면 낮 시간 동안에 신우회 예배 장소를 제공하거나 외부인들과 소통할 수 있는 기회를 마련하면 좋을 것이다.

도시의 외곽에 위치한 교회라면 출근 및 자녀들의 통학을 준비하는 교인들의 사정을 감안하여 보다 이른 시각에 새벽예배를 드리도록 정하고, 기도회 형식으로 예배를 짧게 마무리하는 편이 좋다. 지역사회에 새벽예배를 드리는 교회가 별로 없다면 개척교회가 새벽예배를 통해 지역주민들의 영적 수요를 충족할 수 있고, 시간도 탄력적으로 선택하여 보다 많은 이들이 참석할 수 있도록 할 수 있다.

또한, 교인들의 숫자가 많지 않은데 굳이 주일 공예배의 횟수를 늘릴 필요는 없다. 하지만, 한 사람의 교인이라도 공예배 시간을 맞추기 어렵다면 그 사람을 위해 새로운 예배 시간을 정한다면 오히려 이를 기반으로 새로운 신자들이 모일 수도 있을 것이다.

2) 예배팀의 조직과 역할 분담

예배는 하나님께 드리는 것이므로 예배의 순서를 담당한 모든 이들이 자신을 돌아보며 거룩하게 겸비하는 자세가 필요하고, 성심을 다해 예배를 준비하는 태도 역시 요구된다. 하나님은 질서의 하나님이며, 질서 가운데 화평케 하시는 분이다(고전 14:33).

따라서 역할을 분담하여 평안하고 질서 있는 예배가 이루어지도록 준비하는 것이 마땅하다. 그러므로 설교자는 미리 설교의 제목과 본문을 예배담당자들과 공유하여 예배를 질서 있게 준비하도록 도와야 한다. 예배를 드리러 오는 교인들을 교회 밖에서 가장 먼저 대하는 이들은 주차봉사팀일 가능성이 높고, 교회 안에서는 안내를 담당하는 예배팀원, 그리고 예배당 안에서는 안내자를 포함한 예배팀 및 찬양팀일 가능성이 높다.

특히 예배당에 들어와서 자리에 착석하고 난 후에는 찬양을 인도하는 인도자의 멘트와 찬양팀원의 모습이 가장 눈에 먼저 들어온다. 따라서 찬양인도자는 찬양사역의 은사뿐만 아니라 영성도 갖추어야 한다. 찬양곡들의 선정과 선정된 곡들을 배열하여 흐름을 결정하는 것이 설교의 내용과 예배의 성격과 부합되어야 하기 때문이다.

또한, 예배의 원활한 진행과 청중들의 반응을 감안하여 흐름을 자연스럽게 하거나 순서에 집중하도록 하는 멘트 또는 권면에도 능해야 한다. 그러나 찬양 인도자가 반드시 음대에서 성악이나 악기를 전공하거나 신학을 전공한 사역자일 필요는 없으며, 은사를 따라 성실하게 섬기려는 마음만 있다면 찬양사역의 수준은 지속적으로 발전할 것이다.

지역의 특성상 기독교인의 인구 비율이 낮고, 교인들 역시 초신자 위주로 구성되어 있다면 쉽고 따라 부르기 편리한 찬양들로 콘티를 구성해야 하고, 찬양의 가사를 청중들이 화면을 통해 볼 수 있도록 기자재를 확보하여야 한다. 이는 찬양곡들의 가사를 준비하는 사람과 이를 방송기기를 통해 구현하는 사람의 헌신을 요하므로 적절한 인원 배분이 이루어져야 한다. 예배에서 사용하는 악기의 종류와 조화에 대하여는 특별히 정해진 규칙은 없으며, 교인들의 신앙적 배경과 교회의 재정 상황 등을 복합적으로 고려하여 결정하면 될 것이다.

종교개혁자들 역시 예배에서 사용하는 찬송과 악기에 대하여는 일치된 견해를 보이지 못했다(정일웅, 2000, 287). 루터는 풍부한 음악의 사용을 권장하여 회중 찬송, 성가대 찬양, 오르간 연주, 제단에서의 찬양 등을 모두 허용하고 직접 37곡의 찬송가를 작사, 작곡한 반면, 칼빈은 회중 찬송은 지지했지만 일체의 악기 사용을 거부하였다. 한편, 쯔빙글리는 어떤 형태로든지 예배에서 음악적 형태가 가미되는 것을 반대하였다.

제11장

교회 내부사역 프로그램의 기획 및 운영

교회는 먼저 그리스도의 몸 된 교인들을 사랑으로 잘 섬겨야 한다. 교인들을 위한 말씀사역이 제대로 이루어지지 않고, 다음 세대와 도움을 필요로 하는 이들을 포함하여 내부 교인들을 위한 투자가 없는 상태에서 지역사회를 섬기는 사역과 해외선교에만 재정을 투입하는 것은 사역의 기초를 부실하게 만든다.

교회를 구성하는 교인들이 가장 먼저 하나님 말씀의 은혜를 체험하고 그리스도의 사랑을 따라 섬길 수 있도록 바로 세워야 비로소 지역사회와 선교의 사명을 장기적인 관점에서 탄탄하게 수행할 수 있다. 그렇게 은혜를 체험한 교인들은 교회 내외 섬김의 프로그램의 최대수혜자는 바로 봉사자 자신들이라는 사실을 깨닫는다. 머리로 알던 섬김을 실천할 수 있기 때문이다.

이찬수 목사는 사도행전 22장 7절 이하를 통한 묵상에서 예수님을 만나 회심하게 된 바울이 두 가지 질문을 했다는 것에 주목하고 개척목회의 프로그램을 전개하는 방향성을 정립하였다. 그는 바울이 "주님 누구시니이까"(행 22:8)라는 질문과 "주님 무엇을 하리이까"(행 22:10) 하는 질문을 하였음을 주목하고 예수님이 누구신지를 아는 그리스도인의 정체성을 바탕으로 구체적인 사역을 수행하되, 그 사역이 인간적인 성급한 열심에 기인하는 것이 아니라 하나님의 뜻을 따라 행하여야 하는 것임을 강조하였다(이찬수, 2003, 148-149).

개척목회의 소명을 확인하고 비전을 품은 후에도 그 비전을 이루는 구체적인 절차를 하나님께 온전히 맡기는 것은 믿음의 인내를 요구하는 과업이다. 기도하며 성령의 도우심을 구하고, 하나님의 뜻보다 인간적인 열심을 앞세우지 않는 것은 철저한 자기부인과 날마다 십자가 앞에서 자신을 돌아보는 겸손한 순종을 요구하는 것이다. 치밀한 계획을 세우고 개척을 준비하고 개척사역을 수행하는 것도 중요하지만 매 순간 하나님의 뜻을 구하며 하나님과 동행하는 목회는 비단 개척교회뿐만 아니라 모든 교회들이 받아들여야 할 기본적인 자세이다.

1. 새가족 프로그램

1) 안내와 환대

개척교회의 경우 인지도가 낮아서 새가족이 방문하는 빈도도 낮지만, 간혹 새가족이 찾아오더라도 정착률이 낮다. 그 이유는 예배당이 비어 있기 때문에 집중도가 낮고, 지나친 관심이 부담스러운데다가, 인적, 물적 자원의 부족함 때문에 여러 가지 프로그램을 완비하지 못하여 다양한 필요를 충족시키지 못하기 때문이다. 그러나 개척교회의 가족적인 분위기는 오히려 기존교회에서 상처를 입은 교인들의 마음을 따뜻하게 감싸서 회복시키는 역할을 수행할 수 있고, 새롭게 기독교 복음을 받아들인 사람이 믿음 뿌리를 단단히 내릴 수 있는 토양으로 기능할 수 있다.

개척교회의 새가족 프로그램은 복음을 받아들이고 신앙생활을 하는 기반이 될 수 있도록 하는 목적을 달성하되, 제한된 인원과 재정의 범위 내에서 효율적으로 운영하는 묘를 발휘해야 한다. 그러나 복음전도의 차원에서 가능한 최대한 자원을 투입하여 교회의 본질에 근거한 목적을 실현해야 한다.

우선 새가족담당자를 선정하여 새로운 교인들을 환대하고, 양육 프로그램을 구비하여 매주 복음의 진리를 현대인들이 이해할 수 있는 쉽고도 명확한, 그리고 재미있고 유익한 내용으로 전달하여야 한다. 일반적으로 인원이 많지 않은 개척교회는 주차장에서부터 교회입구, 그리고 교회 내에서 새가족이 예배당과 식당 등, 장소를 쉽게 찾을 수 있도록 팻말을 구비하고 표지판을 부착함으로써 효율적으로 안내할 수 있다.

2) 새가족 양육과 심방

새가족에 대한 교육은 한 영혼의 중요성에 대한 인식이 가장 뚜렷한 개척교회의 입장에서 필수적인 사역에 해당한다. 그러나 일반적인 양육 교재와 마찬가지로 새가족 양육 교재 역시 개교회에 딱 들어맞는 적합한 교재를 찾기는 어렵다. 가장 좋은 교재는 교인들의 수준과 상황에 맞추어 교회에서 자체적으로 제작한 교재이며, 따라서 시대와 소통하며 복음을 온전히 전파하기 위하여 담임목회자를 비롯하여 교역자들 모두가 끊임없이 성경과 시대를 연구해야 한다.

새가족 교재는 교회의 사정에 따라 분량과 구조를 결정하면 되겠지만, 너무 장기적인 과정으로 운영하면 지루할 수 있다. 신앙생활 경험이 없는 새가족의 경우에는 3-6주 분량으로 교회 및 복음에 대한 간략한 소개를 통해 관계 맺는 데에 초점을 맞추어야 한다. 신앙생활의 경험이 있거나 이사 및 이직 등의 사유로 수평 이동한 교인들 대상의 양육은 보다 간소화하여 교회를 소개하는 1-2주 과정으로 마무리하는 편이 좋을 것이다. 세부사항은 교회의 상황을 고려하여 정관 또는 내규를 통하여 결정하면 된다. 교재의 내용은 너무 성경의 각 구절들을 일일이 찾아 가며 자세한 내용을 시시콜콜하게 전달할 필요는 없으며, 복음의 핵심적인 내용을 부드럽게 풀어서 설명하는 것으로 충분하다(최성훈, 2017a, 17).

개척교회는 새가족 한 사람이 천하보다 귀한 영혼이라는 것을 실감한다. 따라서 새가족을 만난 이후 여러 가지 방법으로 심방하여 교회에 등록하도록 하는 데에 온갖 정성을 쏟는다. 그러나 요즘은 심방이나 전화 등을 통한 연락이 오히려 새가족에게 불편한 경험이 되는 경우가 많은데, 사생활을 존중받고 하는 개인주의 및 범죄 등으로 인해 사회에 만연한 경계 심리 때문에 낯선 사람으로부터 전화를 받는 것을 꺼리는 경우가 많기 때문이다(최성훈, 2017a, 20).

특히 새가족담당자와 새가족의 성별이 다른 경우에는 더욱 주의해야 하는데, 가급적 담임목회자 또는 새가족들을 섬기는 부서 담당자가 성별로 담당 새가족을 나누어 소통하는 것이 효과적일 것이다. 전화통화는 새가족이 방문했을 때에 동의를 구하고 시간대를 정하여 연락해야 하고, 상대적으로 젊은 층이라면 SNS를 통하여 소통할 수 있도록 양해를 구해야 한다.

2. 양육 및 교제 프로그램

1) 성경공부 소그룹 모임

성경공부를 통한 양육은 교인들의 신앙성장과 성화를 위한 성숙에 있어서 필수불가결인 요소이다. 개척교회가 인적, 물적 자원의 면에서 어려운 것은 사실이지만 교회를 교회되게 하는 것은 그리스도의 몸 된 교인들을 하나님의 말씀으로 세우고 온전케 하는 것이므로, 성경공부사역은 필수적이며, 기초적인 프로그램으로서 중시되어야 한다. 특히 성경공부는 말씀을 통해 가정을 신앙으로 온전히 세우는 데에 초점을 맞추어야 하며, 이는 그러한 가정과 가정이 만나는 소그룹을 통해 확장되는 한편, 직장사역과 같은 특화된 프로그램으로도 연결되어야 하는 핵심사역이다.

(1) 가정 모임

피 한 방울 섞이지 않은 전혀 낯선 두 사람의 남녀가 만나 사랑하여 결혼함으로써 한 가정을 이루며, 자신보다 상대방을 더욱 사랑하는 헌신적이고 희생적인 사랑을 하는 것은 이웃사랑을 실천하는 첫 걸음이며, 그 과정을 통해 그리스도인의 성숙을 도모하는 기회가 된다(최성훈, 2016c, 162-163). 교회와 사회를 구성하는 기본단위로서 가정의 중요성은 아무리 강조해도 지나치지 않으며, 따라서 하나님의 말씀을 공부하는 것은 가정에서부터 시작되어야 한다. 급변하는 현대 사회는 재정, 관계, 양육 등의 면에서 가정이 감당하기에는 어려운 다양한 과제들을 부여하고 있으며, 이에 대처하기 위한 성경적 원리를 필요로 한다.

최근 심리학에 기반을 둔 기독교 상담이 교회에서도 각광을 받고 있다. 이는 검의 양날과도 같아서 하나님의 말씀을 중심에 두고 이를 활용하면 관계의 치유와 가정 회복에 도움이 되지만, 반대로 단지 심리학 또는 상담학적 기교를 강조하면 복음이 부여하는 회복의 능력을 발휘할 수 없다. 성경은 인간의 부족한 모습을 여과 없이 드러내고 있지만 믿음을 통해 개인이 온전케 되고 가정이 회복되는 예를 부연한다.

믿음의 조상인 아브라함의 자손들은 오늘날의 용어로 표현하면 역기능적 가정 출신들이 많다. 아브라함의 아들 이삭은 장자 에서를 선호하였고, 아내 리브가는 차자 야곱을 편애하여 급기야 두 아들이 갈라서는 결과를 초래하였다. 아버지의 사랑을 듬뿍 받지 못한 채, 어머니의 편애를 받고 집을 떠났던 야곱은 네 명의 부인들을 통해 열 두 명의 아들들을 낳았지만 그 가운데 요셉을 편애하여 형제들 사이의 불란을 유발하였다. 그럼에도 불구하고 거시적인 차원에서 부족한 모습 그대로 유력한 족장들을 세우시며, 믿음의 조상 아브라함의 자손을 번성케 하시는 하나님의 섭리는 변함없이 전개되었다.

자녀들이 위태한 상황 가운데 있어도 부부간의 관계가 친밀하면 자녀들이 회복되는 경우가 90% 이상이라는 사실은(전혜련, 2017, 601), 믿음의 가정은 결국 하나님과의 온전한 관계가 부부 관계를 거쳐 자녀들에게도 선한 영향력을 미친다는 사실을 시사한다. 가정에서의 성경 공부를 통하여 부모는 자녀를 양육하는 청지기로서의 의식을 새롭게 해야 하고, 자신의 삶을 통해 하나님만을 경외하는 믿음의 본을 보여주어야 한다.

가족 모두가 삶의 문제들과 가치관의 차이들을 성경의 가르침으로 조명하며 상호 이해와 소통 증진의 수단으로 삼는 데 주안점을 두도록 하기 위하여 가정의 성경공부 모임은 가장 중시되어야 하는 기본적인 사역의 대상이다. 이를 위하여 교회는 전문사역자를 육성하고, 주보에 가정 예배 또는 개인 경건의 시간을 위한 성경 본문과 기본적인 주해를 제공함으로써 가정이 먼저 말씀으로 바로 세워질 수 있도록 지원해야 한다.

모세는 가나안 입성을 앞둔 이스라엘 백성들에게 하나님 앞에서 복과 저주가 함께 있음을 지적하며 하나님의 명령을 지킬 것을 촉구하였다. 그것은 이스라엘 백성들로 하여금 과거에 조상들이 하나님과 맺은 언약을 갱신하는 과정에서 주어진 것이고, 하나님께 순종하면 가나안 땅에서 강대한 나라의 백성들을 몰아내고 그 땅을 차지할 것이라는 약속이었는데, 이는 여호수아에 의해 가나안 땅에 들어간 이스라엘 백성들에게 다시 주어졌고 오늘날에도 그리스도를 통하여 하나님께 순종하는 모든 이들에게 동일하게 주어졌다. 모세는 하나님의 말씀을 자녀들에게 가르쳐서 출애굽, 광야의 인도와 보호, 그리고 가나안 땅에서 주어질 하나님의 은혜를 받아 누리라고 권면하였다.

> 이러므로 너희는 나의 이 말을 너희의 마음과 뜻에 두고 또 그것을 너희의 손목에 매어 기호를 삼고 너희 미간에 붙여 표를 삼으며 또 그것을 너희의 자녀에게 가르치며 집에 앉아 있을 때에든지, 길을 갈 때에든지, 누워 있을 때에든지, 일어날 때에든지 이 말씀을 강론하고 또 네 집 문설주와 바깥 문에 기록하라 그리하면 여호와께서 너희 조상들에게 주리라고 맹세하신 땅에서 너희의 날과 너희의 자녀의 날이 많아서 하늘이 땅을 덮는 날과 같으리라(신 11:18-21).

오늘날 출애굽한 이스라엘 백성들을 공격했던 애굽의 군대처럼, 그리스도를 믿음으로 죄와 사망의 권세로부터 벗어난 믿음의 가정들을 공격하는 흑암의 세력은 하나님의 징계를 받을 것이다. 광야에서 헤매이던 이스라엘 백성들이 만나와 메추라기를 먹으며 구름 기둥과 불 기둥의 인도와 보호를 받았던 것처럼, 믿음의 가정들 역시 하나님께서 필요를 채우시고 인도하시는 보호 아래에 있을 것이다. 또한, 이스라엘 백성들이 가나안에서 승리를 거두고 정착한 것처럼, 믿음의 가정들 역시 하나님의 은혜로 걸음, 걸음마다 승리를 쌓아갈 것이다.

(2) 소그룹 모임

2인 이상의 개인들이 모여서 특정한 목적을 달성하기 위하여 상호작용하는 소그룹은 성경에 나타난 대표적인 신앙 공동체이다.[1] 노아와 그의 가족은 하나님의 구원계획을 이루는 소그룹이었고, 아브라함의 가족이라는 소그룹은 이스라엘이라는 구별된 백성의 시초가 되었으며, 모세도 그의 장인 이드로의 조언을 받아 이스라엘 백성들을 10명, 50명, 100명, 1,000명으로 나누었다(출 18:21). 예수님의 열두 제자도 소그룹이었고, 초대교회도 소그룹 공동체를 통해 성장하였으며(행 18:2; 18-28; 롬 16:3-5; 고전 16:19; 딤후 4:19), 존 웨슬리(John Wesley) 역시 옥스포드대학(Oxford University)의 거룩한 모임(Holy Club)이라는 소그룹을 통해 감리교를 일으켰다.

    소그룹을 통한 성경공부는 개인적으로 성경을 공부할 때보다 훨씬 다양한 해석의 관점을 경험하게 하는데, 이는 구성원 각자가 살아 온 삶의 방식과 여정이 다르며, 성별과 연령이 다양하므로 성경 본문을 조명하고 해석하는 방식이 다양하기 때문이다.

    그러므로 소그룹을 통한 성경 본문에 대한 관찰과 해석은 풍성한 관점의 나눔을 가능케 하며, 따라서 교인들은 믿음 안에서 사랑을 나누며 서로 섬기는 소그룹 공동체를 통해서 함께 성장하고 성숙케 된다. 또한, 소그룹으로 다른 사람과 함께 모인다는 사실 자체로 동기부여가 될 뿐만 아니라, 혼자서 성경을 연구하는 것이 부담스럽고 어떻게 성경을 공부할지 잘 모르는 교인들은 소그룹을 통해 신앙의 연륜이 많이 쌓인 다른 교인들을 통해 배울 수 있다.

    소그룹 구성원이 성장할수록 성경 본문을 곡해할 가능성을 막을 수도 있고, 개인이 발견한 진리를 교환하는 과정에서 여러 사람들의 시각과 경험이 합쳐져서 일반적인 원칙을 이끌어내는 일도 용이하다. 또한, 참여의

---

[1] 소그룹의 의의와 운영에 대한 자세한 내용은 최성훈, 『성경가이드』 (서울: CLC, 2016), '9장 소그룹 성경공부' 및 '10장 소그룹의 운영'을 참조하라.

식과 소속감을 통해 서로를 격려하고 위로하는 공동체로 발전할 수 있는데, 소그룹을 통해 성경 본문을 깊이 나누고, 그 가르침을 적용하는 데 있어서 서로를 일으켜 세우고 지지하는 건강한 소그룹을 통해 개인은 힘을 얻는다. 소그룹 내의 관계를 통해 말씀을 실천할 수 있는 내적인 힘을 얻는 것도 소그룹을 통한 성경공부의 유익인데, 공동체 구성원들의 지지와 격려 가운데 성경의 가르침을 삶에 적용하고 실천하는 것 역시 훨씬 수월하기 때문이다.

따라서 개척교회는 교인들의 성별, 연령, 신앙의 수준 등을 고려하여 소그룹을 구성하고, 소그룹의 보편적인 필요를 채울만한 교재를 선정해야 한다. 교인들의 상황을 가장 잘 아는 목회자가 교재를 직접 제작하는 것이 가장 바람직하지만 만약 그것이 여의치 않은 경우에는 출간된 교재 중에서 가장 적합한 교재를 선택하되, 건전한 해석과 적절한 질문들을 포함하며, 성경 본문의 의미를 실제적인 삶으로 적용시켜줄 수 있는 교재를 선정해야 한다.

성경 본문이 무엇에 대하여 말하고 있는지를 조명하는 관찰, 그것이 무슨 뜻인지를 살피는 해석, 그리고 그러한 본문의 내용을 삶에 적용할 수 있는 적용의 부분이 고루 균형을 갖춘 교재가 이상적이다. 소그룹 성경공부가 시작되기 전에 충분한 시간을 두고 교재를 선택하되, 가급적 인도자에 대한 지침서를 포함하는 교재를 선택하여 소그룹 리더의 부담을 경감하는 한편, 성경사전, 성구사전, 성경지도, 그리고 주석과 설교집 등, 참고서적을 활용할 수 있도록 안내를 제공한다면 소그룹의 유익이 더욱 증대될 것이다.

소그룹 교재 및 일정을 구성함에 있어서 성경 본문을 중심으로 한 교재와 교인들의 특별한 필요를 반영하는 주제 중심의 교재로 나누어 본문별 교재와 주제별 교재를 병행하면 교인들이 균형 있는 성장을 도모하는 데에 도움이 될 것이다. 각 교회의 상황에 따라 운영 기간을 결정하되, 과정의 운영을 마치는 시기에 함께 모여 교제를 나누도록 하면 더욱 깊이 있는 관계를 맺을 수 있다. 일례로 7주 과정의 소그룹 성경공부를 마치고 1주는 식사 교제를 하면, 절기행사 등을 감안하면 2개월 단위로 본문별 또는 주제별 과정을 정리할 수 있다.

　소그룹을 규모 있게 운영하기 위해서 소그룹의 약정, 즉 목적에 대한 명확한 내용을 사명선언문(mission statement)의 형태로 명시한다면 소그룹에 참여하는 이에게 소속감과 명확한 목표의식을 심어 주며, 지식, 감정, 삶의 공유 등, 상호작용의 범위도 기본적인 원칙(ground rule)을 정하여 어느 정도 선을 그어 놓는 편 역시 원만한 운영에 도움이 된다. 회비, 모임의 순서, 준비 등, 기타 세칙도 초기에 결정해서 명시하는 것이 좋다.

　모임의 장소를 정할 때에는 성경공부에 집중할 수 있도록 냉난방과 조명, 소음관리가 가능한 곳을 선택해야 하며, 가정에서 모인다면 어린이나 애완동물의 방해, 이웃의 소음 등을 방지하도록 대비해야 한다. 소그룹 모임이 이루어지는 동안 어린 아이들을 돌볼 사람을 선정하여 부탁해 놓거나, 돌아가며 돌보는 것이 좋다. 다과는 준비에 부담이 되지 않는 한도 내에서 간단히 준비하는 편이 좋은데, 구성원들이 존중을 받는다는 느낌 정도만 제공하는 것이 주된 목적이기 때문이다.

　마지막으로 소그룹의 리더를 세우는 것이 중요한데, 리더는 그리스도와 연합된 이로서, 성경적 소명감을 갖고, 인격과 능력을 개발하며, 자신의 은사를 존중하고, 지속적으로 헌신하는 한편, 사역의 영역을 확장하는 사람이어야 한다. 따라서 소그룹 리더의 가장 기본적인 조건은 자신이 성경을 통해 변화된 사람이며, 끊임없는 변화(성화)의 과정에 있어야 한다는 것인데, 이는 리더의 변화가 소그룹을 구성하는 학습자들의 변화를 이끌어낼 수 있기 때문이다. 또한, 소그룹 리더의 중요한 임무 가운데 하나는 소그룹을 분가시킬 것을 대비하여 차기 리더를 세우는 것인데, 차기 리더는 소그룹 리더를 도와 소그룹 내의 의사소통을 원활히 할 뿐만 아니라 소그룹의 운영에도 공헌한다. 차기 리더는 소그룹의 모임에서 세워진 리더십을 존중하며 소통할 수 있음을 증명한 사람, 그리고 영적, 정서적, 사회적으로 균형 있는 시각을 갖추어 그 사람과 함께 사역했던 사람들이 지지를 보내는 사람이어야 한다. 그러한 조건들을 갖춘 차기 리더를 세우는 일은 또 하나의 영적 전쟁이므로 모든 과정을 기도로 세워야 함을 잊어서는 안 된다.

2) 특별 프로그램

개척교회의 사정상 당장 프로그램을 운영하는 것은 어렵더라도 장기적인 차원에서 다양한 연령, 성별, 계층에 따른 사역 프로그램을 기획하고, 구비하는 것이 좋다. 예를 들어, 교회의 중직층을 구성하는 교인층이지만 그만큼 가정과 직장에서 바쁜 장년 남성층은 기성교회가 미처 신경을 쓰지 못하는 계층에 해당한다.

따라서 특별한 내용을 가지고 시간과 장소를 마련하여 장년 남성 중심의 프로그램을 구비하면 그들을 가정과 교회, 사회에서 중추적 역할을 담당하는 교인층으로 세울 수 있다. 이를 확장하여 교회 내외부에서 소통하는 가교로 발전시킬 수 있는데, 대표적인 프로그램으로서 직장 선교를 담당하는 신우회를 들 수 있다.

교인들 중심의 신우회 프로그램을 구비하는 것은 물론, 이를 다원화시켜서 교회 근처의 직장에 근무하는 그리스도인들이 함께 모이도록 하면 신우회는 일터에서 빛과 소금의 직분을 담당하는 결심의 구심체 역할을 수행할 수 있다. 이는 개교회를 뛰어넘어 하나님 나라를 이 땅에 실현시킨다는 거시적 관점에서 수행하는 프로그램이다.

교회 내에서 운영하는 프로그램으로는 우선 교인들을 중심으로 신앙과 삶, 양자 간의 통합과 균형이 얼마나 중요한지를 양육 프로그램을 통해 강조하되, 특별히 직장생활 속에서 믿음의 삶을 통한 선교가 이루어지도록 특화된 구성이 필요하다. 애굽에서 총리대신이 되어 전문성과 인성이 신앙과 결탁되었을 때에 얼마나 강력한 복음 증거의 도구가 될 수 있는지를 보여준 요셉, 바벨론과 메대, 바사 제국에서 신앙인의 정체성을 분명하게 보여주었던 다니엘과 세 친구들, 그리고 사도 바울이 서신들을 통해 주인들과 종들에게 신앙 안에서 서로를 충심으로 대하도록 권면했던 내용들이 구성의 기반이 될 수 있다.

또한, 직장 내에서 윤리적 결단을 내려야 하는 상황, 인간관계, 전문성 등에 대한 주제를 다루는 것도 유용할 것이다. 무엇보다도 신앙과 삶을 구분하는 이원론을 벗어나 일터에서 그리스도인으로서, 그리고 하나님을 예배하는 예배자로서 살아갈 수 있도록 힘과 용기를 부여해야 한다.

가정의 달인 5월에 전교인 체육대회를 통해 푸르른 자연 속에서 건강한 교제의 장을 펼친다면 가정과 교회 내 세대 간 소통은 물론, 전교인의 단합과 친목 도모에도 도움이 된다. 다만 중고생 자녀가 있는 가정은 중간고사 기간에 해당하므로 교인들의 상황을 살펴서 시기를 조율할 필요가 있다. 교인 중에서 어르신들의 비율이 높고, 따라서 체육대회가 여의치 않으면 차량을 대절하여 연세 드신 교인들이 바깥 바람을 쐬실 수 있도록 교회 지원으로 관광행사를 진행하는 것도 좋을 것이다.

인원규모가 크지 않은 개척교회의 경우 전교인 수양회는 교인 전체가 화목한 가족으로서 함께 할 수 있는 계기가 된다. 특히 여름휴가를 다녀오기에 형편이 여의치 않은 가정들에게 전교인 수양회는 일상을 떠나 친교와 휴식을 신앙 안에서 가질 수 있는 좋은 기회가 된다. 개척교회는 제한된 예산과 인력의 범위 내에서 교인들이 세상 속에서 선한 영향력을 발휘할 수 있도록 그들의 영혼을 살찌우고 지지하는 사역에 심혈을 기울여야 한다. 그것이 바로 하늘에는 하나님께 영광을 돌리고, 땅에는 평화가 임하게 하는 그리스도의 사역이다(눅 2:14).

3. 교회학교의 운영

개교회의 사정이 모두 다르기 때문에 본서에서는 개척교회가 품어야 할 기본적인 원리와 방향성만을 제시하고자 한다. 과거의 주일에만 모이는 전통적인 주일학교와 오늘날 교회학교가 다른 점은 다음과 같다.

첫째, 매일의 삶을 통해 소통하고 교제하며 복음을 실천하는 것이고,

둘째, 유아, 어린이, 청소년에 국한된 것이 아니라 청년과 장년, 노년 등, 전 세대를 아우르는 교육목회의 시스템으로서 체제적 접근(systems approach)을 시도하는 것이다.

교회학교 운영에 대한 마인드 역시 당회를 중심으로 하는 장년 위주의 패러다임에서 벗어나 전 교인의 양육을 지향하는 교육목회 중심의 체제로 탈바꿈하는 것이 장기적인 차원에서 바람직하다. 이는 학령층 부서의 경우, 교역자, 교사, 학생들은 물론, 학부모들의 관심과 참여를 필수적으로 요청하는 과업이다.

또한, 학령층 부서의 사역을 장년목회를 담당하기 이전에 거치는 지나가는 사역으로 생각하여 신학대학원 재학생들에게 전담시키는 의식을 타파하여 장기적 관점에서 어린이사역 또는 청소년사역에 집중하려는 전문사역자를 육성하고 지원하여야 한다. 이는 학령층을 중심으로 조명할 때에 교회학교사역이 씨 뿌리는 사역이므로 인내와 헌신, 그리고 지속적인 지원을 요구하는 사역이라는 사실을 직시함으로써 가능하다. 하나님 말씀

과 복음을 중심으로 이 세상의 현실을 조명할 수 있도록 성경의 이해와 삶으로의 적용의 균형을 도모해야 한다.

연령별로 구분했을 때에 한 부서의 건강한 성장은 몇 년 후 차 상위 부서가 경험하는 부흥의 밑거름이 된다. 예를 들어, 초등학생 부서가 부흥하면 몇 년 후에 중, 고등부의 부흥으로 이어지고, 이는 다시 청년부의 부흥으로 전개되는 것이다.

오늘날 교단보다는 개교회 위주의 교육 시스템이 강조되는 것에는 일장일단이 있는데, 교단 차원의 지원이 미흡하고 여력도 부족하다는 어려움의 이면에 개교회의 특성을 반영하는 양육을 실현할 수 있는 장점이 있다. 그러므로 연령별 부서의 구분에 더하여 교육내용의 발전과 확장을 도모하여야 한다. 일례로 유년부, 초등부에서 다루었던 내용을 중, 고등부에서 똑같이 반복하는 것이 아니라 발달단계에 따른 주제를 성경 말씀을 중심으로 조명하여 삶의 윤리와 실천으로 제시하는 노력이 필요하다.

1) 유아 및 유치부

학령기 이전의 어린이들에게 있어서 교회는 재미있는 곳이어야 하고, 따뜻한 그리스도의 사랑을 느끼는 곳이어야 한다. 담당 부서의 목회자와 교사진은 어린이들의 특성에 대하여 숙지하고 있어야 효과적으로 부서를 운영할 수 있는데, 유아 초기인 만 2-3세 미만의 어린이들의 경우 집중할 수 있는 시간은 한 번에 2-3분에 불과하고, 만 4-5세가 되면 사회성은 증가하지만 집중가능 시간이 비약적으로 늘어나지 않음을 인지하고 어린이들의 수준에 맞추어 예배, 양육, 교제 프로그램을 운영해야 한다(최성훈, 2016b, 241-242).

특히 연령대가 낮을수록 도움의 손길이 더 많이 필요한데, 일손이 모자란 개척교회는 예배당에 부속된 자모실을 마련하고 기본적인 놀이기구와 그림책 등을 비치해 놓는 것이 좋다. 매주 간식을 제공하고 공작활동(arts & crafts)을 위한 예산도 마련해야 한다.

교회의 여름행사는 일주일에 하루, 주일예배 후에 분주하게 진행되는 분반공부와는 다른 집중도로 인하여 신앙성장의 중요한 기회를 제공한다. 특히 학령기 전후의 어린이들에게 여름성경학교 또는 캠프는 매우 효과적인 양육과 친교의 수단이 된다. 말로 표현하는 데에 한계가 있지만, 너무 어린 아이들이라고 해서 신앙 관련 내용을 다룰 때에 제대로 이해하지 못하는 것이 아니다. 목회자와 교사진, 학부모가 힘을 합쳐서 교회에서 듬뿍 사랑을 받는 경험을 제공하여야 한다.

초등학교 입학 전 유아와 유치부 어린이들을 위한 여름행사 프로그램은 교회 내에서 진행하는 것이 안전을 위해서도 좋고, 학부모들이 부서에 들러서 활동을 볼 수 있도록 하는 것이 소통 면에서도 바람직하다. 만약 외부에서 진행하는 캠프 등, 외부행사에 참여할 경우 반드시 보험에 가입하고 행사기간 중에 인터넷과 SNS를 이용하여 실시간 또는 정기적으로 행사의 내용을 학부모에게 공지해야 하며, 재미보다는 안전을 최우선으로 신경 써야 한다.

2) 초등부

오늘날 현대인들의 바쁜 일상은 어린이 교육의 현장에도 동일하게 반영된다. 주일에 한 번 예배를 드리고 만나 교제하고 분반공부를 통해 양육의 기회를 갖지만, 이마저도 짜여진 예배와 가정의 일정에 따라 분산되기 십상이다. 찬양과 설교를 포함한 예배 한 시간이 지난 후 약 30분간 시간을 가질 수 있지만 이는 출석을 부르고, 간식과 친교를 나누는 시간을 제외하면 20분가량에 불과하다. 기성교회의 경우 두 시간 단위로 예배를 드리는데, 주차의 문제와 개인의 일정으로 인하여 분반공부 시간에 장년 예배를 마친 부모님이 아이들을 기다리거나 일어나라고 재촉하는 모습이 낯설지 않다. 따라서 깊이 있는 양육이 진행되기가 어렵고, 이는 현장교육이 약화되는 원인이 된다.

교회의 소재 지역에 따라 독서, 영어, 수학 등의 프로그램을 운영하며 지역사회의 초등학생들의 학습을 도움으로써 자녀들을 통해 부모에게 복음을 전하는 기반을 삼을 수 있고, 여름행사는 지역사회의 초등학생들을 초청하여 보다 효과적으로 운영할 수 있다. 교회 인력의 여건이 허락한다면 스포츠 클리닉이나 팀을 운영하는 것도 교회 내 어린이들은 물론 지역사회와 교류할 수 있는 기반이 된다.

오늘날 초등부의 프로그램은 학생들이 스스로 참여할 수 있는 장을 제공하는 방향으로 특성이 변화하고 있는데, 따라서 장기적 관점에서 전문 사역자를 육성하여 특화된 사역을 제공할 수 있도록 담임목회자가 열린 마인드를 갖는 것이 필요하다.

부모의 연령대가 올라갈수록 보다 보수적인 성향을 나타내며, 목회자의 설교나 인격, 교회의 프로그램보다는 같은 연령대의 교인들과의 교제와 공동체에 보다 초점을 맞춘다. 그러나 초등학생 자녀를 둔 부모의 연령대는 3-40대에 이르며, 그들은 합리성과 민주주의에 대한 확고한 신뢰를 견지하므로 교회의 일꾼이 될 확률이 가장 높은 세대이다. 따라서 학부모 대상으로 가정통신문을 월 1회 이상 발송하고 절기행사 및 각종 프로그램에 초청하여 지속적인 소통을 통해 협력하여 부서를 운영하는 것이 효과적이다.

3) 청소년부(중, 고등부)

신체적 성장과 함께 인지적, 정서적, 영적 성장이 가파르게 나타나는 청소년 시기는 인생을 좌우하는 중요한 시기이다. 이때에 믿음의 기반을 건강하게 형성해야 올바른 신앙인의 삶을 살 수 있기 때문에 교회의 모든 자원을 투입하여 청소년들에게 신경을 써야 한다. 재정과 시간 등을 아낌없이 투자하여 교회에서 자신들을 중요시하며, 존중하고 배려하고 있다는 사실을 청소년들이 느낄 수 있는 수준으로 그들을 대해야 한다. 이는 일차적으로 부모들의 신앙과 의식 변화에 달려 있으며, 목회자와 교사진은 보조적 역할을 수행할 뿐이라는 사실을 간과해서는 안 된다. 따라서 청소년 자녀를 둔 부모를 위한 세미나와 기도회 등, 부모들의 필요를 채우는 다양한 프로그램들을 구비함으로써 신앙으로 청소년 자녀들을 성숙하게 양육할 수 있는 지침을 제시하여야 한다.

개척교회는 물론 기성교회들도 청소년사역에 있어서는 그들의 삶의 자리로 찾아가는 것을 게을리 해서는 안 된다. SNS를 통한 소통은 물론, 학원과 독서실에서 일정 시간을 정해두고 간식을 제공하는 노력과 지원이 필요하다. 그러한 만남을 통해 굳이 복음을 전하려 하다가 어색한 상황을 만들지 말고, 그저 수고했다는 칭찬과 격려를 통해 공감과 소통하는 것이 훨씬 중요하다. 그러면 교회에 출석하지 않는 학생들도 마음을 열고 함께 간식을 나누고 친밀감을 형성하며, 해당 교회뿐만 아니라 기독교 자체에 대하여 우호적인 시선을 가질 수 있다.

따뜻한 접촉을 자주 하기 위한 노력은 담당사역자가 풀타임사역자이어야 함을 요구한다. 물론 개척교회의 상황이 열악하지만 청년사역자에게 행정을 함께 담당하게 하고, 청소년사역자에게 찬양사역을 함께 맡도록 하는 등의 운영의 묘를 발휘할 것을 고려해야 한다. 가장 예민하고 불안한 청소년 시기는 설교 한 편에 인생의 방향이 바뀔 수도 있는 시기이므로 풀타임 전임사역자의 존재가 더욱 소중함을 잊지 말고 최선을 다해 지원을 해야 한다.

특히 입시를 앞둔 고등학생들에게 있어서 교회교육을 입시에 이은 부속물로 여기도록 하는 것이 아니라, 이를 통해 그리스도인으로서의 정체성과 삶의 의미와 목적에 대하여 조명할 수 있도록 도와야 한다. 교회의 성장에 따라 고3 학생들과 N수생들을 위하여 입시생 예배를 따로 기획하는 것도 고려해야 한다.

믿음이 부족하거나 믿음이 연약한 부모님의 자녀들은 입시철에 주일예배를 드리지 않고 학원으로 직행하기도 하는데, 인생에 있어서 처음 맞이하는 중요한 기로에 있는 입시생이 이 시기를 그렇게 보내면 앞으로도 삶의 고비 때마다 하나님을 쉽게 떠날 가능성이 있다. 겨우 주일예배에 참석하기는 하지만 오히려 더 불안해하고 초조해하는 학생들은 주일성수의 행위와 하나님의 이름을 부적처럼 생각하기도 한다. 그런 학생들 중에 일부는 교회에서 찬양을 부르며 마음의 위로를 얻다가 자신이 소명을 받았다고 착각하고 신학교로 진학하기도 하는데, 이는 온전하지 못한 모습이다.

그러나 하나님을 인격적으로 만난 학생들의 경우 입시의 시기는 오히려 믿음 안에서 승리를 경험할 수 있는 기회가 된다. 물론 다른 학생들이 공부할 때에 예배를 드리고, 일상의 삶에서 말씀을 보고 짧게나마 기도하는 데에서 시간의 부족함은 있지만 더 큰 평안과 담대한 확신을 얻을 수 있다. 처음으로 홀로 맞이하는 어려운 때에 하나님을 깊이 알고 경험하는 소중한 시기가 될 수 있는 것이다. 수능과 입시 자체가 목적이 아니라 믿음 안에서 인생의 꿈을 이루기 위한 과정으로서 이를 받아들이도록 인도하며, 그 과정 속에서 하나님과 동행하는 삶의 의미를 일깨우기 위한 지원과 노력, 그리고 기다림이 필요하다. 이 시기를 신앙으로 이겨내면 대학생활과 사회생활의 어려움도 보다 용이하게 극복할 수 있고, 나아가 영향력 있는 그리스도인으로서 자리매김을 할 수 있기 때문이다.

청소년 신앙교육과 입시와 관련하여 학부모와의 협력이 필수적인데, 단순히 입시철에 수능기도회 등으로 모이는 것에 초점을 맞출 것이 아니라 그리스도인 전문가를 초빙하여 대입 관련 수시와 정시전략 등에 대한 신앙적 기준에 입각한 진학 세미나를 개최하는 것도 교인들은 물론 지역사회와 소통할 수 있는 가교가 된다. 대입 수시에 있어서도 교과전형, 학생부종합전형, 논술전형 등, 세부 방법론에 대한 안내는 물론, 봉사활동 관련하여 교회가 지역사회 단체들과 협력하여 의미 있는 봉사경험이 되도록 한다면 더욱 좋을 것이다.

가장 예민한 시기의 청소년들을 대상으로 사역하는 교역자는 신학대학원에 재학 중인 파트타임 사역자보다는 청소년사역에 비전을 가지고 헌신하는 풀타임사역자가 담당하는 것이 바람직하다. 교회의 여건을 고려하여 가급적 박사과정까지 지원하며 청소년 분야의 전문가로서 사역할 수 있도록 육성한다면 더욱 좋을 것이다. 또한, 교회가 성장함에 따라 교육연구소를 설립하여 출생부터 청소년기에 이르는 발달단계별 과업을 신앙 안에서 조명하고, 꿈과 진로, 입시, 이성 관계 등의 주제들을 다룰 수 있다면 균형 있는 신앙을 보유한 미래 세대를 육성하는 데에 공헌할 것이다.

4) 청년부

(1) 청년의 특성과 사역

청년의 시기는 건강한 그리스도인으로서 살아가는 기반이 완성되는 중요한 시기로서 다른 연령에 비하여 상대적으로 집중적인 훈련이 필요한 시기이다. 이때에 정치, 경제, 사회, 문화 등, 제반 영역에 대한 기독교적 세계관을 확립해야 사회에서 선한 영향력을 끼치는 그리스도인의 삶을 살 수 있다. 단순히 교회와 세상을 이분법적으로 갈라놓는다면 청년들은 교회 공동체를 편견으로 가득 찬 편협한 공동체로 여기고 사라져 버릴 것이다. 따라서 청년사역자들은 성경의 가르침에 입각하여 사회의 현상들을 해석하고 이에 대응하는 신앙적 원리들을 제시해야 한다. 그러므로 청년을 대상으로 하는 전문사역자들에 대한 지원과 육성은 교회의 중요한 사명 가운데 하나이다.

또한, 청년들은 진취적이고 열정적이기 때문에 믿음 안에서 비전을 품을 수 있도록 지원하면 비약적으로 성장한다. 입시경쟁으로 인하여 깊이 있는 신앙의 성찰을 할만한 여유가 없었던 청소년기에 비하여, 청년기는 경건생활의 습관을 갖출 수 있는 시기이므로 교회는 특별한 사명감을 가지고 그들을 교회뿐만 아니라 나라와 민족, 하나님 나라의 일꾼으로 육성하고 지원해야 할 것이다. 예를 들어, 교회가 대학가 근처에 위치하고 있다면 각 캠퍼스를 채운 외국인 학생들과의 교류를 통한 선교사역도 수행할 수 있다.

입시라는 인생의 큰 과제 앞에 무한경쟁으로 내몰리고, 따라서 신앙의 의미나 인생의 비전 등에 대하여 깊이 있는 고민을 많이 하지 못한 채로 대학생 또는 성인이 된 청년들은 세상을 이겨내기가 쉽지 않다. 그러한 곤고한 청년들의 마음을 파고든 것이 이단들이다. 교회에서 장년 교인들로부터 따뜻한 그리스도의 사랑을 경험하지 못하기 때문에 표면적으로 사랑의 제스처를 보이는 이단에게 마음을 빼앗기는 것이다.

따라서 교회 공동체가 청년들을 품는 한편, 부모들 역시 자녀가 고등학교를 졸업한 이후에도 자신들의 마음대로 좌지우지할 수 있는 존재라고 생각하는 착각을 버려야 한다. 교회생활도 무난히 하고, 입시에도 성공적이었던 청년들에 대하여 부모들은 여전히 자녀들의 삶에 대하여 자신들이 영향력을 발휘할 수 있다고 생각하지만 입시에 치여서 대학생이 되어서야 제대로 된 사춘기를 맞이하는 청년들의 생각은 그렇지 않다. 부모 세대가 성인이 된 청년들에게 자신들이 과거에 그랬던 것처럼 무조건적 희생과 헌신을 요구하는 것은 시대착오적 태도이다.

다원화된 사회를 맞이하여 과거보다 훨씬 치열한 취업 경쟁의 한복판에 서 있는 청년들에게 있어서 삶의 무게는 녹록치 않다. 과거와 달리 취업의 문이 좁은 시대를 사는 오늘날의 청년 세대는 이성교제와 결혼보다는 당장 생계의 문제를 해결하는 것이 크게 다가오는 세대이다.

교회에서 이들을 위하여 취업 관련 세미나와 면접 클리닉 등의 프로그램을 운영하고, 성경공부를 통하여 직업윤리와 경제개념에 대하여 소개한다면 청년들이 진로와 취업의 문제를 해결하는 데에 도움이 될 것이다. 이와 함께 이성 간의 만남에 대하여도 성경적인 원리를 전달할 수 있는 양육 프로그램을 제공해야 하고, 결혼을 앞둔 청년들에게는 결혼예비학교를 운영하여 믿음 안에서 가정을 이루는 원리와 실제사례를 다룸으로써 건강한 가정을 이룰 수 있도록 도와야 한다.

(2) 관계 형성의 중요성

청소년기에 교역자, 교사와 청소년 사이에 신뢰관계를 형성해야 말씀이 전달되듯, 청년기 역시 교역자와 청년 간에 건강한 신뢰관계가 형성되어야 한다는 점은 유사하다.

다만 청년들은 청소년들과 달리 주체적으로 판단을 내리기 때문에 더욱 그 관계 형성의 중요도는 강조된다. 경제적인 어려움과 취업의 무게감에 눌려있고, 개인적으로 고독하고 혼란한 마음 가운데 지쳐있는 청년들의 마음은 오히려 복음을 제대로 전한다면 활짝 열릴 수 있는 낮은 마음, 즉 복음의 옥토 밭이다. 청소년 대상으로는 마음이 가난한 수험생들을 사랑으로 지원하고 격려할 때에 그들이 하나님의 말씀에도 귀를 여는 것처럼, 취업과 진로, 군대 등으로 고민하는 청년들을 진정한 그리스도의 몸 된 공동체로서 섬기고 포용한다면 그들을 온전한 그리스도인들로 육성할 수 있을 것이다.

청년들이 중, 고교 시절 담당교역자나 교회학교 교사보다 학원 교사들과 더욱 가까이 접촉했다면 상황은 어려울 수 있다. 반대로 부모가 신앙을 전수할 일차적인 책임을 가진 존재라는 사실을 일찍부터 인지하면 유리하다. 따라서 교회학교와 청년부사역 담당자 및 학부모를 포함한 장년층이 함께 교회학교 및 청, 장년 부서의 운영에 대하여 평소에 의견을 나누고 의사결정과정에 동참하는 것이 필요하다. 이는 당회와 제직회, 공동의회 등, 교회 조직의 거시적 운영의 철학과 맞물려 있기 때문에 더욱 성경적이고 민주적인 기반이 요청된다.

(3) 양육과 훈련

한국교회가 가장 많이 잃어버린 연령층이 청년층이며, 이단들이 가장 노리는 대상도 막 대학입시를 마친 수험생부터 취업과 진로 문제로 스트레스에 시달리는 청년층이다(최성훈, 2018, 134, 160). 상당수의 교회는 청년담당 부서가 없으며, 부서가 있는 경우에도 체계적으로 청년들을 양육하는 프로그램이 없는 경우가 많다. 청년들이 교회를 수평 이동하는 경우의 대부분은 성경공부 등, 양육에 대한 갈급함과 장년 교인들의 분쟁이 싫기 때문이다(김주영, 2017, 302).

이제는 선진국의 대열에 진입한 우리나라의 풍요함을 누리며 개인주의에 물든 젊은 세대들이 가뜩이나 신앙보다는 여행과 여가, 문화생활에 마음을 빼앗기고 있는데, 그래도 신앙에 대한 관심을 가진 의식 있는 젊은 층들은 영적으로 목이 말라 교회를 떠난다. 개척교회가 당장은 청년부에 전적으로 관심을 가지고 운영하기가 어렵겠지만, 교회학교와 장년을 잇고, 한국교회를 곧 이끌어갈 세대로서의 그 중요성을 인식하고 마음을 써야 한다.

특히 청소년들과 청년들 사역에 있어서는 그들과 함께 시간을 보내고 삶을 나누는 것이 다른 어떤 연령층보다 중요하므로 담당교역자의 교체 없이 꾸준히 부서를 지원하는 것이 필요하다. 예를 들어, 대학생활을 하다가 군에 입대한 청년이 제대 이후에 자신과 소통하며 교류하던 담당교역자를 다시 만난다면 군생활의 공백을 최소화하고 다시 교회 및 사회에 적응하는 데에 큰 도움이 된다. 군 입대에 대해서도 교회와 가정이 협력하여 군 선교사로서 파송하는 것으로 생각하고 청소년기부터 이에 대한 의식을 일깨우고 양육한다면, 청년들은 단단한 마음을 가진, 보다 영향력 있는 하나님 나라의 일꾼들이 될 것이다.

이 시대의 청년들은 개인적인 스펙을 쌓아 취업해야 하는 부담을 안고 있기 때문에 교회에서 함께 어울리며 시간을 보내거나, 더 나아가서 봉사할 심적 여유가 별로 없다. 그럼에도 불구하고 수많은 교회들이 갓 고등학교를 졸업한 청년들을 고등부 교사 또는 보조 교사로 봉사하도록 권면하는데, 이는 고등부 학생들이 주체적으로 예배에 참여하는 데에도 방해요인으로 작용할 수 있다. 무엇보다도 아직 교사로 봉사하기에는 미성숙한 약관의 젊은이에게는 무리가 된다.

고등학교를 졸업하고 대학에 입학한 새내기 또는 취업한 새내기들은 최소한 1년 동안은 교회학교 교사나 성가대 등의 부서에서 봉사하지 않도록 하고, 다른 한편으로는 철저한 양육과 훈련의 기회를 제공하는 것이 좋다. 교회가 특별한 관심을 가지고 새내기들에 대한 양육과 훈련에 전념하면 대학과 직장에 무리 없이 적응할 수 있고, 봉사에 대하여도 준비된 모습으로 진지하게 임할 수 있을 것이다.

5) 장년부

가장 연령대가 다양한 계층이 장년층이기 때문에 특화된 프로그램을 기획하기가 쉽지 않다. 그러나 교회의 구성원들과 예산 등을 고려하여 아버지학교, 어머니학교, 부부 세미나, 이혼 및 재혼 상담, 재정관리, 건강관리 등의 프로그램을 운영함으로써 교회와 사회를 구성하는 기초단위인 가정을 신앙 안에서 건강하게 유지하는 데에 필요한 도움을 제공하여야 한다. 주의할 사항은 너무 심리 또는 상담학적 관점에서 치유사역에 치우치다 보면 인본주의적인 방향으로 흐를 수 있기 때문에 성경적 지침을 기반으로 해야 한다는 것이다.

반대로 모든 것을 하나님께서 주관하시고, 모든 문제들을 해결해 주실 것이라는 표면적 고백을 믿음으로 착각하는 것도 경계해야 한다. 성경은 아무 것도 염려하지 말라고 했지만(빌 4:13), 이는 아무런 생각 없이 현재를 살라는 의미가 아니다. 오히려 예수님은 하나님께서 주신 지혜와 지식을 가지고 미래를 위해 준비하는 것을 부정하지 않고 오히려 긍정적으로 평가하셨다(눅 14:28-32).

청년과 더불어 교회학교 및 각 부서에서 자발적으로 봉사하는 비율이 가장 높은 장년의 경우, 그저 시간과 정성을 드리는 것을 강조하기 이전에 그들이 더욱 성장할 수 있는 기회를 제공하는 것이 선행되어야 한다. 이는 부서를 담당하는 사역자들을 존중하고, 그들의 수준을 끌어 올리는 것과도 깊은 관련이 있다. 담당사역자를 존중하는 것이 결국 그 부서의 어린이들, 학생들, 청년들을 존중하는 것이기 때문이다.

그러나 단순히 사역자의 전문성을 제고하는 것에서 그쳐서는 안 되며, 교인들 역시 성장할 수 있도록 기회를 제공해야 한다. 따라서 무분별하게 외부 프로그램에 참가하는 것보다는 교역자와 평신도 지도자가 함께 모여 장기적 관점에서 우선순위를 정하여 함께 성장하며 동역하도록 하는 구조를 만드는 것이 필요하다.

또한, 의사결정의 초기 단계에서부터 대화와 소통을 통하여 젊은 세대들의 의견을 반영하고 조율하면 세대 간의 갈등 역시 보다 용이하게 해소할 수 있을 것이다. 예를 들어, 교회학교사역자와 학부모의 소통을 통해 교육과정에 대하여 논의하고 결정한다면, 연령 기준의 차상위 부서로 진학해도 내용이 중복되지 않고, 내실 있고 균형 잡힌 신앙교육을 시행할 수 있다. 이론과 실제를 통합할 수 있도록 교재 선정 및 기자재 활용, 아웃리치와 선교 등으로 연결하는 프로그램은 교회의 교육목회적 마인드와 지도자들의 장기적 관점에서의 투자결정을 요구한다.

특히, 장년세대는 자녀세대에게 믿음의 본을 보여주어야 하므로 그들이 감당해야 할 인생의 무게를 공감하며, 부모세대가 무리 없이 여러 가지 역할을 수행하며 믿음을 삶으로 보여줄 수 있도록 격려와 지원을 아끼지 말아야 할 것이다.

제12장

외부사역의 기획 및 운영
(지역사회 및 정부, 민간단체)

교회가 특정 지역에 정착하는 것은 지역사회에 예수 그리스도의 복음을 전파하여 하나님 나라의 확장을 이루는 것을 목적으로 하기 때문이다. 지역사회를 제대로 섬기지 않는 교회가 해외선교만 강조하는 것은 균형을 잃은 것이다. 교인들을 돌보지 않고 지역사회만을 바라보는 것도 마찬가지이다. 자신의 집안을 먼저 돌보지 않고 다른 집안에만 관심을 보이는 부모 슬하에 있는 자녀들은 건강하게 성장할 수 없다. 따라서 교회는 복음을 중심으로 내부를 든든히 하고, 자신들이 체험한 복음을 드러내어 세상이 하나님 나라를 경험할 수 있도록 해야 한다.

이를 위하여 복음의 의미를 현대적으로 해석하되, 지역사회의 특성에 맞추어 전달해야 한다. 목회자의 목회철학과 교인들의 성향 및 지역주민들의 특성에 따라 교회를 안내하는 팸플릿 등을 제작하여 노방전도를 하는 것도 전도의 방법이 될 수 있을 것이다. 하지만, 익명성을 보장받고 싶어 하고, 타인에 의해 불필요한 관심과 방해 받기를 꺼려하는 현대인의 개인주의적 성향을 고려할 때에 보다 지혜로운 방법을 활용하는 것이 요구된다. 그저 사람들을 불러 모아 예배당을 채우는 목표 중심의 전도보다는 하나님과의 친밀한 관계에서 출발하여, 이웃과의 관계를 중심으로 하는 과정적, 관계전도가 효과적이다.

가끔 지역사회에 있는 교회들이 자립과 생존을 위하여 목회 윤리를 저버리고 총동원 주일 등의 행사를 통하여 기성교회 교인들을 끌어들이는 경우가 있는데, 거시적인 관점에서 하나님 나라를 바라본다면 그러한 행위를 지양할 수 있을 것이다. 오히려 지역사회를 섬기는 노하우(knowhow)를 서로 공유하고, 때로는 연합해서 섬기는 사역을 통하여 지역사회 내에서 교회에 대한 인식을 제고할 수 있다. 간과해서는 안 될 것은 지역사회에서 교회의 이미지를 관리하고 좋은 평판을 얻는 것도 중요하지만 더욱 중요한 것은 하나님께 인정을 받는 것이다. 개별적 영혼의 구원뿐만 아니라 사회를 구속하고 변화시키는 사역은 그리스도인 각자가 하나님 앞에서 그리스도인으로서 합당한 삶을 사는 본을 보이는 것이기 때문이다(Platt, 2017, 270).

1. 복음전도 프로그램

초대교회는 다양한 방법으로 복음을 전했는데, 이를 정리하면 대중전도, 소그룹전도, 개인전도, 간접전도, 그리고 문서전도 등으로 분류할 수 있다(김종환, 산체스, 스미스, 2006, 72). 그러나 복음의 은혜를 깨닫고 이를 전파하려는 사명감을 갖는 것이 기본이므로 특정 방법론에 매일 필요는 없다. 초대교회는 다양한 인종과 문화, 종교, 경제사회적 수준을 가진 사람들에게 효과적으로 복음을 전하기 위해서 다채로운 방법들을 사용하였다. 오늘날도 마찬가지이다. 특정한 방법론에 집착할 것이 아니라, 개인주의적인 현대인들의 마음을 상하지 않도록, 지혜롭고 인격적인 방법으로 장기적 관점에서 접근하는 것이 훨씬 효과적이다.

특히 평상시의 삶을 통해 그리스도인의 선한 모범을 보임으로써 믿지 않는 이들의 마음을 여는 것이 중요한데, 본서에서는 이를 위하여 관계전도와 프로그램전도의 두 가지 방법을 제시하고자 한다. 두 가지 방법론 모두 기본적으로는 관계를 통한 전도의 방식이라는 공통점을 가지고 있지만 관계전도가 보다 개인적인 인간관계에 초점을 맞추는 데에 비하여 프로그램전도는 공식적인 프로그램을 통하여 관계형성을 유발하는 차이가 있다. 또한, 관계전도가 직접적인 데 비하여 프로그램전도는 간접적인 방식의 전도에 속한다.

1) 전도의 의미

(1) 전도의 성경적(& 신학적) 의미

전도는 '복음전도'를 줄인 말로서 이는 복음을 전하는 것을 뜻하며, 이는 마태복음 18장 19-20절의 지상명령을 수행하는 과업이다. 해당 본문의 본동사는 '제자를 삼으라'는 것이지만 명령의 주요 내용은 '가서' 예수님의 '제자를 삼되' 예수님을 믿고 따르는 제자가 되고자 하는 자들에게 '세례를 주고' 배운 바를 '가르쳐 지키게 하라'는 것이다(김국호, 2018). 이는 일방적인 복음전파와 세례의 행위에만 초점을 맞추며 교회에 출석하는 교인의 수를 단순히 늘리는 것이 능사가 아니라는 의미이다.

전도의 의미는 이를 정의하는 사람의 입장과 시대적 상황에 따라 다양하게 정의되었는데, 일례로 전도는 회심을 목적으로 하는 의사소통(Packer, 1961), 그리스도로의 회심과 그의 교회에 연합하는 것(Green, 2003), 성령의 능력으로 사람들과 사회가 예수님의 주님 되심을 인정하도록 하나님 나라의 복음을 전하고, 이를 실천함으로써 자신이 복음이 되는 것(Miles, 1983)

등으로 다양하게 제시되었다. 그러나 이같이 다양한 전도에 대한 정의는 모두 성경에 근거를 두고 있다는 공통점을 보인다. 이는 인류를 구원하시기 위하여 이 땅에 오신 예수 그리스도의 사역과 그리스도를 따르는 사도들의 복음을 증거하는 사역이 성경의 핵심적인 내용을 이루고 있기 때문이다. 예수님의 전도 대상은 모든 사람들로서 시간과 장소, 방법에 구애받지 않고 전개되었고, 사도들 역시 구약의 메시아 예언이 예수 그리스도의 사역과 죽음, 부활을 통해 이루어졌으며, 다시 오실 그리스도를 기다리는 동안 성령이 교회를 통해 역사하심을 강조하고, 회개와 죄 사함, 성령의 임하심, 그리고 구원의 약속을 선포하였다(Dodd, 1936, 21-23).

개교회의 전도전략과 방법은 전도와 선교에 대한 교회의 신학적 입장, 지역사회 내의 전도 대상의 특성, 그리고 가용 인적, 물적, 시간적 자원에 의해 영향을 받는다(김국호, 2018, 227). 특히 특정 지역에 위치하여 해당 지역에 특화된 사역을 전개하여야 할 교회가 지역사회를 섬김에 있어서 복음에 대한 신학적 이해는 전도의 범위와 형태를 결정하는 핵심적인 요인이다. 역사적으로 복음은 개인적 복음, 사회적 복음, 순복음, 번영의 복음, 총체적 복음 등으로 분류되었다(Johnston, 2015, 768-769).[1] 그러나 오늘날 복음의 의미를 어느 하나의 정의에 종속할 필요는 없으며, 복음의 의미를 교회

---

[1] 개인적 복음은 개인의 영혼 구원에 초점을 맞추며, 사회적 복음은 개인의 구원뿐만 아니라 더 나은 사회를 위한 개혁활동과 사회정의의 실현을 포함한다. 전자는 전통적이고 보수적인 입장이며, 후자는 현대에 대두한 진보적인 입장이다. 양자에 대하여 교회는 사회봉사가 그리스도의 지상명령 수행으로서 전도의 수단에 해당하는 지에 대하여 입장이 나뉜다. 순복음은 오순절 교단에서 지지하는 복음의 해석으로서 그동안 간과되었던 성령의 사역을 강조하여 복음의 통전적 의미를 강조하는 것이며, 번영의 복음은 영혼 구원을 비롯하여 육체적, 환경적, 물질적 복을 첨가한 것인데 이는 복음에 대한 치우친 해석이라는 비판을 받고 있다. 총체적 복음은 1974년 스위스 로잔에서 세계 복음주의 진영의 지도자들이 모여서 주장한 개념으로서 복음이 개인과 사회적 구원 모두를 포괄해야 한다는 것이다.

가 소재한 지역사회의 특성에 맞추어 풀어놓는 것이 요구될 뿐이다.

(2) 전도의 역사적 의미

초대교회는 예루살렘교회와 안디옥교회 등, 일부를 제외하면 대부분 가정에서 예배를 드리고 모임을 가졌던 소규모의 공동체였다. 교회 건물을 세우고 모인 것은 3세기에 들어선 이후의 일이다(김국호, 2018, 62). 당시 기독교 공동체는 가정을 중심으로 믿음의 삶의 본을 보임으로써 복음을 전하였고, 문서를 통해 복음을 전파함으로써 다양한 전도의 방법을 입증하였다. 일례로 순교자 저스틴은 『제2변증서』를 통해 기독교 신앙의 본질을 설명하고 회심을 유도하였다(Craver, 1932, 47-50).

초기 기독교가 로마에서 받은 박해의 원인 중 일부는 성찬식을 식인으로 오해하고, 교인들을 서로 형제, 자매라 부르는 모습을 근친상간과 풍기문란으로 오해한 것에서 비롯되었다(김국호, 2018, 56). 그러나 전도의 가장 큰 걸림돌은 로마인들이 가장 혐오하는 십자가형을 받은 죄수를 구세주로 믿는 것이었으며, 기독교의 유일신 사상의 배타성이었다. 그러나 이름 없이, 빛도 없이 믿음을 지키며 복음을 전했던 평범한 그리스도인들의 모습이 로마인들의 마음을 열었고, 결국 기독교가 로마의 국교가 되게 하였다.

예수 그리스도의 부활과 승천 이후에 사도들과 초대교회의 그리스도인들이 로마의 박해 속에서도 지속한 복음전도는 313년 로마의 콘스탄틴 황제(Constantine the Great, 272-337) 때에 기독교가 공인되며 새로운 국면으로 접어들었다. 381년 테오도시우스 황제(Theodosius I, 347-395)가 기독교를 로마의 국교로 선포한 이후, 기독교는 다시 한 번 새로운 장면의 전환을 맞이하였다.

기독교가 로마의 국교가 된 이후 2-3세기의 일반인을 중심으로 한 복음전도는 4-5세기에 들어 성직자와 일반인 모두를 통해 지속되었다. 글자가 없던 고트인들(the Goths)을 위해 문자와 문법을 만들어서 성경을 기록하여 복음을 전했던 울필라스(Ulfilas, 318-388) 주교[2], 골(Gaul) 지역에 복음을 전했던 감독, 투어의 마틴(Martin of Tours, 316-397), 그리고 이방인들에게 복음을 전했던 밀라노의 감독 암브로우즈(Ambrose f Milan, 340-397) 등이 대표적인 성직자 전도자들이었다. 한편, 평신도 전도자들 중에는 이베리아 반도의 조지아 지역에서 복음을 전했던 여성 니노(Nino of Georgia, 296-338 or 340), 이디오피아교회를 섬겼던 평신도 전도자 프루멘티우스(Frumentius, ?-383), 그리고 해적에게 잡혀서 노예가 되었다가 아일랜드에서 복음을 전했던 패트릭(Patrick, 389-461) 등이 있다.

476년에 서로마 제국이 멸망한 이후에 중세 가톨릭교회는 이방인들을 강제로 교회로 끌고 오는 것을 전도로 간주하고 그들이 세례와 성찬을 받으면 구원을 받을 수 있다고 믿었다. 그러나 교회 권력의 세속화와 강압적인 선교 방식은 수많은 이들의 반발을 유발하였고, 급기야 종교개혁의 불씨를 지폈다.

당시 가톨릭교회 사제들의 세속적인 삶과 대조되는 검소한 삶과 현지어 성경 번역을 통해 복음을 전했던 왈도파(The Waldensians), 청빈한 삶을 통해 가난한 이들을 섬기며 복음을 전했던 아시시의 프란시스(Feancis of Assisi, 1181-1226)와 그의 추종자들, 성직자들의 부패를 지적하며 성경과 믿음으로 말미암는 구원을 강조했던 존 위클리프(John Wycliffe, 1329-1384)를 따르던 롤라드파(The Lollards), 그리고 성직자들의 타락과 세속화를 비판하며 설교를 통해 복음사역에 집중했던 사보나롤라(Jerome Savonarola, 1452-1498) 등은 종교개혁을 앞당기는 데에 공헌하였다.

---

[2] 이는 선교사에 의해 번역된 최초의 성경이다(Neill, 1964, 49).

종교개혁자들은 지상명령이 사도들에게만 주어진 것으로 간주하였는데, 일례로 마틴 루터(Martin Luther, 1483-1546)는 지상명령을 기존 기독교 세계의 개혁으로 보았고, 존 칼빈(John Calvin, 1509-1564) 역시 그리스도의 왕국은 인간의 노력이 아니라 오직 하나님의 능력으로만 확장될 수 있다고 믿어서 결과적으로 세계 선교에는 관심이 적었다(Bosch, 1991, 242). 따라서 종교개혁자들은 전도를 교회에 출석하는 사람들 중에 혹시라도 택함을 받은 이들을 대상으로 하는 양육으로 생각하였다(김국호, 2018, 97).

그러나 종교개혁 이후 유럽의 계몽주의 사상에 대한 반발로 일어난 경건주의 운동이 그리스도와의 깊은 관계를 강조하며 삶의 인격적 변화를 강조하여 양육을 체계화하였고, 예정론에 입각한 수동적인 선교관을 타파하였다. 이는 영국에서 존 웨슬리(John Wesley, 1703-1791)의 성결운동(Holiness Movement), 보헤미아(현 체코)의 모라비안 선교운동(The Moravian Missionary Movement) 및 미국의 1, 2차 대각성운동(Great Awakening)[3]의 원동력이 되었다.

타락한 윤리와 세속화로 인하여 불안한 사회에서 한 줄기 희망의 빛을 비추었던 것은 하나님의 말씀으로 돌아가려는 몸부림이었고, 이는 윌리

---

3 미국의 1차 대각성운동은 1718년 9월 가족과 함께 신대륙으로 이주한 윌리엄 테넌트(William Tennent Sr., 1673-1746)가 통나무집 학교를 세우고 학생들에게 라틴어와 논리학, 신학을 가르치며 복음을 전한 것에서 시작되었다. 테넌트의 통나무집 학교는 통나무대학(The Log College)으로 불렸으며, 이는 뉴저지대학(The College of New Jersey)을 거쳐 오늘날 프린스턴대학(Princeton University)이 되었다. 이후 죠지 윗필드(George Whitefield, 1714-1770)와 조나단 에드워즈(Jonathan Edwards, 1703-1758)가 이끈 부흥이 1차 대각성운동을 주도하였다. 2차 대각성운동은 독실한 학생들의 기도 모임에서 시작하여 동부의 대학들에서 채플을 통하여 부흥이 시작되었고, 서부 개척지를 중심으로 일어난 캠프 미팅 부흥(The Frontier Camp Meeting Revival), 그리고 찰스 피니(Charles G. Finney, 1792-1875)가 이끈 부흥 집회를 통하여 활발히 전개되었다. 1, 2차 대각성운동은 독립전쟁을 통해 탄생한 신생국 미국이 신앙에 기반한 개인 및 사회 윤리를 기반으로 성장하는 발판이 되었다.

엄 캐리(William Carey, 1761-1834), 칼 귀츨라프(Karl F. A. Gutzlaff, 1803-1851), 허드슨 테일러(Hudson Taylor, 1832-1905), 로티 문(Charlotte Lottie Moon, 1840-1912), 존 네비우스(John L. Nevius, 1829-1893) 등이 활약한 근대 부흥의 토대를 이루었다. 20세기 들어 개신교 선교가 활발해지면서 시작된 교회의 연합운동은 1948년 세계교회협의회(WCC: World Council of Churches)를 탄생시켰고, 너무 진보적인 보편구원론을 주장하는 세계교회협의회에 대항하는 차원에서 복음주의 진영에서는 1974년 스위스 로잔에서 로잔운동(The Lausanne Movement)을 일으키며 맞섰다.

20세기 후반 오순절운동(The Pentecostal Movement)의 급성장과 더불어 1974년 로잔 회의에서 랄프 윈터(Ralph D. Winter, 1924-2009)가 국가를 중심으로 하는 것이 아니라, 국가를 구성하는 다양한 종족들을 우선적으로 고려할 것을 강조하며, 미전도 종족에 대한 국제적 인식을 제고하였다. 따라서 미전도 종족에 대한 선교 차원에서 성경번역사역이 급성장하였고, 대학생 선교단체들을 통해 복음전도 활동이 활발해졌다. 대학생선교회(C.C.C.: Campus Crusade for Christ)의 사영리를 통한 개인전도, 1970년대에 각광을 받은 제임스 케네디(D. James Kennedy, 1930-2007)의 전도폭발(Evangelism Explosion), 1980년대의 라이프 스타일 전도법(Life-Style Evangelism) 등이 그 대표적인 예가 된다.

(3) 전도의 실천적 의미

전도는 목회자만의 특권이 아니다. 또한, 복음을 전하는 데에 있어서 특별한 은사를 받은 소수의 개인이 보유하는 은사도 아니다. 전도의 명령, 즉 그리스도께서 주신 지상명령이 모든 그리스도인에게 주어진 것이기 때문이다. 그러나 사람의 마음을 움직이고, 복음을 주입하는 것은 지극히 어려운 과업이다. 따라서 복음의 전파는 전도자의 희생과 헌신을 요구하며,

때로는 노력에 비하여 열매를 거두지 못할 때도 있고, 박해를 받거나 심지어 순교를 할 수도 있다. 하지만, 불필요한 부담을 가질 필요는 없다. 지상명령을 주신 그리스도는 복음전도의 과정 가운데 함께 하신다는 약속 또한 동시에 주셨기 때문이다.

> 볼지어다 내가 세상 끝날 까지 너희와 항상 함께 있으리라(마 28:20).

복음전도에 있어서 수용성의 원리(Receptivity Principle)란 모든 사람이 똑같이 복음에 반응하는 것이 아니라 복음을 접하는 시기와 장소 및 개인이 처한 상황에 따라 다르게 반응함을 지적한다(김국호, 2018, 202-203). 따라서 때를 얻든지 못 얻든지 복음을 전하는 최선의 노력을 다하되(딤후 4:2), 그 결과는 하나님께 맡기는 의연한 태도를 가져야 한다. 무리하게 급한 마음으로 어떤 이를 교회로 발걸음을 인도하는 데에만 초점을 맞출 것이 아니라, 그/그녀가 자연스럽게 인격적으로 예수님을 주님으로 받아들일 수 있도록 기다릴 수 있어야 온전한 복음의 열매를 맺을 수 있다.

전도의 방법론은 시대와 상황에 따라 변화되어야 한다. 과거에 성공을 거두었던 방법은 과거에 살았던 사람들에게 효과적이었지만 상황이 바뀐 오늘날에도 여전히 효과적이라고 장담할 수는 없다. 따라서 전도의 방법은 성경 말씀의 굳건한 뿌리(the Text)와 더불어 교회가 소재한 지역사회의 상황(the Context)을 동시에 고려하여 결정되어야 한다. 일례로 대학생선교회의 사영리는 복음을 단순화한다는 면에서 효과적이었고, 개인의 관계를 중시하는 현대인들에게도 여전히 어필할 가능성도 있다.

하지만, 보다 높은 교육수준을 보유하고 다차원적 사고력을 보유한 현대인들에게는 효과적이지 못할 가능성이 더 높다. 따라서 과거에 성공을 거두었던 방법론의 보편적인 원리를 추출하여 현대적 상황에 맞추어 개발하는 노력을 지속하여야 할 것이다.

전도의 방법과 전략도 중요하지만 복음을 전하는 가장 근본적인 원동력은 하나님의 말씀을 통해 임하는 은혜와 깨달음에서 출발한다. 은혜가 충만해야 삶이 변화하고, 변화된 삶이 가장 강력한 복음전도의 수단이 되기 때문이다.

결국, 하나님의 말씀을 통해 그리스도인들의 심령이 변화되는 것이 선행되어야 한다. 교인들에게 전도를 강요하거나 재정을 투여하여 총동원 주일 등의 행사를 시행할 것이 아니라, 꾸준한 말씀사역이 잔잔히 교인들의 삶에 젖어들면 자연스럽게 은혜를 경험한 이들이 자신들의 삶을 통하여 자발적으로 복음을 전할 것이다. 이는 비단 개척교회뿐만 아니라 모든 교회들이 명심해야 할 기본원리에 해당한다. 언제나 하나님의 말씀이 우선이고, 말씀의 은혜가 먼저 임해야 하는 것이다.

2) 관계전도

개척교회는 기성교회에 비하여 인지도가 낮고 재정 상황이 열악하기 때문에 가장 많이 사용하는 전도의 형태는 관계전도이다(교회성장연구소, 2003, 72). 관계를 활용한 전도는 오히려 장기적 관점에서 가장 효과적인 전도의 방법에 속하는데, 전도를 위한 행사의 규모가 대형화되어 가는 추세 속에서 관계전도는 한 영혼의 소중함에 집중할 수 있는 방식이기 때문이다. 특히 복음 자체를 반대하는 것이 아니라 복음을 전하는 거친 방식에 반감을 갖고 마음을 닫는 이들이 많다는 사실을 감안하면, 인격적 관계를 맺고 참고 기다리며 복음의 의미를 삶을 통해 드러내는 관계전도는 더욱 효과적이다.

관계전도를 포함하여 모든 전도의 방법론을 사용할 때에 기본원리로 삼아야 할 지침은, 일방적인 강요가 아니라 그리스도의 마음을 품고 영혼에 대한 깊은 사랑과 섬김의 자세로 장기적인 관점에서 접근해야 한다는 것이다.

최선을 다하여 삶을 통해 그리스도의 복음을 전하도록 노력해야 하지만 그 결과는 하나님께 맡기는 자세가 필요하다. 너무 서둘러 믿지 않는 사람들을 전도 프로젝트의 목표물로 설정하고, 소위 '구원의 방주'인 교회로 인도하는 데에만 너무 급급해서는 안 된다(Fincher and Fincher, 2010, 13-14). 교회에 발을 들인 순간 바로 회심과 성화가 시작되는 것이 아니라, 그 순간부터 인간적 자아와 영적 자아와의 충돌과 갈등이 시작되기 때문이다. 이에 더하여 믿음을 강요하는 태도는 가뜩이나 불편한 이의 마음을 뒤집어 놓을 것이다.

신앙생활을 오래한 교인일수록 교회 밖의 사람들과의 인간관계가 소원해지는데(Arn and Arn, 1998), 복음의 의미를 삶으로 적용하는 것을 통해 관계전도를 활용하면 보다 넓고 영향력 있는 인간관계를 쌓을 수 있다. 친밀하고 긍정적인 인간관계는 복음전파의 가장 효과적인 방법이 될 수 있기 때문에 주변의 사람들에게 눈을 돌려서 그들의 성향을 분석하고, 필요를 파악하는 것은 구원의 메시지를 전하기 위한 첫 걸음이다.

3) 프로그램전도

프로그램전도라는 용어가 흔히 통용되는 용어는 아니지만 본서에서는 교회의 프로그램 및 문서선교 등을 통한 간접적인 방식의 전도를 통칭하는 의미로 사용하기로 한다. 프로그램전도는 지역사회의 필요 및 태도를 고려하여 주민들이 받아들일 수 있는 방식의 사회복지 또는 절기행사 등의 프로그램을 통해 지역사회 구성원들에게 다가가는 방식이다. 이를 위해서 지역사회에 대한 연구가 선행되어야 하며, 관계전도와 마찬가지로 성급하게 특별한 프로그램을 개발하기보다는 지역주민들을 섬기고 소통하며 관계를 돈독히 하는 과정에 초점을 맞추어야 한다.

홈페이지나 주보, 또는 소책자 등, 문서를 활용한 전도 방식을 흔히 문서선교라고 한다. 성경에서 문서선교의 대표적인 예가 되는 책은 누가복음과 사도행전인데, 누가는 데오빌로에게 그가 알고 있는 바를 더 확실하게 하려고 누가복음을 썼다고 기록하고 있고(눅 1:1-4), 예수 그리스도의 행적과 가르치심을 기록한 누가복음에 더하여 예수님의 부활, 승천 후 성령의 강림 사건까지를 다시 그에게 알리고 있다(행 1:1-2).

과거에 한국교회는 목회자의 설교를 담은 CD를 제작하여 판매하거나 배부하였고, 이민교회 역시 한인마켓 등, 한인들이 자주 모이는 곳에 목회자의 설교 CD를 비치하여 전도용으로 활용하였다. 그러나 최근에는 교회 홈페이지에서 설교와 행사를 영상이나 mp3 등의 오디오 파일로 다운로드할 수 있도록 하여 접근성과 편의성을 제고하였다. 그러므로 이제 홈페이지를 활용하여 말씀을 선포하고 실시간 예배 실황을 중계하는 것은 더욱 중요성이 제고되고 있다. 지역사회의 가나안 교인들이 홈페이지를 통해 함께 예배를 드리다가 마음이 열려서 교회로 출석하기 시작할 수 있기 때문이다.

2. 지역사회 관련 프로그램

교회 문은 항상 열려있는 것이 좋은데, 기도하고 싶은 교인들을 위해서도 그렇지만 특히 지역사회와의 소통을 위해서는 더욱 그렇다. 또한, 목회자가 항상 교회에서 자리를 지키고 있는 것을 통해 교회 내외의 사람들이 목회자의 열정을 가늠하는 경우가 많기 때문에 목회자는 언제든지 교인들의 요구에 응할 수 있도록 가급적 교회에서 가까운 곳에 거주하며 교회 근처에 머무르는 것이 좋다.

1) 사회복지

교회가 특정 지역에 자리를 잡았다는 것은 그 지역을 향한 사명을 확고히 하여 지역사회에서 빛과 소금의 직분을 수행하겠다는 결심을 드러내는 것이다. 일부 대형교회가 활용하는 '총동원주일'보다 지역사회 내에서 도움의 손길을 필요로 하는 이들에게 그리스도의 사랑을 전하는 것이 훨씬 효과적이다.

총동원주일에 동원되는 경품과 버스의 운행 등과 관련한 예산 투입은 물론 대교구와 소교구별로 교역자들과 제직들이 인원을 동원하기 위해 투여하는 시간과 정성의 대부분은 타교회에 출석하는 교인들의 일회적 참석을 위하여 사용된다. 이는 거시적인 하나님 나라의 관점과 모든 교회의 연합체로서 그리스도의 몸인 보편적 교회의 측면에서 지대한 자원의 낭비를 의미한다. 교회의 이기주의와 배타성으로 인한 과당 경쟁의 폐해에 불과한 것이기 때문이다.

아무리 부유한 지역이라도 소외된 이들이 있기 마련이다. 그러나 그들이 눈에 보이지 않는 이유는 교회가 그들에게 다가가지 않았기 때문이다. 따라서 특정 지역에 자리 잡은 개척교회는 지역사회에 대한 연구를 기반으로 단기, 중기, 장기적인 차원에서 지역 내, 도움을 필요로 하는 이들을 위한 사역을 기획하고 전개하여야 한다. 이는 지속적인 사역은 물론 계절에 맞춘 행사, 그리고 일회성 사역 등으로 구분될 수 있다. 지속적인 사역은 장기적 관점에서 교회의 목회철학과 비전, 사명선언에 따라서 짜임새 있게 준비하여 운영해야 하므로 가장 신경을 써야 하는 사역이다.

　계절에 따른 행사의 예로는 여름 휴가철에 가족과 함께 나들이를 갈 수 있는 형편이 못되는 어린이들을 위하여 조립식 풀장을 빌려서 지역사회의 어린이들이 누구나 이용할 수 있도록 하는 것과 겨울철 성탄 시즌을 맞이하여 교회 근처의 전철역이나 버스 정류장에서 성탄 캐럴을 부르는 버스킹 공연과 함께 따뜻한 차와 음료를 제공함으로써 지역사회 주민들에게 다가갈 수 있다. 이는 교회의 홍보는 물론 지역사회 주민들과의 관계를 통하여 그들의 사정을 이해함으로써 장기적인 사역에 참고할 수 있는 유용함이 있다.

　일회성 사역은 지역사회에서 재정적 어려움을 겪거나 특별한 도움을 필요로 하는 이들을 향한 구제와 섬김의 사역이다. 진학시 필요한 재정을 제공하는 장학사역이나 자연재해를 입은 이들을 돕는 구제사역 등이 이에 속할 것이다. 일회적인 사역도 지역의 필요를 발견하는 기반이 되어 보다 조직적으로 전개되는 중, 장기사역으로 발전할 수 있다. 이러한 사역은 목회철학에 근거하여 지역사회와 소통하고 관계 맺는 접촉점으로서 향후 교회의 사역 방향을 결정하는 데에 유용하다.

2) 절기 활용

　개척교회는 지역사회 주민들과 소통할 수 있는 방법으로서 교회의 절기를 활용할 수 있다. 물론 지역사회에 특별한 행사가 있을 때에도 함께 참여하여 교제할 수 있겠지만, 교회의 절기행사는 교회 입장에서 가장 부드럽게 소통할 수 있는 가교가 된다. 예를 들어, 부활절에 삶은 달걀을 이웃 주민들과 나누는 것, 추수감사절에 떡이나 다과를 나누는 것, 그리고 성탄절에 지역사회의 불우한 이웃들을 찾아 도움을 제공하는 것은 교회와 지역사회가 삶을 나눌 수 있는 좋은 기회가 된다.

지역주민들이 이게 웬 달걀 또는 떡이냐고 물을 때에 간단히 절기의 유래에 대하여 나누며 짧게나마 마음을 열고 소통할 수 있기 때문이다. 인류의 죄를 대속하시기 위해 십자가에 달리셨다가 부활하신 그리스도를 기념하는 새 생명을 의미하는 달걀, 지난 한 해의 수고에 대한 열매를 맺게 하신 하나님께 감사하는 추수감사절의 의미, 그리고 하나님과의 관계는 물론 이 땅에서 이웃과의 관계에도 평화를 주신 예수 그리스도의 탄생을 축하하는 성탄절의 의미를 통해 복음의 씨앗이 뿌려질 것이다.

3) 기타 특화된 프로그램

서울과 같은 대도시는 물론 수원, 동탄, 파주 등, 대기업의 사업장이 소재한 지역들에서는 신우회 등의 직장사역을 지원하거나 협력하는 것도 하나님 나라의 확장을 위한 의미 있는 사역이 된다. 그리스도인 경제활동인구 대부분이 주일 하루에 공예배를 드리는 것 이외에, 신앙을 가지고 모일 수 있는 구심이 부족하기 때문에 지역사회에서 직장사역자들과 협력하거나 최소한 모임과 예배 장소를 제공할 수 있다. 지역사회에 밀착된 사역을 전개하며 교인들이 근무하는 사업체와 연계하여 직장사역을 전개한다면 더욱 효과적일 것이다.

3. 선교사역 프로그램

선교는 일반적으로 정치, 종교, 사회, 문화, 언어 등이 상이한 지역으로 가서 복음을 전파하는 것을 의미한다. 따라서 전통적으로 선교란 교회가 소재한 지역사회의 경계를 넘어, 즉 타국에 가서 복음을 전하는 것을 지칭한다. 그러나 급변하는 현대 사회에서는 문화적 차이에 초점을 맞추어 선교의 정의를 보다 확장하여 재해석할 필요가 있다. 예를 들어, 장년 세대에 있어서 청소년 세대는 다른 문화를 가진 타문화권으로서 선교의 대상이다. 특히 신앙과 삶이 괴리된 부모 세대를 바라보며 하나님보다 돈이 더 위력적임을 간접 체험하고, 멀리 계시는 하나님보다 가까운 곳에서 언제라도 소통할 수 있는 친구가 더욱 위로가 된다고 생각하는 세속화된 청소년들에게 복음을 전수하는 것은 그야말로 선교적 노력을 경주해야 하는 사역이다.

또한, 학업 성적이 자신은 물론 기성세대에게 어필할 수 있는 강력한 수단임을 입시지옥의 세태를 통하여 이미 체득한 청소년들에게 주일 성수와 헌신의 가치를 전달하는 것은 말처럼 쉽지 않다. 그러므로 복음의 핵심을 세상이 변화하는 모습과 속도에 맞추어 전하는 노력이 절실히 요구된다.

또한, 그리스도의 인격을 담은 방법론적인 정리가 필요하다. 다른 종교를 폄하하는 선교의 방식, 일례로 소위 '땅밟기'식의 선교는 오히려 하나님의 영광을 가리는 매우 폭력적이고 비인격적인 행위이다. 특별히 선지자적 소명에 의한 것이 아니라 배타적인 입장에서 '예수천당, 불신지옥'을 불특정 다수에게 큰 소리로 외치는 모습도 온전치 못하다. 만약 교회가 선교의 특별한 소명을 확인했다면, 그 소명에 의해 선교하는 방식 역시 예수 그리스도의 인격을 따라서 다듬어져야 할 것이다. 자신만 옳다는 외골수적 주장은 기독교의 각 교단의 모습을 반영하고, 교단의 그러한 모습은 개 교회의 이기적인 의식에 기인하며, 그러한 의식은 결국 목회자의 복음에 대한 편협한 시각과 성공 지향적 경쟁의식에서 출발한다.

특히 북한이탈주민을 받아들이는 모습이 통일 이후 사회 통합의 리트

머스 시험지가 되는 현실과 국민소득 3만 달러 시대를 맞이한 명실상부한 선진국으로서 해외선교를 담당하는 한국교회는 오늘의 모습이 전적으로 하나님의 은혜에 기인하였음을 명심하고 선교의 방식이 그리스도의 인격을 반영하도록 고민해야 할 것이다.

1) 통일사역

하나님과 인류의 관계 회복은 물론, 사람들 사이의 관계 회복을 위하여 이 땅에 오신 예수 그리스도를 주님으로 믿는 신앙 공동체에게 있어서 남과 북으로 나뉜 한반도는 1차적인 선교의 대상이다. 또한, 남과 북의 화합은 한국교회가 이루어야 할 민족적 소명에 해당한다. 그러나 개 교회가, 더욱이 개척교회가 통일 관련한 사역을 전개하기란 쉽지 않다. 따라서 한국교회 전체가 힘을 합쳐야 할 사역에 동참하며 지역사회에서 통일을 준비하는 사역을 수행하되, 통일에 대한 성경적 인식을 제고하는 데에 우선적인 초점을 맞추어야 할 것이다.

통일사역에 있어서 가장 기본적인 과업은 남북 상호간의 이해를 증진하는 것이다. 남과 북의 분단은 이념과 제도의 분리를 통해 관계의 단절을 유발했고, 서로에 대한 오해와 불신, 반목이 지속, 심화되는 계기가 되었고, 남한과 북한의 차이를 강조하는 주장은 많았지만 그것을 극복하기 위한 시도는 상대적으로 미약했다(최성훈, 2017b, 210). 그러나 상호교류를 통해 이해를 증진하고, 지속적으로 소통하며 서로 간의 오해와 편견을 줄인다면 결국 긴장이 완화되고 갈등을 해결할 수 있을 것이다.

특별히 남과 북의 화해를 이루기 위한 기초적인 과업은 남한교회의 자정과 회복이므로 개척교회가 그리스도를 머리로 하는 올바른 교회 공동체를 이루는 것 자체가 통일의 기초를 세운다. 한국교회는 성속의 분리라는 이원론에 함몰되어 있어서 속된 정치에는 거룩한 교회가 관여해서는 안 된다 하는 선입견을 가지고 있는데, 이는 북한선교에도 걸림돌로 작용한다. 그러나 북한선교를 해야 하는 구체적인 이유는 다음과 같다.

첫째, 복음전파 자체가 주님의 지상명령(마 28:19-20)이기 때문이고,

둘째, 이는 예수님께서 강조하신 대명령, 즉 사랑의 실천을 실현하는 과업이기 때문이며(마 22:37-40),

셋째, 북한 사람들은 우리의 동포이고,

넷째, 한 영혼이 지닌 하나님의 형상으로서의 보편적 존엄성을 감안하면(창 1:27) 어느 누구에게나 하나님을 알지 못하는 이에게 예수 그리스도를 통한 복음을 전하는 일은 모든 교회가 짊어져야 할 사명이기 때문이다(최성훈, 2017b, 215-216).

독일이 2차 대전 이후 동독과 서독으로 갈라져 있을 때에 서독교회는 기독교 복음에 입각하여 동독교회와 유대관계를 맺으려 시도하였다. 성경적 통일신학에 바탕을 둔 실천적 대화를 지속하며 디아코니아 재단을 중심으로 철저한 형제 의식에 기반한 지속적인 섬김의 사역을 펼치며 독일 통일을 앞당겼다. 그러나 서독교회는 동독교회를 지원할 때 상대방의 자존심을 고려한 명목 있는 지원을 했고, 성경적 사랑과 섬김에 근거한 관용을 베풀며 동시에 자신들의 사역을 향한 비판의식을 잃지 않는 확고한 원칙에 근거한 순수한 지원을 시행하였다(최성훈, 2017b, 195-196).

남한교회 역시 북한선교에 있어서 북한에 대한 균형 잡힌 인식이 필수적인데, '같은 민족'으로서의 동질성만 강조하면 안보에 문제가 생기고, '주적'이라는 현실을 강조하면 통일에 어려움이 가중되기 때문이다. 따라서 남한교회는 교단과 교파를 초월하여 하나가 되어 성경의 평화적 관점(마 5:9, 44)에서 균형을 추구하며 통일에 대한 인식을 제고하는 한편, 관련 연구를 지원해야 한다. 또한, 북한 관련 정보를 교환하고, 초교파적인 전문

선교인력을 양성하는 한편, 북한에 대해 배우고, 북한 사람들을 알고, 예수 그리스도를 본받아 그들의 고통 가운데로 들어가는, 섬김의 사역을 펼쳐야 한다.

2) 문서선교

제도화와 세속화로 인하여 어려움을 겪는 한국교회는 현상을 유지하는 데에도 어려움을 겪고 있다. 이미 세워진 건물을 유지하고, 기본적인 사역을 영위하는 데에 지속적인 인력과 재정이 소요되는 반면에 교회에 대한 헌신은 날로 저하되고 있기 때문이다. 이는 일부 대형교회 목회자의 중앙집권적이고 제왕적인 권력 남용에 기인한 바가 크고, 사회의 양극화로 인하여 중산층의 삶이 피폐해진 것과 관련이 있다. 새로이 시작하는 개척교회는 건물과 시설에 너무 많은 자원을 투여하지 않도록 성경적 지혜를 따라 운영의 묘를 발휘한다면 오히려 기성교회가 수행하지 못하는 사역들을 강력하게 전개할 수 있다.

그중에 하나는 문서선교인데, 이는 교인들의 신앙적 교양을 제고하는 신앙 서적 및 성경공부 양육 교재의 제공을 통한 선교사역이다. 전통적인 선교사역이 보내는 사역이라 한다면, 문서선교는 교회 내부를 살찌워서 교인들의 삶을 통하여 세상에 선한 영향력을 끼치도록 하는 사역이요, 출간된 서적 및 교재 등, 문서를 통하여 세상과 소통하며 복음을 전하는 사역이다. 새로 설립된 개척교회가 기성교회와 비교하여 상대적 강점을 가지는 부분은 뚜렷한 소명에 대한 확신 및 복음에 대한 열정일 것이다.

이는 설교와 성경 양육 등의 말씀사역을 중심으로 사람을 키우는 사역에 초점을 맞추게 한다. 또한, 주보를 알차게 구성하여 이를 복음전도의 수단으로 활용할 수 있도록 하기도 하다. 문서선교는 국내선교와 해외선교가 밀접한 관련성을 가지고 있다는 사실을 직시하는 데에서 시작한다. 특히 교회를 이루는 구성원들인 교인들이 복음으로 온전히 무장하지 않으면 해외선교란 단순한 캐치프레이즈로 전락할 수 있음을 명심하는 차원에서도 문서선교를 활성화할 필요가 있다.

3) 해외선교

예수 그리스도의 복음을 통해 하나님 나라를 확장시키는 선교사역은 변화하는 시류 속에서, 그리고 환경이 전혀 다른 선교지에서 꽃을 피워왔다. 그러나 정보통신기술의 발달로 인하여 전 세계가 연결된 오늘날, 한국 교회는 변화의 흐름 속에서 복음을 효과적으로 전파하기 위하여 장기적 관점에서 다양한 방법을 모색하여야 한다. 한국교회의 일부를 이루는 개척교회 역시 장기적인 관점에서 해외선교를 조명할 필요가 있다.

규모가 작은 개척교회라고 해서 해외선교사역을 못하는 것은 아니다. 다만, 어떠한 생각을 가지고 목회철학과 연계하여 선교사역을 수행하느냐가 관건이다. 매월 소규모의 일정액을 해외선교사에게 지원하며 선교의 사명을 감당하고 있다는 합리화를 지양하고, 성육하신 그리스도의 겸손한 인격을 갖춘 선교사의 선발에서부터 현실적으로 도움이 되는 규모의 지속적인 후원 및 은퇴 후 노후대책까지 포괄적으로 다루어야 제대로 된 선교사역이 이루어질 수 있다.

이는 교회가 선교에 대한 깊이 있는 마인드를 보유하여야 가능한데, 교회 내부사역을 통해 선교의 중요성을 강조하는 한편, 효율적인 해외선교사역을 위해서는 선교사를 파송하는 선교단체와 협력관계를 구축하는 것이 요구된다.

개척교회의 초기부터 교인들 각자가 복음전도의 사역자요, 선교사라는 의식을 제고하는 한편, 가능하면 소그룹이 개별적으로 또는 몇 개 소그룹이 이룬 교구를 통하여 교회가 소개한 선교사를 후원하는 사역을 수행하면 좋을 것이다. 교회학교 부서별 또는 장년 교인들이 소위 단기선교라는 명칭으로 단기간 선교지를 방문하는 것에 대하여도 정리가 필요하다. 지난 2007년 분당샘물교회에서 아프가니스탄으로 파송한 팀의 경우에 초기에는 이슬람 단체에게 단순히 납치된 것이었지만 국내에서 그 팀을 단기선교팀이라고 보도함에 따라, 석방을 준비하던 그들의 태도가 바뀌어 아까운 생명을 잃는 사태가 발생하였다. 이는 선교에 대한 성급한 마인드를 앞세웠던 실패 사례로서 이후에 해외선교에 대한 철저한 점검이 이루어졌다.

한국세계선교협의회(http://www.kwma.org)의 정의에 의하면 단기선교란 3개월에서 2년간 선교지에 체류하여 선교사역을 수행하는 경우를 지칭한다. 따라서 개교회에서 일반적으로 1-2주가량의 일정으로 선교지를 방문하는 경우에는 비전트립이나 미션트립, 또는 단기봉사팀이나 리서치팀이라는 이름을 사용하는 것이 좋다.

또한, 선교지를 방문하는 경우에는 미리 선교지의 상태에 대하여 충분히 숙지하고, 현지 선교사의 인도를 절대적으로 따라야 하며, 현지국의 법적 테두리 내에서 합법적인 활동만을 수행함으로써 불필요한 잡음을 방지하고, 선교사역을 전담하는 현지 선교사에게 부당한 부담을 지우지 말아야 한다. 그러한 부분에 있어서도 전문성을 갖춘 선교단체와 협력하여 일정을 조율하고, 교회는 선교사를 끝까지 책임지는 모교회로서 역할을 분담하면 보다 규모 있는 해외선교사역이 이루어질 것이다.

에필로그

지난 2011년 12월 17일 북한의 지도자 김정일이 심장마비로 사망하고 후계자로서 84년생인 아들 김정은이 나섰을 때, 대부분의 사람들이 당시 서른 살도 채 되지 않은 젊은이가 어떻게 북한과 같이 거친 나라를 다스릴 수 있느냐고 반문하였다. 하지만, 오늘날 남한의 문재인 대통령은 물론 중국의 시진핑 주석, 미국의 트럼프 대통령 앞에서 당당히 맞서는 그의 모습을 보며 사람들은 김정은을 오해했다는 생각을 한다.

2016년 11월 8일 실시된 미국 대통령 선거에서 당선이 유력했던 힐러리 클린턴 후보를 물리치고, 미국의 제45대 대통령이 된 도널드 트럼프를 바라보는 시선 역시 그리 좋지 못했다. 트위터를 통해 막말을 쏟아내는 품위 없는 대통령을 바라보는 세계인들의 눈에 트럼프는 제 정신이 아닌 인물로까지 평가되곤 했었다.

하지만, 전 세계를 대상으로 배짱을 부렸던 대부분의 일들이 성공을 거두었고, 특히 중국과의 무역전쟁에서 양보를 얻어낸 미국 트럼프 대통령에 대하여 이제 수많은 사람들은 그동안 그를 오해했다고 생각하고 있다. 그가 굉장히 뛰어난 전략가요, 외교가라는 사실을 깨닫게 된 것이다.

아브람의 오해

창세기 12장에서 소위, 믿음의 조상이라고 하는 아브라함도 하나님의 약속을 오해했었다. 아브람은 75세가 되었을 때에 하나님의 말씀을 듣고, 그 말씀대로 고향을 떠났다. 그런데 막상 하나님의 약속을 믿고 가나안 땅에 갔더니 그 땅에 기근이 들었다(창 12:6-10).

그러한 기근을 만난 아브람은 자신이 하나님의 약속을 오해하였다는 사실을 깨닫게 되었다. 하나님께서 예비하신 가나안 땅과 같은 약속의 땅에는 기근 따위의 어려움은 전혀 없을 것이라고 생각한 것이다. 실망한 아브람은 고민 끝에, 나일강 삼각주가 있어서 연중 내내 비옥한 애굽 땅으로 들어갔다. 그런데 이번에는 애굽의 바로가 자신의 아내 사래를 아리따운 여인이라고 칭찬하는 모습을 보고, 자기가 사래의 남편이라는 사실을 곧이, 곧대로 말했다가는 죽음을 당할 수도 있겠다는 두려움에 사로잡혔다.

그래서 자신의 목숨을 보존하기 위해 바로에게 사래를 자신의 누이동생이라고 속여서 말했더니, 바로가 아브람을 후대하여 양과 소, 노비와 암수 나귀와 낙타들을 주었다. 하나님께서 그 일로 바로의 집에 재앙을 내리셨다. 그제서야 사래가 아브람의 아내라는 사실을 알게 된 바로가 아브람을 떠나보내어, 아브람은 이제 다시 가나안 땅으로 돌아오게 되었다.

이어지는 13장에서 아브람이 겨우 한숨을 돌렸을 때, 이번에는 조카 롯의 목자들과 자신의 목자들이 다투는 사건이 발생하였다. 아브람은 고민 끝에 롯에게 먼저 선택권을 주어 두 사람이 갈라지게 되었다. 롯은 가축들을 먹이기에 넉넉한 물이 있는 소돔으로 가고, 아브람은 가나안 땅에 그대로 머물렀다. 어린 시절에 조실부모하고 고아가 된 롯을 자식처럼 키워온 아브람은 마음이 상했다. 그때에 하나님은 아브람에게 찾아오셔서 동서남북을 바라보라고 말씀하시며, 사방에 보이는 모든 땅을 아브람과 그의 자손에게 주시겠다고 약속과 함께 아브람을 위로하셨다.

그런데 14장에서는 동방에서 온 네 명의 왕들이 롯이 사는 팔레스타인 지역을 침략하는 사건이 발생하였다. 롯이 거주했던 소돔과 고모라를 포함한 팔레스타인의 다섯 왕들이 12년 동안 동방의 왕들에게 조공을 바치며 섬기다가, 13년이 지나자 이제는 자신들의 힘이 조금 세졌다고 생각해서 동방의 왕들을 배반해서 그러한 일이 일어난 것이다. 싯딤 골짜기에서 전투가 벌어지는데, 석유가 나는 중동 지방이니 석유 원액인 역청 구덩이가 많았는데 거기에 소돔과 고모라 왕의 군대가 빠져서 전쟁에 패배하고 말았다(창 14:10). 승리를 거둔 동방의 네 왕들은 팔레스타인을 약탈하였고, 소돔에 거주하던 롯의 재물도 다 빼앗고 롯의 가족들을 포로로 잡아갔다. 그때에 아브람은 집에서 기르고 훈련한 318명을 데리고 가서 조카 롯의 가족을 구해내고 빼앗긴 모든 것을 되찾아왔다.

이것은 기적이다. 아무리 집에서 훈련을 시켰다고는 하지만 동방의 네 나라의 왕들이 거느린 정규군에 맞서 싸워서 승리를 거두는 것은 불가능하기 때문이다. 그래서 아브람은 돌아오는 길에 지극히 높으신 하나님의 제사장인 살렘 왕 멜기세덱의 축복을 받고, 전리품의 10분의 1, 즉 십일조를 그에게 주었다. 그리고는 가나안 땅으로 돌아왔다. 하지만, 아브람은 동방의 왕들이 다시 세력을 회복하여 공격해오면 어떻게 하는가 하는 두려운 마음이 있었고, 자식을 주겠다는 하나님의 언약이 10년이 지나도 이루어지지 않자 이것도 답답했다.

하나님의 언약

그 일 후에 하나님께서 아브람을 다시 찾아오셔서 "아브람아 두려워하지 말라 나는 네 방패요 너의 지극히 큰 상급이니라"(창 15:1)고 말씀하셨다. 하지만, 아브람은 하나님의 말씀을 또 다시 오해하고 인간적인 한탄을 늘어놓았다.

> 주 여호와여 무엇을 내게 주시려 하나이까 나는 자식이 없사오니 나의 상속자는 이 다메섹 사람 엘리에셀이니이다(창 15:2).

나름대로 자신이 인간적인 생각으로 마련한 대비책을 아뢰었다. 그 말과 함께 "주께서 내게 씨를 주지 아니하셨으니 내 집에서 길린 자가 내 상속자가 될 것임이니이다"(창 15:3)고 덧붙이며 하나님을 은근히 원망하는 마음을 드러냈다. 아브람의 종 엘리에셀은 틀림없이 그와 함께 동방 왕들과 싸웠을 것이다. 믿음직하고 충성스러운 종이니 그를 상속자로 삼으면 자신의 노후 걱정도 없을 것이라고 아브람은 생각했을 것이다.

그런데 하나님은 "그 사람이 네 상속자가 아니라 네 몸에서 날 자가 네 상속자가 되리라"(창 15:4) 하시고, 하늘의 셀 수 없는 별처럼 많은 자손을 주시겠다고 다시 약속하셨다(창 15:5). 다시 한 번 그것을 믿기로 결심한 아브람의 마음을 하나님은 의로 여기시고 가나안 사방의 땅을 주시겠다며 언약의 제물을 준비하게 하셨다. 창세기 15장 6절의 '믿으니'라는 단어는 히브리어로 '아만'(אמן)으로서 '아멘'의 어원이 되는 단어이며, 구약성경에서는 최초로 '믿는다'라는 동사가 사용된 부분이다. 또한, 창세기 15장 본문은 신약성경에서 사도 바울의 이신칭의, 즉 믿음으로 의롭다 함을 얻는다는 교리의 기반이 되는 본문이 된다.

아브람은 하나님의 말씀대로 3년 된 암소, 암염소, 숫양과 산비둘기와 집비둘기 새끼를 바쳤는데, 그는 모든 제물들을 쪼개었지만 크기가 작은 비둘기는 쪼개지 않았다. 하나님은 아무리 기다려도 도무지 응답하지 않으셨고, 오히려 솔개가 와서 그 제물을 먹으려 했다. 아브람은 '휘이, 휘이' 하고 이리 저리로 뛰어다니며 솔개를 쫓았다. 그러다가 그만 해 질 때가 되니 깜박하고 잠이 들게 되었다. 환상 중에라도 하나님을 만난 것 자체가 대단한 사건인데, 하나님 말씀대로 짐승을 잡아 이를 쪼개어 늘어놓고, 솔개가 내려앉지 못하도록 쫓다보니 많이 피곤했을 것이다. 그래서 그는 그만 깊은 잠에 빠져들었던 것이다.

그때에 아브람에게 하나님께서 다시 나타나셔서 말씀하셨다.

> 너는 반드시 알라 네 자손이 이방에서 객이 되어 그들을 섬기겠고 그들은 사백 년 동안 네 자손을 괴롭히리니 그들이 섬기는 나라를 내가 징벌할지며 그 후에 네 자손이 큰 재물을 이끌고 나오리라(창 15:13).

일부 설교자들은 아브람의 자손들이 4백 년 동안 괴롭힘을 당한 이유는 제물을 쪼개었지만 비둘기는 쪼개지 않아서, 즉 그것을 쪼개지 않은 작은 불순종 때문이라고 해석한다.

하지만 하나님이 제물을 제대로 쪼개지 않았다고 해서 4백 년이나 고생을 하게 하시는 째째한 분일까?

예를 들어, 헌금을 정성껏 새 돈으로 준비하지 않았다고 해서 벌을 주시는 분일까?

그렇지 않다. 훗날 모세의 율법(레 1:14-17)에서도 다른 제물들과는 달리 새는 쪼개지 않았다. 그것이 쪼갤 필요가 있을 만큼 충분히 크지 않았기 때문이다. 다른 설교자들은 아브람이 게을러서 잠들었기 때문이라고도 한다. 그렇다면 예배 시간에 조는 사람은 큰 벌을 받되, 특별히 자손들이 4백 년 동안 객이 되어 종살이 하는 벌을 받아야 한다는 논리로 귀결된다. 하지만, 하나님은 그리 째째한 분이 결코 아니며, 도리어 우리의 연약함을 헤아리시는 분이다. 그러므로 4백 년의 고생에는 반드시 신실하신 하나님의 뜻이 깃들어 있다.

하나님은 아브람의 자손이 4대 만에 이 땅, 곧 가나안땅으로 돌아올 것이라고 말씀하시며, 그것을 약속하셨다. 실제로 야곱이 애굽에 정착한 후에 그의 아들 레위-고핫-아므람-모세에 이르는 4대 만에 출애굽을 하였다. 하지만, 4백 년 정확히는 430년 동안 애굽에서 고생하는 것은 하나님의 뜻이었다.

그것은 우선 가나안 땅에 임한 흉년과 기근을 피해 유복한 지역에서 큰 민족을 이루는 기반이 되었고, 언약을 받은 백성으로서 중심이 단단해지는 훈련이었다. 하나님은 가나안을 무작정 심판하신 분도 아니다. 4백 년 이상이나 아모리 족속(15:16), 즉 가나안 민족의 죄가 가득차기를 기다리셨다는 말씀은 그들이 회개했다면 아브람의 자손 이스라엘과 함께 살 수 있는 길을 제시하셨을 것이라는 사실을 시사하기 때문이다.

더욱이 그 하나님은 독생자, 예수 그리스도를 이 땅에 보내셔서 유대인들뿐만 아니라 온 인류를 구원하신 분이다. 예수님은 다음과 같이 말씀하시며 이 땅에 오신 목적이 인류 구원임을 밝히셨다.

> 도둑이 오는 것은 도둑질하고 죽이고 멸망시키려는 것뿐이요 내가 온 것은 양으로 생명을 얻게 하고 더 풍성히 얻게 하려는 것이라(요 10:10).

하나님의 오래 참으시는 인내는 온 인류가 하나님께로 돌이키기를 기다리시는 마음의 표시이다. 해가 저서 어두울 때에 연기 나는 화로가 보이며 타는 횃불이 쪼갠 고기 사이로 지나갔다. 고대 근동의 조약은 계약 체결의 당사자 중에서 약자가 강자에게 조공을 바치고, 조공의 제물을 쪼갠 후에 그 사이로 걸어가는 것으로 마무리된다. 자신이 강자를 섬기기로 한 조약을 지키지 않은 경우에 그 쪼개진 제물처럼 쪼개질 것이라는 의미이다. 그런데 강자인 하나님 자신이 친히 쪼개진 제물의 사이를 지나가시며 가나안 땅을 모두 아브람의 자손에게 주시겠다는 언약을 확증하셨다.

개척목회자가 경계해야 할 오해

예수 그리스도를 통해 하나님의 약속의 말씀을 받은 신약 백성인 우리는 믿음의 삶을 통해 이 땅에서 하나님 나라를 이루어야 한다. 하지만, 우리에게는 날마다 꿈틀거리는 죄성이 여전히 남아있다. 히브리적 개념의 죄란 마음 중심이 하나님으로부터 벗어난 상태를 말한다(최성훈, 2016a, 247-248). 그러한 죄는 하나님이 아니라 내 뜻대로 살려는 생각에서 비롯된다.

우리는 그러한 마음에 사로잡혀서 우리의 힘으로 우리의 미래를 만들어 가려고 애를 쓴다. 개척에 대하여도 마찬가지이다. 개척교회의 모습을 내 뜻대로 그리고, 내 뜻을 먼저 바라보다 보니 마음이 자꾸 조급해진다. 인내심이 부족하여, 하나님께서 주신 약속이 당장 이루어지지 않으면 더 이상 그 약속을 신뢰하지 않는다. 우리가 그러한 생각을 하는 이유는 하나님의 약속을 오해하기 때문이다. 그래서 우리의 시각으로 하나님께서 주시는 어떤 것이 상급이라고 착각하곤 한다.

대표적인 것이 가나안 땅이 상급이라는 착각이요, 오해이다. 아브람이 하나님의 약속을 오해하고 애굽으로 갔을 때에 바로는 아브람의 아내를 오해하여 취하려 했다. 그 사건 후에 롯을 오해했던 아브람은 롯이 떠남을 통해 고통을 받았다. 그런가 하면 롯은 소돔을 좋은 땅으로 오해하고 그 땅에 들어갔다가 고통을 겪게 되었다. 소돔의 팔레스타인 왕들은 동방의 왕들을 오해하여 자신들이 그들에게 맞설 수 있다고 생각했다가 큰 코 다쳤다. 우리는 다 오해한다.

　신학생이 되고, 목회자가 되어도 마찬가지요, 집사가 되고, 권사, 안수집사, 장로가 되어도 똑같다. 종종 자기 의에 사로 잡혀서 나 자신이 새 포도주요, 새 부대인 줄로 오해한다. 개척교회의 목회자 역시 목회 현장에서도 하나님이 아니라 나 자신을 구했기 때문에 사람들의 인정에 목마른 것임에도 불구하고 그것을 내가 하나님을 구하고 있었다고 오해한다. 하나님을 바라보지 않으니 나의 정체성도 오해하는 것이다. 그 이유는 우리의 죄성이 우리의 눈과 귀를 가리우기 때문이다.

　하지만 하나님께서 창세기 15장 1절을 통해 말씀하신 것처럼 하나님 자신이 '지극히 큰 상급'이다. 그러므로 우리는 가나안 땅이라는 눈앞에 보이는 목표가 아니라 그 목표를 허락하신 하나님께 초점을 맞추어야 한다. 그러면 가나안이 하나님의 때에 우리의 발아래에 놓이게 될 것이다. 그 땅을 허락하신 분이 바로 하나님이시기 때문이다.

　개척을 준비하는 목회자와 교인들은 자신들의 눈을 다시 한 번 하나님께 돌려야 한다. 가나안 땅과 같은 상급을 기대하기 이전에, 왜 그러한 상급을 바라보며 열심히 지금까지 뛰어왔는데 아무런 열매가 보이지 않느냐고 원망하기 이전에, 그동안 고생하고 노력한 모든 것의 열매를 주관하시는 하나님을 바라보아야 한다. 모든 일이 다 하나님의 손에 달려 있기 때문이다.

　하나님만 붙든다면 우리는 결국 가나안에 들어갈 것이다. 430년 동안 어려움을 겪는 일이 생기더라도 그 고난은 우리의 마음 중심을 더욱 단단히 하고, 우리의 눈을 하나님께로 향하게 하는 성숙의 훈련과정이 될 것이다. 오히려 그 고난의 여정을 통하여 우리는 하나님을 더 이상 오해하지 않고, 하나님과 동행하는 삶의 기쁨을 누리며 하나님의 손을 잡고 가나안에 들어가게 될 것이다.

　우리가 하나님을 바라보는 그 순간 희망의 실마리가 보이기 시작한다. 그 고난의 현장 가운데에서 우리와 함께 하시는 하나님을 확인하며 더욱 담대한 모습으로 일어설 수 있게 된다. 독생자를 아낌없이 허락하신 하나님의 사랑의 눈을 향한 시선이 다시금 우리를 일으켜 세우기 때문이다. 그러면 환란 중에도 용기를 낼 수 있고, 어떠한 위기 앞에서도 당당할 수 있다.

　반대로 아주 연약한 사람 앞에서도 복음으로 인하여 겸손할 수 있다. 하나님이 우리의 힘이 되시고, 우리를 새롭게 하시기 때문이다. 책을 마무리하며 개척목회자와 교회개척을 준비하는 모든 하나님 나라의 일꾼들이 그 하나님을 상급으로 받아 누리며, 가나안에서 시작하는 하나님의 큰 꿈을 이루기를 충심으로 바란다.

부록 1   가나안교회 정관
부록 2   기하성(여의도순복음) 교단 재단법인 순복음선
         교회 교회개척국 체크리스트

참고문헌

부록1
가나안교회[1] 정관

2019년 O월 O일 제정

전문

　가나안교회는 예수 그리스도를 통해 구원을 이루시는 하나님의 뜻을 따라 지역 복음화와 세계선교의 사명을 수행함으로써 하나님께 영광을 돌리는 사명을 위해 설립되었다. 교회의 머리 되시는 예수 그리스도를 따라 한 몸을 이루는 교회 공동체 전체가 안으로는 하나님의 말씀을 통해 서로를 세우고, 밖에서는 지역사회와 소통하며 삶을 통하여 복음을 전파하는 사명을 수행하고자 한다. 무엇보다도 교회와 사회의 기초가 되는 가정을 믿음으로 세우고, 하나님의 말씀과 성령의 인도하심을 따라 다음 세대를 육성하고, 지역사회 및 나라와 민족을 섬기는 것을 목적으로 삼는다. 그러한 목적을 이루는 과정에서 모든 교회의 의사결정과 운영은 성경적 원리와 민주적 절차를 따라 인사와 재정 등, 운영내역을 투명하게 공개하며, 이 땅에서 하나

1　'가나안'이라는 가상의 교회 이름은 에필로그에서 조명한 것처럼, 가나안을 약속으로 허락하신 하나님을 상급으로 누리며 모든 역경을 딛고 하나님의 말씀을 따라, 그리스도를 머리로 하는 교회 공동체를 세우되, 성령의 도우심을 의지하여 척박한 가나안을 명실상부한 감사와 기쁨의 약속의 공동체로 만들겠다는 각오가 담겨 있다. 아울러 몸과 마음으로 교회를 떠난 소위, '안나가' 성도들이, 온전한 교회 공동체인 '가나안'을 만나 회복되도록 하겠다는 섬김의 다짐도 반영하는 것이다. 가나안 교회의 정관은 필자가 소속한 기하성(여의도순복음) 교단의 교단법에 맞추어 작성하였다.

님 나라를 실현하는 온전한 그리스도의 몸 된 교회를 이루고자 한다.

제1장 총칙

제1조 명칭

본회는 「기독교대한하나님의성회(기하성 여의도순복음) 가나안교회」라 칭한다(이하 본회라 칭하며 정치, 헌법적 규칙, 헌법의 용어는 기하성 헌법을 지칭한다).

제2조 주소지

본회는 서울 OO에 소재한다. 단, 교회의 본질적 사명을 효과적으로 수행하기 위해 필요시, 제직회와 공동의회의 의결을 거쳐 소재지를 변경할 수 있다.

제3조 목적

본회는 하나님의 말씀인 성경과 그 가르침을 정리한 복음주의 신학에 기초하며, 지역사회에 소재한 교회의 특성을 우선하여 교회법인 본 정관을 교단법에 우선하여 적용한다. 이는 민법은 개체교회의 정관을 요구하며, 분규 발생 등, 특별한 사유가 있을 때에 개교회의 정관이 교단헌법이라고 칭하는 교회 간의 협약과 우선함을 규정하고 있기 때문이다. 따라서 본회가 속한 교단인 기독교대한하나님의성회(기하성 여의도순복음)의 헌법을 본 교회 규약의 하위규범으로 받아들이며, 본 정관 제5조 신앙고백에 입각하여 교인들을 세우고, 지역사회를 섬기며, 세계선교의 사명을 통해 이 땅에 하나님의 나라를 이루는 것을 목적으로 한다.

제4조 효력

본회의 정관은 공동의회 개최 1주 전 공지 후, 공동의회의 회원인 전체 재적 세례교인의 과반수의 찬성을 통하여 법적 효력이 발생한다. 정관개정에 관한 사항은 제16장 부칙의 제92조(정관개정)에 명시하기로 한다.

제5조 신앙고백

본회의 신앙고백은 사도신경을 포함한 복음주의 전통의 신앙을 따른다.

1. 우리는 신, 구약 성경이 성령의 영감을 따라 오류 없이 기록된 하나님의 말씀이며, 신앙과 삶의 유일한 기준임을 믿는다.
2. 우리는 하나님께서 천지를 창조하시고 주권적으로 섭리하시는 유일한 신이심을 믿는다.
3. 우리는 동정녀 마리아를 통해 성육신하신 예수 그리스도의 완전한 신성과 인성, 대속의 죽음, 육체적 부활, 그리고 역사적 재림을 믿는다.
4. 우리는 하나님의 형상으로 창조된 인간의 전적 타락과 그리스도의 십자가 보혈을 통한 구속을 믿는다.
5. 우리는 성령의 교통, 중생, 내주, 충만하게 하시는 사역을 믿으며, 기독교의 전통적인 삼위일체 교리를 수용한다.
6. 우리는 모든 교회는 그리스도를 머리로 하는 하나의 거룩하고 보편적인 교회임을 믿고, 가나안교회는 교회의 소재지를 중심으로 하는 지역교회로서 그리스도의 몸 된 교회로서의 사명을 수행한다.
7. 우리는 예배, 교육, 교제, 봉사, 그리고 선교가 교회의 본질적 사명임을 받아들이고, 이 세상에서 하나님의 나라를 실현하기 위한 교회의 사회적 책임을 수용한다.

제2장 회원 – 교인의 권리와 의무

제6조 (교인정의)

교인의 구분과 권리는 기본적으로 본 교단의 헌법을 따르며 교회 내규에 따른 자세한 사항은 다음과 같다.

1. 새가족교인: 예수를 그리스도로 믿기로 작정하고 교회에 등록한 후, 예배에 참석하며 믿음과 구원에 관한 것을 학습하는 단계 이전의 교인을 말한다. 새가족교인은 투표권은 없지만 공동의회에 참관할 수는 있다.
2. 세례교인: 제직회에서 문답을 통해 예수님을 주님으로 믿는 신앙을 고백한 후 세례를 받은 만 19세 이상의 교인으로서 공동의회에서 투표권을 보유한 정회원이 된다.
3. 타 교단 전입교인: 타 교단 전입교인으로서 세례 받은 사람이 본 교회에 등록하고 6개월 이상 출석하면 공동의회에서 투표권을 보유한 정회원이 된다. 이전 교회에서 보유한 직분은 명예직으로서 호칭하고 본 교회에서 서리집사, 권사, 안수집사, 시무장로로 사역하려면 주일성수와 십일조 및 봉사의 기준을 충족해야 한다. 타 교단에서 전입한 장로가 시무장로가 되기 위해서는 제직회(목회협력위원회) 또는 제직회의 천거로 공동의회 3분의 2 이상 찬성을 얻어야 하며, 이후 취임식을 거쳐 시무장로가 된다(헌법 제3편 교회, 제8장 장로, 제47조 장로의 전입).

제7조 의무

본회 교인의 의무는 다음과 같다(헌법 제3편 교회, 제3장 교인, 제29조 교인의 의무).

1. 교인은 교회의 공적 예배에 출석하여야 한다.
2. 교인은 십일조와 헌물을 통해 교회의 운영 및 복음전파와 선교의 사명을 수행한다.
3. 교인은 전도와 봉사에 참여하여 교회를 세우고, 지역사회를 섬기는 사명을 수행한다.
4. 교인은 교회의 내규인 정관 및 교단헌법을 준수하며, 이에 따라 교회의 민주적인 운영과 치리에 공헌한다.
5. 교인은 하나님의 말씀인 성경을 성실히 배우고 전하며, 성경 말씀의 가르침대로 실행하여 예수 그리스도의 대속을 통한 구원의 의미를 신앙생활을 통해 드러냄으로써 삶을 통해 복음을 전해야 한다.

제8조 권리

본회 교인의 권리는 다음과 같이 보장된다(헌법 제3편 교회, 제3장 교인, 제30조 세례교인의 권리).

1. 세례를 받은 만 19세 이상의 교인(이하 세례교인)은 교회의 정관 및 교단의 헌법대로 순서를 따라 청원(請願), 소원(所願), 상소(上訴)할 권리가 있다.
2. 세례교인은 선거 및 피선거권이 있다. 그러나 정당한 사유 없이 6개월 이상 본교회 공적 예배에 출석하지 않은 교인의 권리는 중지된다. 기타 교인 권리 중지의 결정은 제직회 결의에 의한다.
3. 세례교인은 성찬에 참여하는 권한과 공동의회에 참석하여 투표할 권한이 있다.
4. 세례교인은 그리스도의 몸 된 교회를 위하여 은사에 따라 봉사할 수 있는 권리가 있다.

제3장 예배와 집회

제9조 예배

본회에서 실시하는 공식 예배는 다음과 같다.

1. 주일예배: 주일 낮에 드리는 부서별 예배
2. 금요예배: 금요일 저녁에 드리는 예배
3. 절기예배: 각 절기에 드리는 예배
4. 소그룹예배: 각 소그룹별로 드리는 예배
5. 기타 특별예배 및 집회: 본 교회 규정 제11조(집회)에서 정한 바에 의하여 교회의 사정에 따라 특별한 사유가 발생하면 제직회의 결의로 시행 여부를 결정하여 운영한다.

제10조 성례전

본회에서 실시하는 성례전은 다음과 같다.

1. 본회는 개신교의 종교개혁 전통을 따라 세례와 성찬만을 성례전으로 인정하고 시행한다.
2. 세례: 세례란 예수님을 주님으로 고백한 사람이 이제부터는 예수님을 따라 살겠다고 결심하여 교회의 등록교인이 되기를 작정하는 의식이다. 본회는 예수님을 그리스도로 믿고 거듭난 삶을 살 것을 고백하고 다짐하는 세례의 본질적 의미를 중시하여 몸 전체가 완전히 물에 들어갔다가 나오도록 하는 침수(immersion), 물을 머리에 붓는 관수(affusion), 물을 머리에 뿌리는 살수(aspersion) 등의 다양한 방식들을 모두 수용한다.
3. 성찬: 성찬(聖餐)은 거룩한 만찬이라는 의미로서 예수님께서 이 땅에 인간의

몸을 입고 오신 것을 기념하여 떡을 떼고, 인류를 구원하시기 위해 십자가에 달려 피 흘리시고 돌아가신 것을 기념하기 위해 포도주를 나누어 마시는 의식이다. 본회는 대부분의 복음주의 개신교단이 받아들이는 견해로서 성도들이 성찬식을 통해 떡과 포도주를 대할 때에 예수님께서 영적으로 임재하신다는 해석인 영적 임재설을 받아들인다.
4. 헌아식: 본 교단은 개인이 스스로 신앙을 고백하는 것을 중시하여 유아세례를 시행하지 않지만, 본회는 부모 중 한 사람이 세례교인이면 만 2세 이하의 유아인 자녀가 헌아식에 참석함을 통하여 가정의 신앙을 고백할 수 있도록 한다.

제11조 집회

본회에서 실시하는 집회는 다음과 같다.

1. 새벽기도회: 새벽에 드리는 기도회
2. 부흥회: 교회의 부흥과 신앙 열정의 회복을 위한 집회
3. 사경회: 강해설교를 통하여 신앙의 성장과 성숙을 도모하는 집회
4. 수양회: 각 기관에서 신앙 수련을 위해서 갖는 집회
5. 강습회: 신앙과 교육과 교양을 위해 갖는 집회
6. 기타 집회: 기타 필요하다고 인정될 때에 제직회가 결정 및 인준한다.

제12조 행사를 위한 예배

본회에서 실시하는 각종 행사를 위해서 드리는 위임, 임직, 은퇴, 추대 등의 예배는 제직회가 결정, 주관하되 이는 주일예배 시간과 구별하여 드려야 한다.

제4장 직원의 임무, 선거, 임직

제13조 항존직 및 임시직

본회의 항존직은 본 교단의 헌법(제3편 교회)에 의하여 목사, 장로, 안수집사, 권사로 한다. 또한, 제직회로서 당회의 기능을 대신하는 본회는 권사에 대하여 항존직에 준한 모든 권리를 인정하며, 임시 임명직으로서 서리집사를 둔다. 담임목사, 부목사, 전도사 등의 목회직은 본 교단이 인정하는 정규 신학대학원 졸업자로서 교단의 인준을 득한 자여야 한다. 신학대학원 재학 중인 교육전도사의 경우 제직회 의결권을 제외한 강도권 및 장로, 안수집사, 권사와 협의하여 운영하는 부서의 치리권을 인정한다. 각 직분의 임무는 다음과 같다.

1. 담임목사: 본 교단 헌법(제3편 교회, 제6장 목사)에 의하여 담임목사는 본 교회를 대표하며 예배를 위한 설교와 심방, 인사, 재정 및 모든 교회적 활동을 총괄한다.

2. 부목사: 직능별로 담임목사를 보좌하며, 담임목사의 임명을 받는다(헌법 제3편 교회, 제6장 목사, 제38조 목사의 구분, 2항). 교단 헌법에 의하면 부목사는 당회에 참석할 수 없으나 당회 기능을 대체하는 제직회를 운영하는 본 교회에서는 부목사에게도 제직회에 참여하는 자격을 부여한다.

3. 전도사: 교회의 시무자로서 담임목사가 천거하여 지방회가 임명하고, 총회에 보고하여 소속한다(헌법 제3편 교회, 제7장 전도사, 제41조 전도사의 자격).

4. 장로: 본 교단 헌법(제3편 교회, 제8장 장로)에 준하여 담임목사와 협력하여 교회를 치리하고, 교인들의 신앙 향상을 위하여 봉사한다.

5. 안수집사: 본 교단 헌법(제3편 교회, 제9장 안수집사)에 준하여 교회의 목회 및

봉사활동을 지원한다.

6. 권사: 본 교단 헌법(제3편 교회, 제10장 권사)에 준하여 교회의 목회 및 봉사활동을 지원한다. 또한, 헌법(제3편 교회, 제10장 권사, 제54조 권사의 의의)에 의거, 교우를 심방하고 권면하며, 병자와 고난당하는 자를 위한 기도에 힘쓰며, 교인들의 신앙 향상을 위하여 덕을 세우며 충성한다.

7. 서리집사: 본 교단 헌법(제3편 교회, 제11장 서리집사)에 준하여 신실한 남녀로 선정하여 목회 및 봉사활동을 지원한다.

제14조 (선거원칙)

본회의 모든 선거는 직접 비밀, 평등 선거로서 민주적 선거 방식으로 한다.

제15조 (선거권과 피선거권)

세례교인, 입교인은 누구든지 선거권과 피선거권을 가진다. 다만 법에 의하여 권리가 제한되거나 치리를 받은 자는 제외한다.

제16조 선거운동

선거운동은 다음과 같은 원칙에 따른다.

1. 본회는 선거에 있어서 특정인을 당선케 하거나 또는 낙선케 할 목적으로 선거운동을 할 수 없다.
2. 후보의 자격을 가진 자는 당선을 목적으로 교회 내에서나 밖에서 선거인을 상대로 심방하거나 금품이나 향응 제공을 할 수 없다.

제17조 선거일 공고

제직회는 본회의 선거일을 1주일 전에 교회에 공고한다.

제18조 선거사무

본회의 선거사무를 위한 선거관리위원은 제직회가 추천하여 공동의회에서 인준한다.

제19조 후보자

후보자는 다음과 같이 결정한다.

1. 담임목사 청빙 청원을 위해서는 제직회가 청빙청원위원회가 되어 후보자를 공동의회에 추천한다.
2. 장로, 안수집사, 권사 투표를 위한 후보자는 본 교단 헌법에서 정한 자격 기준에 의한다.

제20조 (선거공보)

본회는 선거를 원활하게 하기 위하여 후보자의 이름과 사진 또는 간단한 인적사항을 교회 게시판 및 교회 인터넷에 일정기간 게시하여 홍보할 수 있다.

제21조 선거방법

다음과 같은 방법으로 투표한다.

1. 담임목사청빙청원: 제직회에서 추천한 후보자에 대하여 가부의 투표를 하되 공동의회 총투표자의 3분의 2 이상의 가표를 득한 자를 지방회에 청원한다.

2. 장로: 지방회에 장로 증원을 청원하여 허락받은 인원의 범위 안에서 무기명 비밀투표로 안수집사 중에서 선출한다.

3. 협동장로: 이명서를 가지고 입회된 무임장로는 제직회의 결의로 협동장로가 되며, 지방회에서 장로 증원허락을 받고 공동의회에서 시무장로로 피선되면 지방회고시를 거쳐 취임식만 행함으로 시무장로가 된다.

4. 안수집사와 권사: 제직회에서 인원을 결정한 다음 공동의회에서 무기명 비밀투표로 선출한다.

5. 명예권사: 명예권사는 제직회의 결의로 임명한다.

제22조　위임 및 임직

담임목사 위임 및 직분의 임직은 다음과 같다.

1. 본회의 임직은 담임목사 위임과 장로, 안수집사, 권사의 임직으로 구분한다.

2. 피택장로는 피택선거 후 6개월 이상 교육하고, 지방회 고시를 거쳐 임직한다.

3. 담임목사의 임기는 본 교단 헌법(제3편 교회, 제6장 목사, 제37조 목사의 임직과 자격)을 따르며, 부목사와 전도사 등, 부교역자를 포함한 모든 유급 직원들은 담임목사 은퇴 및 사임시에 일괄 사임한다(제3편 교회, 제6장 목사, 제39조 담임목사의 청빙). 직원의 임기는 계약서에 따르며, 임직자의 임기는 본 교단 헌법(제3편 교회)의 조항에 따른다.

4. 목사의 위임식은 지방회 주관이나 장로와 안수집사의 임직식과 권사의 취임식은 본 교회 제직회가 주관하며, 모든 임직식에 소요되는 비용은 임직자 개인의 부담 없이, 교회재정으로 전부 부담한다.

제23조　교육

임직을 위해 피택자는 다음과 같은 과정의 교육을 이수한다.

1. 공동의회에서 피택된 임직자는 3개월 이상 교육을 받아야 하며, 이는 제직회의 결의로 담임목사가 시행한다.
2. 적법하게 피택된 임직자일지라도 교육을 받지 않거나, 본인이 스스로 거절할 경우 제직회의 결의로 임직식을 유보하거나(1년) 취소할 수 있다.

제5장 공동의회(共同議會)

제24조 권한

본회는 최고 의결기관으로서 공동의회를 둔다. 공동의회의 운영은 본 교단 헌법(제3편 교회, 제13장 회의, 제62조 공동의회)의 규정을 기본으로 한다.

제25조 조직

공동의회는 다음과 같은 조직을 둔다.

1. 공동의회 회원은 본 교회에 등록된 무흠 세례교인으로 한다.
2. 공동의회에는 회장과 서기를 두며, 회장은 담임목사이고 서기는 제직회의 서기가 겸임한다.

제26조 회의 소집

공동의회는 다음의 경우에 회장이 소집한다.

1. 제직회가 필요하다고 인정하여 소집을 결의한 때,
2. 무흠 입교인(세례교인) 3분의 1 이상의 청원으로 제직회가 결의한 때,
3. 상회(지방회, 총회)의 명령이 있어 제직회가 소집을 결의한 때,
4. 합법적으로 임시공동의회 소집 청원이 있을 때에 제직회는 2주 안에 임시공동

의회를 소집하여야 한다.

제27조 회의

공동의회 회의는 다음과 같다.

1. 연말공동의회: 제직회의 1년 운영과 관련한 결정사항, 각 부서의 운영 및 재정 결산보고와 차기년도 예산과 목회사역 계획을 점검하며, 그 밖의 제출하는 안건을 의결한다. 연말 정기 공동의회는 12월 셋째 주일에 소집한다.
2. 임시공동의회: 공동의회 결의를 필요로 하는 안건이 있을 때 안건을 명시하여 1주일 전에 광고하여 소집하되 제출된 안건만 처리한다.

제28조 (임무 의결정족수)

목사 청빙, 장로와 안수집사 피택, 정관의 제정과 개정, 예산과 결산의 승인, 부동산 취득과 처분, 원로목사와 장로 추대, 교단 가입과 탈퇴, 교회개척 등을 의결하며, 담임목사청빙, 장로, 안수집사, 권사의 피택, 정관의 제정과 개정, 부동산 취득과 처분, 제직회에 위임한 부동산 취득과 처분권, 교단 가입과 탈퇴 등은 출석회원 3분의 2 이상의 찬성을 요하며 그 밖의 안건은 과반수 찬성으로 결정한다.

제29조 회의록

회의 의사에 대하여는 그 경과와 요령 및 결과를 회의록에 기록하여 본회가 채용하고 의장과 서기가 기명한 후 이를 보관한다.

제6장 제직회

제30조 성격

본회의 제직회는 민주적이고 투명한 운영을 위하여 당회를 통합하여 대체하며, 본 교단 헌법(제3편 교회, 제13장 회의, 제63조 제직회)의 규정을 기본으로 하며, 헌법의 관련부분(제3편 교회, 제14장 치리회 및 제15장 제직회 및 운영위원회)에 의거한 성격을 보유한다. 따라서 본회의 제직회는 당회와 치리회의 기능을 겸한 조직이다.

제31조 조직과 운영

제직회는 회장 1인과 서기 1인을 둔다. 구체적인 제직회의 조직과 운영은 다음과 같다.

1. 제직회는 지방회가 위임한 본 교회 담임목사와 부목사, 교인의 대표인 치리장로 및 각 부서의 부서장들로 조직한다.
2. 소집: 제직회는 1년 1회 이상을 정기회로 소집하며, 본회는 매 분기별 1회 이상 소집하고, 가급적 매월 1회 소집하기로 한다. 또한, 담임목사가 필요하다고 인정할 때와 장로 3분의 1 이상이 요구할 때, 그리고 상회(지방회, 총회)가 회집을 명할 때에 회장이 소집하며, 만일 목사가 없는 경우(사임)에는 필요에 응하여 장로 과반수(過半數)가 소집할 수 있다.
3. 제직회 성수: 담임목사와 제직회원 과반수의 출석으로 개회한다.
4. 제직회 서기: 제직회원 중에서 선정하고, 임기는 1년으로 하며, 제직회의 회록과 각종 명부를 기록 보관한다.
5. 제직회 각 부서는 회원들이 협의하여 결정하며, 기본 부서는 다음과 같다.

① 재정부
② 예배부
③ 교육·장학부
④ 선교·전도부
⑤ 봉사·구제부
⑥ 관리부

6. 제직회 각 부장은 장로, 안수집사, 권사가 담당하며, 부서별로 총무, 회계, 서기 등의 임원을 둘 수 있다.

제32조 직무 및 권한

제직회의 직무는 다음과 같다.

1. 교인의 신앙과 행위를 총찰(總察:보살핌)한다.
2. 교인의 입회와 퇴회 : 학습과 입교할 자를 고시하며 입교인 된 부모를 권하여 그 어린 자녀의 헌아식을 거행하며, 주소 변경한 교인에게는 이명증서(학습, 입교, 세례, 유아세례)를 접수 또는 교부(交附) 및 제명도 한다.
3. 예배와 성례를 거행한다.
4. 장로, 안수집사, 권사를 임직한다.
5. 각 항 헌금 수집의 날짜와 방침을 결정한다.
6. 권징하는 일을 행한다.
7. 교회의 유익을 도모하며, 각 기관을 감독한다.
8. 지방회에 총대를 파송한다.
9. 모든 회집 시간과 처소를 결정한다.
10. 교회에 속한 부동산에 관한 일을 장리(掌理)한다.

제33조 제직회장 유고시

제직회장 유고시 다음과 같이 회의를 주관한다.

1. 임시제직회장: 제직회장(담임목사)이 사임하였을 경우 교회에서 담임목사를 청빙할 때까지 지방회와 협의하여 지방회로부터 임시제직회장을 파송한다. 파송이 없는 경우 제직회의 결의로 제직회가 회집할 때마다 임시제직회장을 청한다.
2. 대리회장: 본회 담임목사가 신병, 출타 등의 사유로 공석일 경우 제직회의 결의로 본회 목사가 지방회에 속한 목사 1인을 청하여 대리회장이 되게 하며, 임기는 당 제직회로만 국한한다.

제34조 명부록

제직회가 관리하는 각종 명부록은 다음과 같다.

1. 학습인 명부(학습 년 월 일 기입)
2. 책벌 및 해벌인 명부(책벌, 해벌 년 월 일 기입)
3. 별 명부(1년 이상 실종된 교인, 제직회의 결의로 퇴회된 자)
4. 별세인 명부(별세 년 월 일 기입)
5. 이전인 명부(이명서 접수 및 발송 년 월 일 기입)
6. 혼인 명부(성혼 년 월 일 기입)
7. 교회 역사

제35조 개회성수

제직회 개회성수는 다음과 같다.

1. 개회성수는 회원의 과반수 이상으로 하며, 통상적인 사무 처리는 출석한 회원으로 개회하여 처리한다.
2. 개회성수가 현저히 적으면 회장의 직권으로나 회원의 동의를 얻어 회의를 연기할 수 있다.

제36조 제직회 직무

제직회의 직무는 다음과 같다.

1. 제직회는 교회(공동의회)에서 위임한 금전을 관리 처리(집행)한다.
2. 구제와 경비에 관한 업무와 금전을 출납한다.
3. 매년 말 공동의회에 1년간 경과 상황과 일반수지 결산을 보고하고 익년도 교회 사업과 예산을 편성하여 보고한다.

제37조 각부의 직무

제직회 각 부의 직무는 다음과 같으며 각 부서 업무라 함은 제직회에 국한하며 제직회의 직무를 월권해서는 안 된다.

1. 재정부: 예산편성 및 배당, 재정청원 접수 및 배당, 재정수납 및 지출청원, 각종 보험 및 공과금, 사무비에 관한 일체와 사택을 포함하여 목회자와 관련된 재정, 강사 사례비, 지방회 상회비, 적립금, 기채 이자에 관련한 업무와 예산을 관리 처리한다. 본회의 회계연도는 매년 12월 1일부터 익년 11월 30일까지로 한다. 재정과 관련한 자세한 사항은 재정규정(부칙)에 의한다.
2. 예배부: 강사 사례비, 강단 꽃꽂이, 성가대, 방송실, 찬양팀과 관련한 업무와 예산을 관리, 처리한다.
3. 교육·장학부: 교회 교육을 위한 제반 경비 및 관리, 계절학교 및 수양회 재정,

교육적 집회(세미나, 수련회 등) 재정, 교육기관 재정지원, 장학금에 관련한 업무와 예산을 관리, 처리한다.

4. 선교·전도부: 부흥회 경비 지출, 전도와 선교에 관한 재정 관리, 미자립교회 지원 등, 국내외 선교지원, 선교 및 선교회보 발행, 각종 선교행사에 관한 재정에 관련한 업무와 예산을 관리, 처리한다.

5. 봉사·구제부: 교회행사 준비와 봉사, 외래강사 및 방문객 접대, 빈곤가정 구제와 봉사, 지역행정기관 협력 복지 및 구제에 관한 재정, 교역자 성미, 애경사, 심방 관리에 관련한 업무와 예산을 관리, 처리한다.

6. 관리부: 교회 건물, 사택의 관리(수리 및 보수), 교회 미화, 교회의 시설 및 비품 관리, 차량 관리, 주차 관리 등에 소용되는 일체의 재정에 관련한 업무와 예산을 관리 처리한다.

제38조 사업계획

새로 임명된 제직회 각 부서는 차년도 예산편성을 12월 둘째 주일까지 예산편성위원장에게 제출해야 한다.

제39조 예산편성위원회

예산편성위원회는 다음과 같다.

1. 본회는 제직회 각 부서 임원을 위원으로 하는 당해 연도 예산편성위원회를 제직회의 결의로 구성하며, 예산편성위원회 위원장은 재정부장이 되고 서기는 제직회 서기가 겸임한다.

2. 본 위원회는 제직회 각 부서에서 제출한 익년도 예산계획을 종합적으로 검토, 조정하여 12월 셋째 주일 연말 정기공동의회에 제출한다.

3. 본 위원회는 제적위원 과반수 출석으로 개회하고 출석위원 과반수 찬성으로

의결한다.

제40조 회의록

제직회 회의 의사에 대하여는 그 경과와 요령 및 결과를 회의록에 기록하고 의장과 서기가 기명한 후 이를 보관한다.

제8장 부속기관

제41조 교회학교

교회학교의 목적과 관할은 다음과 같다.

1. 교회학교 교육의 목적은 교인들에게 성경 말씀을 가르침으로써 창조주 하나님과 예수 그리스도를 통한 구속의 은혜를 믿고, 그리스도를 따르는 인격을 가진 신앙인으로 성장하고, 성숙케 하는데 있다.
2. 교회학교는 제직회의 관할하에 두며, 제직회의 교육·장학부가 지원한다.

제42조 조직

교회학교의 조직은 다음과 같다.

1. 담임목사가 교회학교 교장을 겸임하며, 교감은 제직회원 중에서 선임한다.
2. 각 부장 및 교사는 제직회의 결의로 제직회장이 임명한다.
3. 교회학교는 다음과 같이 구분하여 운영한다.

   ① 유아·유치부: 만 3세부터 취학 전 어린이
   ② 유년부: 초등학교 1-3학년 재학생

③ 초등부: 초등학교 4-6학년 재학생

④ 중등부: 중학생 연령의 청소년

⑤ 고등부: 고등학생 연령의 청소년

⑥ 청년부: 고등학교 졸업 후 결혼 전까지의 교인

⑦ 장년부: 결혼을 경험한 교인

제43조 (선교회)

선교회는 회원 상호 간의 친목과 교회 봉사와 국, 내외 선교사업 수행을 그 목적으로 한다.

제44조 구성

선교회 구성은 다음과 같다.

1. 본회는 다음과 같은 선교회를 둔다.

   ① 남선교회
   ② 여선교회

2. 각 선교회 구분 및 설립과 통합, 폐쇄는 제직회의 결의로 정한다.

제45조 승인

각 선교회의 운영은 자율적으로 하되 다음의 사항은 제직회의 승인을 받아서 시행한다.

1. 임원선거 결과 및 연중행사 계획

2. 회칙의 제정 및 개정

제46조 성가대와 찬양팀

성가대와 찬양팀은 다음과 같이 설치, 운영한다. 단, 개척 초기 3년간은 찬양팀으로 통합하여 운영한다.

1. 본회는 예배를 담당하는 부서로서 성가대와 찬양팀을 설치, 운영한다.
2. 성가대와 찬양팀은 제직회가 관할하되 제직회 예배부가 지원한다.
3. 성가대의 대표로서 대장을 두며 성가대장은 제직회원 중에서 임명한다.

제47조 소그룹 조직

본회의 소그룹 조직은 셀이라 하며, 그 구성은 다음과 같다.

1. 본회는 성도 개인과 가정을 유기적으로 관리하고 심방하기 위하여 교회 관할 구역을 소그룹으로 분할한다. 예수 그리스도를 머리로 하는 보편적 교회를 하나의 몸, 즉 개체로 보아서 가나안교회는 한 몸을 이루는 기관으로, 하부구조를 조직(tissue)의 의미에서 교구, 그리고 가장 하부 단계에 위치한 소그룹을 세포조직, 즉 셀(cell)이라 한다. 따라서 본회는 중간 구조로서 교구를, 하부 구조로서 셀을 운영한다.
2. 소그룹의 수와 경계는 성도의 분포, 지리적 여건 등을 고려하여 제직회에서 결정한다.
3. 교구와 셀에는 교구장과 셀장을 두어서 제직회와 담임목사의 지도에 따라 교구 및 셀에 소속된 성도의 가정을 심방한다.
4. 매주일 교구장은 제직회장에게, 셀장은 교구장에게 운영과 관련한 사항을 전달해야 한다.

5. 본회는 필요시 교구 및 셀을 설립, 통합, 폐쇄할 수 있다.

제9장 인사

제48조 인사권

본회 인사는 천거된 인사 대상자에 대하여 제직회장이 공식적으로 임명을 천거하고, 제직회가 이를 결정하는 것을 기본 절차로 한다.

제49조 인사범위

본회의 인사는 협동장로, 명예권사, 서리집사의 임명과 모든 조직과 부서의 책임자와 회원, 그리고 교역자의 임용을 그 범위로 한다. 다만 항존직의 임직 및 선교회, 청년회, 학생회 등, 조직의 선거를 통하여 선출하는 임역원의 인사는 제외한다.

제50조 실행

본회의 인사는 다음과 같이 실행한다.

1. 모든 인사는 매년 12월 첫 주일 이후에 실시한다.
2. 제직회 각 부서의 임명은 1인 1부서를 원칙으로 한다.

제51조 임기

임명직의 임기는 1년으로 한다. 다만 특별한 경우 제직회 부서 임원에 한하여 1회 연임할 수 있다. 단 명예권사에 대해서는 본 규정을 적용하지 아니한다.

제52조 심의

제직회는 인사 대상자의 신앙과 자질, 능력 등을 면밀히 검토하여 적재적소에 임명하여야 한다.

제53조 순종

임명된 자는 제직회의 임명에 대하여 하나님 앞에 순종하여야 하며, 감사와 충성으로 봉사하여야 한다. 다만 부득이한 사정으로 인하여 감당키 어려울 때에는 제직회장에게 통고하고 제직회장의 지도를 받아야 한다.

제54조 천거

인사 대상자는 다음과 같이 천거할 수 있다.

1. 인사권자의 인사가 시행되기 전에 필요하다고 인정되는 사람이 있을 때에는 해당 기관 또는 해당 조직의 장이 제직회에 천거할 수 있으며, 본인 스스로 원하는 조직이 있을 경우에는 제직회에 청원할 수 있다.
2. 제1항에 대하여 제직회는 특별한 결격사유나 하자가 없는 경우 참고하여 임명할 수 있다.

제55조 부교역자

부교역자 직무의 범위와 한계는 다음과 같다.

1. 부교역자는 제직회장의 추천에 의하여 제직회가 인준하고 이를 청빙하되 계속 시무는 헌법에 따른다.
2. 부교역자의 담당업무 조직 배치 등은 제직회장의 결정에 의한다.
3. 청빙해야 할 부교역자의 수와 직급, 성별 등은 제직회장의 결정에 의한다.

제56조 기타직원

본회는 모든 일을 교인들의 봉사에 의하여 실행하는 것을 원칙으로 한다. 다만 필요한 경우에는 직원을 채용하여 유급제로 운용할 수 있다.

제10장 재산

제57조 교회재산

본회의 재산이라 함은 교인들의 십일조 등, 각종 헌금과 연보, 기타교회의 수입으로 이루어진 동산 및 부동산을 말하며 이는 본회 소속 교인들의 총유(總有)로 한다.

제58조 취득원칙

본회 부동산 취득의 원칙은 다음과 같다.

1. 부동산은 하나님께 대한 예배와 하나님의 말씀사역과 관련한 교육과 전도 및 하나님의 영광을 위한 선한 사업을 위하여 필요하다고 인정될 때 신중히 검토하여 취득하여야 한다.
2. 필요한 부동산을 취득해야 할 경우에는 제직회가 결의를 통하여 특별 헌금을 제정할 수 있다.
3. 부동산은 사용목적, 사용가치, 위치, 가격조건, 법적 저촉여부, 장기전망, 처분의 난이도 등을 충분히 고려하여 취득하여야 한다.

제59조 부동산 취득과 등기

1. 부동산의 취득은 공동의회의 결의에 의한다. 다만, 공동의회는 이를 제직회에

위임하여 취득할 수 있다.

2. 부동산 소유 등기는 「기독교대한하나님의성회 가나안교회」 명의로 한다

제60조   사용

본회 부동산 사용 원칙은 다음과 같다.

1. 본회의 부동산은 본회가 전용(全用)한다.
2. 교인 및 그 가족의 결혼식 등의 예식으로 사용하려고 할 때에는 제직회의 승낙을 얻어야 한다.
3. 상회인 지방회나 총회 또는 본 교회의 기관이 소속한 연합회 등의 사용에 대여할 경우에도 제직회의 승낙을 얻어야 한다.
4. 타교회와의 합동 행사나 일반 사회단체 및 기관의 사용 요청이 있을 경우에는 그 타당성 여부를 검토하여 제직회가 승낙 여부를 결정한다.

제61조   부동산 관리

1. 부동산의 관리 및 관리를 위한 재정지출은 제직회가 담당하여 집행한다.
2. 교회는 부동산의 유지 관리를 위하여 소요되는 비용을 예산에 반영하여야 한다.
3. 제직회는 부동산 관리를 위하여 관리부를 작성하고 관련 등기문서와 함께 보관한다.

제62조   처분

본회 부동산을 처분할 경우 다음과 같은 원칙을 따라야 한다.

1. 교회의 모든 재산의 사용과 처분은 교회의 유익을 우선해야 한다.
2. 불필요하게 된 교회의 재산은 손익 여부를 판정하여 적절히 처분할 수 있다.
3. 부동산 처분은 공동의회에서 결의한다. 다만 공동의회가 처분할 부동산을 명시하여 제직회에 위임하여 처분할 수 있다.

제63조   재산 취득, 처분 집행권

본회의 공동의회에서 결정된 취득과 처분에 따른 재산상의 법률행위 및 사실행위에 대하여 제직회의 결의로서 제직회장에게 일체의 권한을 위임하며 대행케 한다. 단, 담임목사가 사임하여 공석일 때에는 공동의회에서 장로 중 대표자를 선정하여 위임할 수 있다.

제11장   재정

제64조   회계연도

본회 회계연도는 매년 12월 1일부터 익년 11월 30일까지로 한다.

제65조   (범위)

교회의 모든 재정은 헌금과 찬조금, 기타 수입으로 충당한다. 다만 정부 사업을 위탁 받아 시행하는 경우에는 정부 보조금 또는 기부금으로 충당한다.

제66조   원칙

본회의 재정원칙은 다음과 같다.

1. 본회의 재정은 투명한 항목을 통하여 공개되어야 한다.

2. 본회 재정의 편성(심의), 지출(실무), 감사는 분리되어야 한다.
3. 본회의 재정실무는 재정부장이 담당한다.
4. 본회의 모든 기관의 헌금 수지상황을 매주 회계담당자가 제직회장에게 보고하여야 한다.

제67조 회계구분

본회의 회계구분 관련 사항은 다음과 같다.

1. 본회의 재정은 일반회계와 특별회계로 구분하여 관리한다.
2. 일반회계는 통상적인 헌금을 관리 집행한다.
3. 특별회계는 특수한 목적 달성을 위하여 일정기간 한시적으로 설정하여 운용, 관리한다.

제68조 재정집행권

본회의 재정지출 집행의 원칙은 다음과 같다.

1. 공동의회에서 인준된 재정지출 근거가 있어야 하며, 인준되지 않는 재정지출은 공동의회가 인준한 예비비 범위 안에서 제직회의 결의로 지출하며, 예비비를 벗어난 지출은 임시공동의회나 제직회에서 결의하여 제직회가 집행할 수 있다.
2. 담당부서장은 결의서를 작성하여 재정부장에게 제출하고, 재정부장은 제직회장의 결제 후 지출한다.
3. 제직회장이 공석이거나 유고시에는 재정부장이 집행하고 제직회장 귀임 후 후결한다.
4. 전결권은 제직회장이 승낙한 경우에만 사용한다.

5. 교회를 대표해서 지출하는 교회 및 지방회의 애경사, 심방 등의 지출 항목은 제직회 해당 부서의 청구로 지출하여 담임목사가 집행한다.
6. 모든 재정지출 집행은 공동의회 인준을 받은 제직회의 고유권한이므로 사전에 제직회의 결의가 있어야 한다. 단, 목회 및 상회와 관련된 재정지출은 제직회장과 해당부장과 의논하여 선지출 후 제직회에 보고할 수 있다.

제69조 기장방법

본회의 회계는 단식부기에 의하여 기장한다. 향후 교회재정의 규모가 증가하면 제직회의 협의를 거쳐 복식부기를 도입하여 전체 회계 자료를 용이하게 정리하고 투명성을 증대시켜야 한다.

제70조 장부조직

본회의 회계장부는 원부와 보조부로 나누어 기장하며 보조부는 수입과 지출을 구분하여 설치한다.

제71조 관리

모든 재정 수입은 재정부의 집계를 마친 후 제직회장의 결재를 득하여 익일(금융기관 영업일)에 지정 은행에 예치하여야 한다. 지정 은행은 제직회에서 결정한다.

제72조 지출증빙서

본회의 재정을 지출할 경우에는 소정양식의 지출결의서를 사용하여야 하며 영수증 또는 이에 준한 증빙서를 첨부하여야 한다. 자세한 사항은 재정규정을 따른다.

제73조 교육

헌금은 십일조와 감사헌금으로서 철저하게 하나님께 구별하여 드리는 신앙의 표현이어야 한다. 제직회는 바른 헌금을 위하여 수시로 교인을 교육하여야 한다.

제74조 관리의무

교회재정은 하나님께 드리는 헌금으로 이루어진 것이므로 이를 관리하는 사람은 신앙의 바탕 위에서 선량한 관리자로서의 의무를 다하여야 한다.

제12장 교역자 및 유급 직원의 예우

제75조 교역자 시무 기간

담임목사와 부교역자 및 유급 직원의 임기는 다음과 같다.

1. 담임목사: 담임목사는 만 75세 정년까지 시무한다(헌법 제3편 교회, 제6장 목사, 제38조 목사의 구분, 1항).

2. 부목사: 부목사는 제직회장의 천거와 제직회의 결의로 청빙하며, 시무기간은 1년으로 하며, 연임할 수 있다(헌법 제3편 교회, 제6장 목사, 제38조 목사의 구분, 2항).

3. 전도사로 시무 중 부목사로 임직할 경우: 제직회장의 천거와 제직회의 결의로 시무할 수 있으며 계속 시무는 헌법에 준한다.

4. 전도사 시무: 제직회장의 천거와 제직회의 결의로 시행하며, 시무기간은 1년으로 한다. 단 계속 시무 여부는 헌법에 준한다.

제76조 관리 및 사무직원

관리 및 사무직원은 제직회장의 천거와 제직회의 결의로 시무 및 계속 시무를 결정하며 담임목사 관할하에 둔다.

제77조 (예우)

예우에 관한 규정은 다음과 같다.

1. 교역자와 직원의 사례비는 본회의 인사규정에 따르며, 본회의 재정 상황에 따라 이를 조정할 수 있다.[2]
2. 교역자와 직원이 교회 용무로 출장할 때는 실비로 지급한다.
3. 교역자와 직원에게는 연구와 수양을 위하여 매년 일정 기간 휴가를 허용할 수 있으며 유급 휴가비를 지급한다. 기타 자세한 내용은 인사규정을 따른다.
4. 6년 이상 성실히 목회한 담임목사에게는 매 7년이 되는 해(안식년)에 국내 또는 국외에서 교육, 연구 또는 휴양할 기회를 부여한다. 안식년은 유급이며, 기타 결정은 제직회의 결의에 의한다.
5. 교역자와 직원에게는 사역적 필요성 및 본회의 재정 형편을 감안하여 사택 제공과 유류비, 독서비 등, 기타 필요한 예우를 할 수 있다.

제78조 퇴직금

1. 교역자나 직원이 퇴직할 때에는 퇴직금을 지급한다.
2. 퇴직금은 보수월액(기본 사례금)에 근무 연수를 곱한 금액으로 한다. 다만 특별

---

[2] 일부 대형교회의 담임목사 사례비가 과다하여 잡음이 끊이지 않는 것을 고려하면, 담임목사의 사례비는 교회가 속한 교단에서 운영하는 신학교 교수의 연봉을 상한선(salary cap)으로 지정하여 규정하는 것을 고려할 만하다.

한 사유가 있을 때에는 제직회의 결의를 거쳐 특별 공로금을 지급할 수 있다.
3. 근무 연수 계산에 있어서 6개월 초과는 1년으로 하고 6개월 이하는 1/2년으로 한다.

제13장 사업과 법인

제79조 (원칙)
본회는 제1장 제3조의 목적을 달성하기 위하여 필요한 사업을 실시할 수 있다.

제80조 (형태)
본회가 실시하는 모든 사업은 비영리로 한다.

제81조 (주체)
본회가 실시하는 모든 사업의 주체는 「기독교대한하나님의성회(기하성 여의도순복음) 가나안교회」로 한다. 다만 필요에 따라 산하 기관 및 조직과 성도 개인에게 위임하여 실시할 수 있다.

제82조 종류
본회가 실시하는 사업의 종류는 다음과 같다.

1. 전도 및 선교와 관련된 사업
2. 기독교 교육과 관련된 사업
3. 구제와 관련된 사업
4. 사회복지 사업(고아원, 유치원, 양로원, 장애시설, 미혼모시설 등)

5. 의료사업

6. 정부가 위탁하는 사업

7. 기타 목적달성을 위하여 교회가 필요하다고 인정하는 사업제

제83조 법인설립

본 교회는 사업을 시행하기 위해서 필요한 경우에 별도 법인이나 조직을 둘 수 있다. 교회 법인설립은 제직회의 결의에 의한다.

제14장 회계감사

제84조 정기감사

본회 및 각 기관의 회계는 매년 2회(6월, 12월)에 걸쳐 감사(監事)의 감사(監査)를 받아야 한다. 감사(監事)는 제직회원 중에서 제직회가 임명하며 그 결과를 제직회를 통하여 공동의회에 보고한다.

제85조 수시감사 및 지도교육

감사는 필요시 본 회계 및 각 기관의 회계를 수시감사 및 지도교육한다. 감사결과 착오 또는 부당한 사항이 있으면 제직회에 보고하여 그 사안에 따라 시정 등, 적절한 조치를 취한다. 감사소홀로 문제가 발생할 경우 공동책임으로 한다.

제86조 감사결과 통보에 대한 조치

각 기관은 감사의 감사결과 지적 사항에 대하여 시정조치하고 제직회에 보고해야 한다.

제15장 상·벌(권징)

제87조 포상

제직회는 포상할 만한 사안이 있을 경우 제직회의 결의를 거쳐 시행한다.

제88조 권징목적

권징의 목적은 본회가 수호하는 성경적 진리를 보호하며, 악행을 제거하고 교회를 정결하게 함으로써 덕을 세우고, 범죄한 자의 영적 유익을 도모하는 것이다.

제89조 권징방법

본 교단 헌법의 규정(헌법 제7편 포상 및 징계)대로 하되 소환할 필요성이 있을 경우 제직회의 결의로 하며, 치리(권징)하고자 하는 경우 반드시 소송하고자 하는 원고가 있어야 한다. 단, 치리할 필요가 있는 경우에는 치리회가 원고로 기소하여야 한다.

제16장 부칙

제90조 보칙

본 규정에 미비된 것은 성경과 교단의 헌법, 정치문답조례에 따르며 위 규정에 명문화 되어 있지 않는 경우 공동의회 결의로 시행한다.

제91조 (정관제정 제한)

성경의 가르침 및 교단 헌법의 내용과 상이한 내용을 정관으로 제정할 수 없다.

제92조 정관개정

본회 정관을 개정하고자 할 경우 연말 정기 공동의회에서 과반수 출석에 3분의 2 이상의 찬성으로 개정하며, 개정을 원할 경우 무흠 세례교인 30인 이상의 서명을 받은 개정안을 공동의회 개최 5일 전까지 공동의회 서기에게 제출하여야 한다.

제93조 시행일

본 정관은 제정 및 개정일로부터 효력이 발생한다.

부록 2
기하성(여의도순복음) 교단
재단법인 순복음선교회 교회개척국 체크리스트[3]

1. 전략적 비전

1) 시간을 드려 기도하라

- ☐ 교회개척에 대한 비전을 놓고 집중적으로 몇 시간씩 기도하고 묵상한다.
- ☐ 이 교회를 개척함에 있어서 하나님께서 나에게 매우 중요한 역할을 맡기셨다는 것을 확신한다.
- ☐ 사람을 기쁘게 하기 위한 비전을 추구하지 않는다.
- ☐ 교회개척에 대한 하나님의 부르심을 분명히 인지하고 있다.
- ☐ 우리 교회만이 가지는 독특한 특징을 목록으로 만들었다(예: 불신자를 전도하는 교회, 현대적인 예배, 소그룹 네트워크, 제자훈련 등).
- ☐ 지교회를 개척하는 일도 우리의 비전 안에 포함된다.

---

[3] 중복된 내용이 있어서 조정이 필요하거나 표현상 다듬을 필요가 있는 문구는 필자가 수정하였다. 원문은 기하성 교단 재단법인 순복음선교회 교회개척국(http://cp.fgtv.com) 체크리스트를 참조하라.

2) 목표 그룹을 결정하라

- [ ] 교회의 최초 목표 그룹을 결정하라.
- [ ] 사역의 지역적 범위를 분명히 정하라.
- [ ] 목표로 하고 있는 그룹 안에서 최소한 불신자 100명을 만나서 그들의 필요가 무엇인지를 조사했다.
- [ ] 지역조사와 목회와의 연관성을 고려하며, 목표지역을 철저히 인구통계학적으로 조사했다.
- [ ] 지역주민들의 필요와 특징을 한 페이지로 요약해서 작성했고 그 내용을 숙지하고 있다.

3) 자신의 리더십 역할을 확인하라

- [ ] 내가 팀 리더로서 사역하는 것과 중요한 팀 멤버로서 사역하는 것 중에서 어느 것이 더 효과적인지 결정했다.
- [ ] 사역에 있어서 촉매적인(catalytic)역할을 감당할 수 있는지 알아보기 위해 나의 사역은사를 주셨음을 확신한다.
- [ ] 디모데전서 3장 1-7절의 말씀에 나타난 성경적 리더십의 특성을 적절히 갖추고 있다.
- [ ] 실패를 두려워하지 않는다. 자기개발 훈련과 시간 관리를 잘 한다.
- [ ] 나의 배우자는 내 리더십 역할에 대한 평가(assessment)에 동의하고 있으며, 교회개척에 있어서 나를 전폭적으로 지원하고 있다.

4) 선배 목회자의 확증(confirmation)

- [ ] 분별력 있는 선배 목회자들이 내가 지금 이 비전을 계속해서 추진하는 것에 동의한다.
- [ ] 이 계획을 추진하는데 있어서 필요한 승인을 받았다.

2. 전략적 계획

1) 새로운 교회의 목회철학을 정립하라

- ☐ 비전의 핵심을 표현하는 분명하고, 구체적이며, 측정 가능한 목적 선언문을 작성했다.
- ☐ 우리의 목적과 목표 그룹 특성을 참고하여, 지속적으로 노력해야 할 사역의 우선순위 리스트를 작성했다.
- ☐ 목표 그룹에 적합한 예배 스타일을 결정했다.
- ☐ 목표 그룹의 사람들을 효과적으로 제자화하기 위해, 적합한 목회 스타일을 결정했다.
- ☐ 목회지역 안에 있는 불신자들을 전도하는 데 있어서 적절한 목회철학을 가지고 있다. 팀 구성원들도 목표지역 전도에 있어서 우리 목회철학이 가장 최선의 것이라는 사실에 동의한다.
- ☐ 전략적인 계획에 있어서 목회철학은 안정적(stable)이면서도 유연성(flexible)이 있다.
- ☐ 교회개척팀의 모든 구성원들은 목회철학을 기록한 사본을 가지고 있다.

2) 행동계획을 세우라

- ☐ 기도하는 가운데 앞으로 3-5년을 위한 대략적인 계획을 세웠다. 이 계획안에는 교회의 목적을 이루기 위한 구체적인 목표(goals and objectives)가 포함되어 있다.
- ☐ 목적과 목표는 구체적이고 측정가능하다.
- ☐ 목적과 목표는 믿음으로 설정한 것이며 실제적이다.
- ☐ 목적과 목표들은 목회철학의 우선순위에 따라서 순위가 결정된다.
- ☐ 목표를 이루기 위해 필요한 자료를 확보했다.
- ☐ 계획 실행에 대한 책임을 적절하게 위임하고 있다.
- ☐ 모교회 혹은 상회기관으로부터 계획을 계속해서 추진하도록 승인을 받았다.

3) 비전을 나타내는 교회 이름을 정하라

- ☐ 목회철학의 핵심을 표현할 수 있는 교회 이름을 짓기 위해, 브레인스토밍을 통해 10가지 이상의 교회 이름을 생각했다.
- ☐ 교회 이름에 잘 어울리는 로고를 디자인했다.

3. 개척팀 개발

1) 중보기도팀을 조직하라

☐ 새로운 교회를 위해서 정기적으로 기도해 줄 수 있는 중보기도자를 25명 이상 확보했다.
☐ 중보기도자들과 정기적으로 교제하려는 계획을 가지고 있다.
☐ 중보기도자들과 교제하는 시간은 기도를 요청하고 최신정보를 교환하며 기도 파트너로서의 중요성을 확인시켜 주는 시간으로 활용한다.

2) 목표 그룹을 결정하라

☐ 새로운 교회를 개척하는 동안에 목회자의 가족을 부양할 수 있는 최선의 방법을 찾았다.
☐ 교회가 나의 생활비를 전적으로 책임질 수 있을 것인지, 목회를 하면서 다른 직업을 가져야 할 것인지, 아니면 이 두 가지를 조화시킬 수 있을 것인지에 대해서 깊이 생각하고 있다.
☐ 다른 교회나 교단에서 후원을 받는다면, 정확한 후원 금액과 그 기간을 문서로 분명히 작성할 것이다.

3) 채무 관계를 분명히 하라

☐ 재정지원에 따른 요구조건(accountability requirement)을 결정하기 위해 교단, 또는 모교회의 재정담당자와 만났다.
☐ 그 요구사항을 이행하는 것에 공식적으로 동의했다.
☐ 나의 사역을 위해 감독관(superviser)이 임명되었다. (또는) 나에게 조언해 줄 수 있는 사람을 직접 구했다.
☐ 최소한 설립예배를 드릴 때까지 감독관과 매월 정기적으로 만나기 위해 스케줄을 작성했다.
☐ 감독관은 나에게 계획을 추진하도록 허락했다.

4) 교회개척팀을 동원하라

- [ ] 나의 은사를 적절히 보완하기 위해서 개척팀에 필요한 은사와 목회기술의 목록을 작성했다.
- [ ] 개척팀이 어떤 능력을 가져야 하는지 그 목록을 작성했다.
  효과적인 교회개척팀을 구성하기 위해 최소한 몇 명의 멤버가 필요한지를 기도하는 가운데 결정했다.
- [ ] 개척팀을 이루기 위해, 하나님의 인도하심과 은혜를 구하고 있다.
- [ ] 성급하게 형편이 되는 대로, 누구든지 팀으로 끌어 모으는 것보다는 인터뷰를 통해서 기도하는 가운데 팀에 적합한 사람들을 선발하고 있다.
- [ ] 사역의 각 분야를 담당할 수 있는 멤버를 골고루 모으고 있다.
- [ ] 비전을 실행하기 위한 작전계획(game plan)을 개발하고 있다.
- [ ] 팀 멤버들 간의 상호 교제가 잘 이루어지고 있다.
- [ ] 팀 멤버들은 연합, 개방성, 정직, 상호 격려, 교화(edication) 등의 정신을 계발하고 있다.
- [ ] 팀 멤버들은 팀에서 자신이 해야 할 주요 역할이 무엇인지 분명히 알고 있으며, 개척자와 함께 사역 명세서를 작성했다.
- [ ] 교회개척이란 어둠의 세력과의 영적 전쟁을 선포한 것이므로 사탄은 무슨 수를 써서라도 교회개척의 계획을 중단시키고자 노력할 것임을 인지해야 있다. 또한, 개척을 준비하는 멤버 간의 연합을 깨뜨리는 것이 사탄의 가장 큰 목표임을 알고 있어야 한다.
- [ ] 팀 멤버들의 배우자들도 교회개척을 전적으로 지지하고 있으며, 능동적으로 사역에 참여하고 있다.
- [ ] 팀 멤버들은 개척팀 멤버 이외에 최소한 한 명 이상의 크리스천 친구들을 가지고 있다. 이들은 새로운 교회를 개척하기 위해 노력하고 있는 개척팀을 적극적으로 지지하고 있다.
- [ ] 팀 멤버들은 삶의 모든 부분(육체적, 영적, 감정적, 사회적, 지적인 사역)에서 성숙된 모습을 보이는 것에 우선순위를 두고 있다. 자신들이 새로운 교회를 위해 귀감이 되어야 한다는 것을 기억하고 있다.

4. 복음전도

1) 목표 그룹의 필요를 이해하라

- [ ] 효과적인 전도를 위한 지혜를 얻기 위해 계속해서 기도하고 있다.
- [ ] 지역사회 주민들에게 나누어주기 위해 간결한 내용으로 정리된 브로슈어를 제작했다.
- [ ] 목표 그룹 안에 있는 불신자들에 대해서 광범위하고 상세한 조사를 실시했다.

2) 불신자와 접촉하라

- [ ] 지역사회에 적합한 전도전략을 개발하여 실행하고 있다.
- [ ] 사역 기간의 1/2을 새로운 사람들을 교회로 인도하는데 투자하고 있다.
- [ ] 개인적으로, 혹은 미디어를 통하여 지역사회 내 상당수의 불신자 가정과 접촉하고 있다.
- [ ] 지역주민들에게 복음을 전하기 위해, 그들의 필요에 민감하게 반응하고 있으며, 개방적인 자세로 그들과 접촉하여 관계를 맺고 있다.

3) 효과적인 복음전도 방법을 개발하라

- [ ] 팀 멤버들은 각자의 은사, 기술, 사역 명세서에 따라 적극적으로 복음전도활동에 참여하고 있다.
- [ ] 예수님께 나아온 사람들이 자신의 믿음을 공식적으로 표현하고 있다.

4) 새가족들이 자신과 관계있는 사람을 전도할 수 있도록 도우라

- [ ] 새가족들이 그들의 가족과 친구들을 전도할 수 있도록 격려하고 있다.

5. 소그룹 사역

1) 첫 번째 소그룹 모임을 시작하라

- ☐ 첫 번째 소그룹 모임을 시작했다.
- ☐ 불신자들과 계속해서 접촉하고 있다.
- ☐ 소그룹 안에서 인도자로서의 자질을 가지고 있는 사람들을 찾고 있다.

2) 인도자를 선발하여 훈련하라

- ☐ 또 다른 소그룹을 만들기 위해 인도자 훈련전략을 개발했다.
- ☐ 인도자 후보생들은 새로운 소그룹 모임을 시작하기 위한 훈련을 받고 있다.

3) 가능한 한 빨리 새로운 그룹을 형성하라

- ☐ 교회에 등록하고 있는 사람들을 정착시키기 위해 다양한 소그룹 모임을 시작했다.
- ☐ 새가족들이 소그룹 모임을 통해 교회에 정착하고 있다.
- ☐ 새가족들은 소그룹 안에서 의미 있는 일을 담당하고 있다.
- ☐ 새가족들은 소그룹 내의 다른 사람들과 좋은 관계를 맺고 있다.
- ☐ 새로운 소그룹들은 목표 그룹의 실제적인 필요에 따라 계획되고 있다.
- ☐ 모든 소그룹들은 지인들과 가족들에게 전도하도록 교육받고 있다.

4) 소그룹 인도자들과 정기적으로 교제하라

- ☐ 소그룹 인도자들을 지속적으로 훈련하고 격려하기 위해 정기적으로 교제하고 있다.
- ☐ 중요한 교인들과 제자관계(discipleship relationship)를 맺고 있다.

6. 사역의 기초

1) 사역의 첫 3년을 위한 사전계획을 세우라

- ☐ 목적과 일치하는 주요 사역들에 대해 1-3년 동안의 사전계획을 세웠다.
- ☐ 계획한 사역들은 목회철학이 강조하고 있는 특징을 잘 나타내고 있다.
- ☐ 지역사회의 실제적인 필요에 따라서 사역들을 계획하고 있다.
- ☐ 사역을 실행하기 위해 필요한 리더십과 다른 자원들을 결정했다.
- ☐ 담당할만한 다른 인도자가 있는 사역은 이미 그 사람이 그 사역을 담당하고 있다.
- ☐ 핵심적 사역의 첫 번째 단계는 이미 진행 중이다.

2) 설립을 준비하기 위해 핵심멤버들을 동원하라

- ☐ 더 많은 인도자를 보내주시도록 추수의 주인이신 하나님께 기도하고 있다.
- ☐ 예배 인도자와 교회학교 교사들을 구했다.
- ☐ 인도자를 개발할 수 있는 전략을 깊이 생각하고 있다.
- ☐ 인도자들은 실제 사역을 통해 조력자(assistant)를 훈련하고 있다.
- ☐ 인도자로서의 잠재력을 가진 사람들은 모두 지도자 훈련을 받도록 하고 있다.
- ☐ 어떤 사람도 인도자로서 사역할 것을 강요받지 않는다.
- ☐ 다른 사람들을 직접적으로 책임져야 하는 자리에는 능력이 인정된 사람만을 임명하고 있다.
- ☐ 모든 인도자들과 훈련생들은 목회자와 다른 인도자들에게 성실하도록 훈련받는다.
- ☐ 모든 인도자들은 비전과 목회철학에 있어서 철저한 훈련을 받고 있다.
- ☐ 모든 인도자들은 정해진 기준에 따라서 평가를 받는다.

3) 중요한 행정적인 문제들을 처리하라

- [ ] 재정적인 시스템을 세우는 일을 도울 수 있는 유능한 재정 전문가를 확보했다.
- [ ] 유능한 법률가의 도움을 받고 있다.
- [ ] 구청에 교회등록을 마쳤다.
- [ ] 지역사회와 연합하고 있다.
- [ ] 교단과 협력하고 있다.
- [ ] 세금을 면제받을 수 있도록 납세 번호를 확보했다.
- [ ] 지역 은행에 구좌를 개설했다.
- [ ] 재정담당자를 임명했다.
- [ ] 교회의 재정운영은 일반적인 회계 절차를 따라서 이루어진다.
- [ ] 재정담당자(회계장부 기록자)는 효과적으로 재정시스템을 운영할 수 있도록 훈련받았다.
- [ ] 우편요금 별납에 대한 우체국의 승인을 받았다.
- [ ] 교회 전화번호와 우편 주소가 정해졌다.
- [ ] 교회의 법규와 내규의 초안을 작성했다.

7. 설립예배

1) 적절한 시기와 장소를 결정하라

- [ ] 예배 위원을 제외하고도 역동적인 예배를 드릴 수 있을 정도의 교인들이 있다.
- [ ] 여러 명의 교인들은 이미 그들의 삶을 그리스도께 헌신했으며 교회에 정착했다.
- [ ] 예배실, 주차장, 교육관 등이 적당히 균형을 이룰 수 있고, 사람들이 쉽게 찾을 수 있는 장소를 확보했다.
- [ ] 지역주민들도 교회시설을 손쉽게 사용할 수 있다.
- [ ] 교회 안에는 적당한 휴식공간과 비상구가 마련되어 있다.
- [ ] 모든 교회 시설, 특히 유아실과 화장실은 깨끗하고 안전하다.
- [ ] 예배를 잘 드릴 수 있도록 최상의 음향시설을 준비했다.
- [ ] 이 시설을 사용하도록 해당기관의 허락을 받았다.
- [ ] 최소한 앞으로 1년 동안은 교회가 급성장 하더라도 교회시설이 부족하지 않을 것이다.

2) 목회 스타일이 문화적으로 적합한지 확인하라

- [ ] 지역주민들의 문화에 적합한 예배 스타일을 발견하기 위해 다양한 방법으로 지역조사를 실시했다.
- [ ] 지역주민들의 교회에 대한 부정적인 이미지가 무엇인지 파악했다.
- [ ] 예배철학을 분명하고 자세하게 설명하고 있다.
- [ ] 지역주민들의 기호와 목회철학에 기초하여 지역사회에 적합한 예배 스타일과 방법을 결정했다

3) 예배팀(worship team)을 훈련하라

- [ ] 예배팀을 결성했다.
- [ ] 예배팀은 개인적이면서도 통일된 예배의 영적인 역동성을 이해하고 있으며, 그런 예배를 드리기 위해 노력하고 있다.
- [ ] 교회가 의도하는 예배를 효과적으로 인도할 수 있을 정도로 예배 팀 멤버를 확보했으며 안내위원을 비롯한 예배위원도 훈련시켰다
- [ ] 역동적인 예배에 적합한 음향설비를 갖추고 있다.
- [ ] 훈련받은 새가족 안내위원들이 새가족들을 환영하고 유아실이나 화장실 및 각종 공간 등을 잘 찾을 수 있도록 안내하고 있다.
- [ ] 교인들 간의 교제와 복음전도를 위해서 예배 전후로 적절한 시간에 다과를 제공하고 있다.

4) 예배를 위한 리허설을 시작하라

- [ ] 예배팀은 예배를 준비하기 위해 매주 리허설을 실시하고 있다.
- [ ] 예배 리허설 중에 예배팀은 교제(fellowship)와 예배(worship)를 경험하고 있다.
- [ ] 초점이 분명하고 역동적인 예배를 위해 예배의 각 순서가 잘 연결되도록 노력하고 있다.
- [ ] 예배를 개선하기 위해 예배를 분석할 수 있는 평가 기준을 마련했다.

5) 설립예배를 홍보하라

- [ ] 설립예배를 알리기 위해 목표지역을 선정해서 참신하게 제작된 초청장과 전단지를 발송했다.
- [ ] 지역사회에 새로운 교회가 탄생했음을 알리기 위해 보도 자료를 보냈다.
- [ ] 지역 주민들을 설립예배에 초대하기 위해 신문과 지역 매체 등을 활용하여 광고를 하고 있다.
- [ ] 교회의 존재와 정체성에 대한 주민들의 인지도를 높이기 위해 설립예배 이후 1년 동안 3-6번의 대량 홍보물 발송을 계획하고 있다.
- [ ] 설립예배 때 사용할 수 있는 전단지나 팸플릿은 충분하다.
- [ ] 설립예배에 참석했던 새가족들을 추후 관리할 수 있는 프로그램이 있다.

참고문헌

교회성장연구소. 『Church Planting: 한국의 교회개척에 대한 심층 연구보고서』. 서울: 교회성장연구소, 2003.

교회재정건강성운동, 뉴스앤조이 취재팀. 『한 손에 잡히는 교회재정』. 서울: 도서출판 뉴스앤조이, 2015.

김국호. 『21세기 전도학 개론』. 서울: 바른북스, 2018.

김성진. 『Church Planting 교회개척의 로드맵: 교회 세우기의 이론과 실제』. 경기: 목회전략컨설팅 연구소, 2006.

김종환, 다니엘 산체스, 에비 스미스. 『재생산하는 교회: 21세기 교회개척을 위한 지침서』. 박성창 역. 서울: 서로사랑, 2006.

김주영. '한국교회 청년대학부 사역을 진단한다.' 이상화 엮음. 『2028 한국교회 출구전략』. 서울: 도서출판 브니엘, 2017: 297-314.

기독교대한하나님의성회 헌법위원회. 『헌법』. 서울: 기독교대한하나님의성회 총회본부, 2015.

노치준. '한국의 개척교회 실태, 그 현주소를 본다(I).' 「목회와 신학」 7월호. 서울: 두란노, 1996: 100-109.

닐 콜. 『교회 3.0』. 안정임 역. 서울: 도서출판 예수전도단, 2012.

명성훈. 『교회개척의 원리와 전략: 건강한 교회를 개척하여 성장시키기 위한 70가지 방법』. 서울: 국민일보사, 1997.

박준형. '협력개척의 모델을 본다.' 「목회와 신학」 월간지 5월호. 서울: 두란노, 2008: 86-89.

안진섭. '분립 개척을 통한 건강한 교회성장.' 「목회와 신학」 4월호. 서울:

두란노, 2008: 62-75.

오스 기네스.『소명』. 홍병룡 역. 서울: 한국기독학생회 출판부, 2006.

오창세.『교회개척 가이드』. 서울: 도서출판 물가에 심은 나무, 2014.

옥한흠.『소명자는 낙심하지 않는다』. 서울: 국제제자훈련원, 2003.

유성준.『미국을 움직이는 작은 공동체 세이비어교회』. 서울: 평단문화사, 2005.

이광희. '한국교회개척현황과 개척전략.'「월간목회」1월호. 서울: 월간목회, 1995: 119-131.

이원규. '기독교인 조사를 중심으로 한 결과 분석 및 평가.' 한목협.『한국기독교 분석리포트: 2013 한국인의 종교생활과 의식조사 보고서』. 서울: 도서출판 URD, 2013: 490-535.

이찬수.『세상에 없는 것: 되기 위해 달려가는 분당우리교회개척일기』. 서울: 생명의 말씀사, 2003.

전혜련. '가장 작은 교회인 가정을 위한 교회의 역할은?,' 이상화 엮음.『2028 한국교회 출구전략』. 서울: 도서출판 브니엘, 2017: 599-617.

정성진.『날마다 개혁하는 교회』. 개정판. 서울: 예영커뮤니케이션, 2012.

정일웅.『기독교 예배학개론』. 서울: 이레서원, 2000.

정재영.『교회 안 나가는 그리스도인: 가나안 성도를 어떻게 이해할 것인가?』. 서울: IVP, 2015.

조성돈. '목회자의 이중직을 어떻게 볼 것인가?,' 이상화 엮음.『2028 한국교회 출구전략』. 서울: 도서출판 브니엘, 2017: 578-598.

조영태. '서울의 인구,' 서우석, 변미리, 김백영, 김지영 엮음.『서울사회학』. 서울: (주) 나남, 2017: 25-48.

추영춘.『다니엘전도법』. 서울: 쿰란출판사, 2013.

최성훈.『6하원칙을 통해 본 기독교교육』. 서울: CLC, 2016a.

_____.『성경 가이드』. 서울: CLC, 2016b.

_____.『섹스와 복음』. 서울: CLC, 2016c.

_____. 『새가족 가이드』. 서울: CLC, 2017a.

_____. 『통일을 대비하는 한국교회』. 서울: CLC, 2017b.

_____. 『성경으로 본 이단이야기』. 서울: CLC, 2018.

_____. 『성경으로 본 설교이야기』. 서울: CLC, 2019.

최영기. 『교회개척의 새로운 패러다임: 가정교회개척이야기』. 서울: 요단출판사, 2015.

팻 시코라. 『소그룹 성경공부, 어떻게 인도할 것인가?』. 한국소그룹 목회연구원 역. 서울: 소그룹하우스, 2003.

한국기독교교회협의회 교회재정투명성위원회. 『투명한 재정, 신뢰 받는 교회』. 서울: 도서출판 동연, 2016.

한목협. 『한국기독교 분석리포트: 2013 한국인의 종교생활과 의식조사 보고서』. 서울: 도서출판 URD, 2013.

하워드 헨드릭스, 윌리엄 헨드릭스. 『삶을 변화시키는 성경연구』. 정현 역. 서울: 도서출판 디모데, 2012.

Arn, Win, and Arn, Charles. *The Master's Plan for Making Disciples: Every Christian an Effective Witness through an Enabling Church*. 2nd ed. Grand Rapids, MI: Baker Books, 1998.

Barrett, David B. *Evangelize!: A Historical Survey of the Concept*. Birmingham, AL: New Hope Publishing, 1987.

Bosch, David J. *Transforming Mission: Paradigm Shifts in Theology of Mission*. Maryknoll, NY: Orbis, 1991.

Chaney, Charles L. *Church Planting at the End of the Twentieth Century*. Wheaton, IL: Tyndale House Publisher Press, 1991.

Colson, Charles. *The Body*. Dallas, TX: Word Publishing, 1992.

Craver, William O. *The Course of Christian Missions: A History and an Interpretation*. New York, NY: Fleming H. Revell, 1932.

Dodd, Charles H. *Apostolic Preaching and Its Developments*. Grand Rapids, MI: Baker, 1936.

Donahue, Bill. *Leading Life-Changing Small Groups*. 3rd ed. Grand Rapids, MI: Zondervan, 2012.

Dunbar, Robin. 'Neocortex Size as a Constraint on Group Size in Primates,' *Journal of Human Evolution 22(6)*, 1992: 469-493.

Erikson, Millard J. *Introducing Christian Doctrine*. Grand Rapids, MI: Baker Books, 1992.

Fincher, Dale, and Fincher, Jonalyn. *Coffeeshop Conversations: Making the Most Spiritual Small Talk*. Grand Rapids, MI: Zondervan, 2010.

Finzel, Hans. *Empowered Leaders: The Ten Principles of Christian Leadership*. Nashville, TN: W Publishing Group, 1999.

Galloway, Dale E. *20/20 Vision: How to Create a Successful Church with Lay Pastors and Cell Groups*. Portland, OR: Scorr Publishing, 1986.

Green, Michael. *Evangelism in the Early Church*. Grand Rapids, MI: William B. Eerdmans, 2003.

Grentz, Stanley. *Theology for the Community of God*. Grand Rapids, MI: Eerdmans, 2001.

Harris, Maria. *Fashion Me a People: Curriculum in the Church*. Louisville: Westminster John Knox Press, 1989.

Hiebert, Paul. 'An Evaluation of Church Growth,' *International Journal of Frontier Missions 33(2)*, 2016: 77-81.

Icenogle, Gareth W. *Biblical Foundations for Small Group Ministry: An Integration Approach*. Downers Grove, IL: InterVarsity Press, 1994.

Johnston, Thomas P. *Evangelizology, Vol. 1: A Biblical, Historical, Theological Study of Evangelizing*. Liberty, MO: Evangelism Unlimited, Inc., 2015.

Logan, Robert E., and Ogne, Steven L. *The Church Planter's Toolkit: A Self-Study Resource Kit for Church Planters and Those Who Supervise Them*. rev. ed. St. Charles, IL: ChurchSmart Resources, 1994.

Malphurs, Aubery. *Planting Growing Churches for the 21st Century: A Comprehensive Guide for New Churches and Those Desiring Renewal*. 3rd ed. Grand Rapids, MI: Baker Books, 2004.

McGavran, Donald A. *Understanding Church Growth*. Grand Rapids, MI: William B. Eerdmans Publishing Company, 1970.

Miles, Delos. *Introduction to Evangelism*. Nashville, TN: Broadman, 1983.

Neill, Stephen. *A History of Christian Mission*. Baltimore, MD: Penguin Books, 1964.

Packer, James I. *Evangelism and the Sovereignty of God*. London, UK: IVF, 1961.

Pipoer, John. *Brothers, We Are Not Professionals: A Plea to Pastors for Radical Ministry*. rev. ed. Nashville, TN: B & H Publishing Group, 2013.

Pitt-Watson, Ian. *A Primer for Preachers*. Ada, MI: Baker Academic, 1999.

Platt, David. *Counter Culture: Following Christ in an Anti-Christ Age*. rev. ed. Carol Stream, IL: Tyndale, 2017.

Schaller, Lyle E. 'Southern Baptists Face Two Choices for the Future,' *Biblical Recorder (April)*, 1991: 1-8.

Shenk, David W., and Stutzman, Ervin R. *Creating Communities of the Kingdom: New Testament Models of Church Planting*. Scottdale, PA: Herald Press, 1988.

Tippet, Alan R. *Church Growth and the Word of God*. Grand Rapids, MI: William B. Eerdmans Publishing Company, 1970.

Van Brummelen, Harro. *Steppingstones to Curriculum: A Biblical Path*. 2nd ed. Colorado Springs, CO: Purposefule Design Publications, 2002.

Wagner, Peter C. *Our Kind of People: The Ethical Dimensions of Church Growth in America*. Louisville, KY: John Knox Press, 1979.

_____. *Church Planting for a Greater Harvest: A Comprehensive Guide*. Ventura, CA: Regal Books, 1990.

웹사이트 (Websites)

기독교대한감리회. https://kmc.or.kr.

기독교대한성결교회(기성). http://www.kehc.org.

기독교대한성결교회(기성) 교회진흥원. http://sim.kehc.org.

기독교대한하나님의성회(여의도순복음). http://fgtv.com.

기독교한국침례회(기침). http://www.koreabaptist.or.kr.

기독교한국침례회(기침) 국내선교회. http://www.kmb.or.kr.

대한기독교나사렛성결회(나성). http://www.na.or.kr.

대한예수교장로회(고신). http://www.kosin.org.

대한예수교장로회(고신) 교회개척지원연구소. http://cpsrc.kts.ac.kr.

대한예수교장로회(고신) 국내전도위원회. http://www.kosin.org/inmission.

대한예수교장로회(합동). http://www.gapck.org.

대한예수교장로회(합동) 전도법인국. http://www.gapck.org/mission.

대한예수교장로회(통합). http://new.pck.or.kr.

서울연구데이터서비스. http://data.si.re.kr.

예수교대한성결교회 총회(예성). http://www.sungkyul.org.

재단법인 순복음선교회 교회개척국. http://cp.fgtv.com.

통계청. http://kostat.go.kr.

한국기독교장로회총회(기장). http://www.prok.org.

한국세계선교협의회. http://kwma.org.

행정안전부 국가정보자원관리원. http://www.nirs.go.kr.